WYKORZYSTAJ SWÓJ POTENCJAŁ PRZEZ POTĘGĘ PODŚWIADOMOŚCI

ZDOBĄDŹ BOGACTWO I ODNIEŚ SUKCES

TEGO AUTORA POLECAMY:

WYKORZYSTAJ POTĘGĘ
PODŚWIADOMOŚCI
W PRACY

WYKORZYSTAJ SWÓJ POTENCJAŁ
PRZEZ POTĘGĘ PODŚWIADOMOŚCI

ZDOBĄDŹ BOGACTWO
I ODNIEŚ SUKCES

WYKORZYSTAJ SWÓJ POTENCJAŁ
PRZEZ POTĘGĘ PODŚWIADOMOŚCI

ZDOBĄDŹ PEWNOŚĆ SIEBIE
I POCZUCIE WŁASNEJ WARTOŚCI

WYKORZYSTAJ SWÓJ POTENCJAŁ
PRZEZ POTĘGĘ PODŚWIADOMOŚCI

ZYSKAJ ZDROWIE
I ENERGIĘ ŻYCIOWĄ

WYKORZYSTAJ SWÓJ POTENCJAŁ
PRZEZ POTĘGĘ PODŚWIADOMOŚCI

ROZWIŃ
SWOJE ŻYCIE DUCHOWE

WYKORZYSTAJ SWÓJ POTENCJAŁ
PRZEZ POTĘGĘ PODŚWIADOMOŚCI

WZBOGAĆ
SWOJE ŻYCIE

WYKORZYSTAJ SWÓJ POTENCJAŁ
PRZEZ POTĘGĘ PODŚWIADOMOŚCI

POKONAJ
LĘK I OBAWY

JOSEPH MURPHY

WYKORZYSTAJ SWÓJ POTENCJAŁ PRZEZ POTĘGĘ PODŚWIADOMOŚCI

ZDOBĄDŹ BOGACTWO I ODNIEŚ SUKCES

PRZEŁOŻYŁA
ANNA ZDZIEMBORSKA

DOM WYDAWNICZY REBIS
POZNAŃ 2012

Tytuł oryginału
Maximize Your Potential Through The Power of Your Subconscious Mind to Create Wealth and Success

DR. JOSEPH MURPHY

®

Redaktor
Agnieszka Horzowska

Projekt i opracowanie graficzne okładki
Piotr Majewski

Wydanie I (dodruk)

ISBN 978-83-7510-198-0

Dom Wydawniczy REBIS Sp. z o.o.
ul. Żmigrodzka 41/49, 60-171 Poznań
tel. 61-867-47-08, 61-867-81-40; fax 61-867-37-74
e-mail: rebis@rebis.com.pl
www.rebis.com.pl

Skład ZAPIS
Gdańsk, tel. 58-347-64-44

Druga z serii sześciu książek

napisana przez Josepha Murphy'ego, doktora teologii i nauk humanistycznych, zredagowana i uaktualniona zgodnie z potrzebami XXI wieku przez Arthura R. Pella

WPROWADZENIE DO SERII

Obudź się i żyj! Nikt nie jest skazany na brak szczęścia, lęk i zmartwienia, życie w ubóstwie, problemy ze zdrowiem ani poczucie odrzucenia i niższości. Bóg stworzył wszystkich ludzi na swoje podobieństwo i dał nam moc pokonywania przeciwności losu i osiągania szczęścia, harmonii, bogactwa i dobrobytu.

Masz w sobie siłę, żeby wzbogacić własne życie! Sposób dokonania tego nie jest tajemnicą. Jest on propagowany, opisywany i praktykowany od tysiącleci. Nauczają go wszystkie wielkie religie. Obecny jest w świętych księgach hebrajskich, ewangeliach, greckich pismach filozoficznych, Koranie, buddyjskich sutrach, *Bhagawadgicie* oraz dziełach Konfucjusza i Laozi. Znajdziesz go w pracach współczesnych psychologów i teologów.

Sekret ten stanowi podstawę filozofii Josepha Murphy'ego, jednego z najbardziej inspirujących pisarzy i wykładowców XX wieku. Był on nie tylko duchownym, ale też wielkim interpretatorem świętych ksiąg i różnych religijnych tekstów. Jako pastor i dyrektor Kościoła Boskiej Nauki* w Los Angeles co niedziela

* Divine Science – stowarzyszenie religijne założone w 1885 roku w San Francisco przez Malindę E. Cramer.

przyciągał na swoje wykłady i kazania do półtora tysiąca osób. Jego codziennej audycji radiowej słuchały miliony ludzi. Napisał ponad trzydzieści książek, a najbardziej znana, opublikowana w 1963 roku *The Power of the Unconscious Mind* [*Potęga podświadomości* – przyp. tłum.] natychmiast stała się bestsellerem. Okrzyknięto ją jednym z najlepszych poradników, jaki kiedykolwiek powstał. Sprzedała się w milionach egzemplarzy i nadal jest kupowana na całym świecie.

Po tym sukcesie Murphy zaczął prowadzić wykłady w różnych krajach i zawsze podczas nich podkreślał, jak zwykli ludzie radykalnie podnieśli jakość swojego życia dzięki wykorzystaniu pewnych elementów jego koncepcji. Podawał też praktyczne wskazówki, w jaki sposób każdy może wzbogacić swoje życie.

Joseph Murphy był propagatorem ruchu Nowej Myśli. Nurt ten powstał na przełomie dziewiętnastego i dwudziestego wieku, a jego podwaliny stworzyli filozofowie i wielcy myśliciele propagujący nowy sposób patrzenia na życie, piszący o nim i praktykujący go. Połączyli podejście metafizyczne, duchowe i pragmatyczne z naszym sposobem myślenia i życia i odkryli sekret osiągania tego, czego naprawdę pragniemy.

Filozofia ta nie była religią w tradycyjnym znaczeniu, ale opierała się na bezwarunkowej wierze w istotę wyższą, wieczną obecność, Boga. Nadawano jej różne nazwy, takie jak Nowa Myśl albo Nowa Cywilizacja. Zwolennicy tego ruchu propagowali nowy sposób życia, niosący ze sobą nowe metody i doskonalsze rezultaty. Opierali swoje rozumowanie na koncepcji, iż ludzka dusza jest połączona z atomowym umysłem uniwersalnej materii, który wiąże naszą egzystencję z uniwersalnym prawem obfitości. Jesteśmy więc zdolni do takiego jego wykorzystania, które prowadzi do wzbogacenia naszego życia. Musimy pracować nad osiągnięciem naszych celów, choć po drodze możemy doświadczyć cierpienia i smutku. Dokonamy tego tylko wtedy, gdy odkryjemy i zrozumiemy prawo, które Bóg zaszyfrował w przeszłości.

Sedno Nowej Myśli można podsumować następująco:

Możesz stać się tym, kim chcesz zostać.

Nasze osiągnięcia i niepowodzenia wynikają bezpośrednio z naszych myśli. W sprawiedliwie urządzonym wszechświecie, gdzie utrata równowagi oznacza całkowite zniszczenie, jednostka musi ponosić absolutną odpowiedzialność. Nasze słabości i mocne strony, czystość i nieczystość są tylko i jedynie nasze i nie należą do nikogo innego. To my, a nie ktoś inny, jesteśmy ich przyczyną. Tylko my możemy więc na nie wpływać. Całe nasze szczęście i cierpienie rodzi się w naszym wnętrzu. To, jak myślimy, warunkuje to, kim jesteśmy; i dopóki nie przestaniemy myśleć w określony sposób, dopóty tacy będziemy. Jedyną drogą rozwoju i zwycięstwa jest uwznioślenie naszych myśli. Jedyną przyczyną, dla której pozostajemy słabi, podli i nieszczęśliwi, jest nasz brak ochoty do tej zmiany.

Wszystkie osiągnięcia, zarówno w sferze biznesu, intelektu, jak i ducha, są wynikiem zdecydowanie ukierunkowanej myśli, podlegają temu samemu prawu, a ich podstawą jest jedna metoda. Różni je jedynie cel. Ci, którzy pragną osiągnąć niewiele, niewiele też muszą poświęcić; ci, którzy pragną osiągnąć więcej, muszą poświęcić więcej; a ci, którzy chcą osiągnąć bardzo dużo, poświęcą również bardzo dużo.

Nowa Myśl oznacza nowe życie: ze wszech miar zdrowsze, szczęśliwsze i bardziej satysfakcjonujące. Zostało ono przepowiedziane na podstawie starych jak świat, uniwersalnych praw umysłu i nieskończonej duchowości, która jest obecna w sercu i umyśle każdego człowieka. Właściwie Nowa Myśl nie do końca jest nowa, ponieważ powraca do tradycji tak starej jak rodzaj ludzki. Jest czymś nowym dla nas – gdy odkrywamy prawdy o życiu, uwalniające nas od niedostatku, ograniczeń i nieszczęścia. W tym momencie Nowa Myśl staje się powracającą, rozszerzającą się świadomością twórczej siły w naszym wnętrzu, prawa umysłu i naszego boskiego potencjału do tego, żeby być, żeby dokonywać i wyrażać więcej naszych indywidualnych i naturalnych umiejętności, zdolności i talentów. Kluczowe znaczenie dla prawa umysłu ma koncepcja, iż nowe myśli, poglądy, postawy i przekonania tworzą nowe warunki: „To nasze przekonania decydują o tym, co nam się przydarza" – dobre, złe, obojętne. Istota Nowej Myśli polega na ciągłym odradzaniu umysłu, tak żebyśmy mogli utwierdzić się w tym, co dobre i dopuszczalne oraz co stanowi doskonałą boską wolę.

Dowieść tego oznacza wiedzieć na pewno i dysponować na ten temat solidną wiedzą i doświadczeniem. Prawdy Nowej Myśli są praktyczne, proste do przedstawienia i każdy może je zrealizować – jeśli i kiedy się na to zdecyduje. Konieczne jest tylko otwarcie umysłu i gotowość serca: na starą prawdę przedstawioną w nowy i inny sposób, na zmianę i odrzucenie przestarzałych przekonań oraz na przyjęcie nowych poglądów i pojęć – będących źródłem doskonalszej wizji życia czy też uzdrawiającej siły w naszym wnętrzu.

Odradzanie umysłu jest jedynym celem i praktyką ruchu Nowej Myśli. Bez niego nie ma mowy o zmianie. Prawdziwa Nowa Myśl tworzy i wprowadza w życie zupełnie nową postawę oraz nową świadomość inspirującą nas i umożliwiającą nam wkroczenie w „życie bardziej obfite".

Tkwi w nas nieograniczona siła podejmowania decyzji i całkowita wolność wyboru – albo się dostosować, albo zmienić. Dostosowanie się (konformizm) oznacza życie zgodnie z tym, co przybrało lub uzyskało formę – co jest widoczne i oczywiste dla naszych zmysłów, poglądów, przekonań narzuconych nam przez innych. Dostosowanie się oznacza bycie rządzonym przez „przelotne i niepewne mody i okoliczności danej chwili". Sugeruje, iż nasze obecne środowisko ma formę (kon-*form*-izm), a my nie powinniśmy podawać jej w wątpliwość. Otaczają nas przykłady niesprawiedliwości, nieprawidłowości i nierówności, które czasem stają się naszym udziałem. Powinniśmy stawić im czoło i zrobić wszystko, co w naszej mocy, żeby rozwiązać te problemy, opierając się na własnej uczciwości i inteligencji.

Ogólnie mówiąc, na świecie panuje przekonanie, iż o naszej sytuacji decyduje środowisko – że typową reakcją jest uleganie obecnemu stanowi i jego cicha akceptacja. Jest to najgorszy rodzaj konformizmu: świadomy defetyzm. Najgorszy, ponieważ dobrowolny. Oddajemy władzę i całe nasze zaangażowanie zewnętrznej, zastanej sytuacji, otoczeniu i przeszłości – z wyboru, z powodu niewiedzy na temat funkcjonowania naszej cudownej i pierwotnej zdolności: twórczej siły umysłu.

Jeden z najbardziej aktywnych i przekonujących członków ruchu Nowa Myśl oraz współzałożyciel Unity School of Christianity Charles Fillmore głęboko wierzył w osobistą odpowiedzialność. W swojej książce *The Revealing Word* napisał (jasno i wyraźnie): „Naszym prawdziwym środowiskiem jest nasza świadomość. Zewnętrzne środowisko zawsze odpowiada naszej świadomości".

Każdy, kto jest otwarty i gotowy na przyjęcie odpowiedzialności, stoi na drodze do odmiany – odrodzenia umysłu, które pozwoli nam zacząć nowe życie. Odmieniać znaczy „zmieniać warunki lub stan" (na bardziej wartościowe i satysfakcjonujące), „niedostatek na obfitość; samotność na towarzystwo; ograniczenie na pełnię; chorobę na pełnię zdrowia". Poprzez tę wewnętrzną mądrość i siłę ujawni się w nas uzdrawiająca obecność.

Nie ulega wątpliwości, że pewnych rzeczy nie możemy zmienić: ruchu planet, następstwa pór roku, przypływów i odpływów oceanu oraz wschodu i zachodu słońca. Nie możemy też zmienić umysłów i sposobu myślenia innych ludzi – ale możemy zmienić siebie. Kto jest w stanie powstrzymać albo zakłócić pracę twojego umysłu, wyobraźni czy woli? Tylko ty możesz przekazać tę władzę drugiej osobie. Odradzając własny umysł, dajesz sobie szansę na zmianę. „To jest klucz do nowego życia. Twój umysł jest urządzeniem rejestrującym, a wszystkie przekonania, wrażenia, opinie i poglądy, jakie zaakceptowałeś, są odciśnięte w twojej głębszej podświadomości". Możesz jednak go zmienić. Możesz skierować go na szlachetny i bliski Bogu tor myślenia oraz uzyskać harmonię z wewnętrznym, nieskończonym duchem. Domagaj się piękna, miłości, pokoju, mądrości, twórczych idei, a nieskończoność odpowie ci na to, odmieniając twój umysł, ciało i okoliczności. Twoja myśl jest pośrednikiem pomiędzy twoim duchem, ciałem i wymiarem fizycznym.

Przemiana zaczyna się wraz z medytacją, rozmyślaniem i przyswajaniem sobie elementów, które chcemy przeżyć i urzeczywistnić. Wiedza teoretyczna jest dobra i potrzebna – musimy wiedzieć, co robimy i dlaczego. Ale faktyczna przemiana zależy całkowicie od uaktywnienia naszych wewnętrznych darów – tej niewidzialnej i nieuchwytnej siły, którą posiada każdy z nas.

Tylko w ten sposób ostatecznie zerwiemy więzy dawnych nieszczęść i cierpień. Ponadto siła ta leczy rany po trudnych przeżyciach i ból emocjonalny. Wszyscy pragniemy i potrzebujemy spokoju ducha, chcemy, by ten najwspanialszy dar pojawił się w naszym otoczeniu. Mentalnie i emocjonalnie kontemplujmy boski spokój, wypełniając nim umysł i serce, całą naszą istotę. „Najpierw mówcie: «Pokój temu domowi»"*.

Wyłącznie rozmyślanie nad brakiem spokoju, harmonii, szczęścia i zgody oraz oczekiwanie, że spokój sam się zamanifestuje, przypomina oczekiwanie na to, żeby z pestki jabłka wyrosła grusza. Nie ma to właściwie żadnego sensu; podważa wszelkie zasady zdrowego rozsądku. Ale właśnie tak funkcjonuje świat. Jeśli chcemy uzyskać rezultaty, musimy szukać sposobów

---

* Wszystkie cytaty i parafrazy Pisma Świętego za: *Biblia Tysiąclecia*.

odmiany umysłu, a jeśli to konieczne – wyrazić skruchę. W wyniku tego odrodzenie i przemiana pojawią się w sposób naturalny. Jest to warunek dokonania przemiany w życiu, rezygnacji z przystosowywania się do wyborów narzucanych przez świat czy podejmowania decyzji zgodnie z następującymi i manifestującymi się wydarzeniami. Warunek rozpoznawania przyczyn leżących u podstaw zdarzeń w świecie materialnym – ustalonych przez człowieka doktryn, dogmatów i rytuałów – i wkroczenia do wewnętrznej, metafizycznej krainy prawdziwej Nowej Myśli.

Słowo „metafizyczny" stało się synonimem nowoczesnego zorganizowanego ruchu. Po raz pierwszy posłużył się nim Arystoteles w trzynastym tomie swoich dzieł, uważanym przez niektórych za jego największe osiągnięcie, a zatytułowanym po prostu *Metafizyka*. Słownikowa definicja tego pojęcia brzmi: „Nauka o czystej egzystencji, wykraczająca poza naukę przyrodniczą". *Meta* znaczy „ponad" lub „poza". „Metafizyka" znaczy zatem „ponad" lub „poza fizykę", ponad lub poza aspekt fizyczny: świat formy. *Meta* wykracza dalej, *meta* jest duchem umysłu. U podstaw wszystkiego leży *meta*, czyli umysł.

Z biblijnego punktu widzenia duch Boga jest dobry. „Ci, którzy czczą Boga, czczą ducha lub prawdę". Kiedy jest w nas duch dobroci, prawdy, piękna, miłości i dobrej woli, jest w nas też Bóg, przenika nas. Bóg, prawda, życie, energia, duch – czy nie da się tego zdefiniować? Jak można to zdefiniować? „Definiować to ograniczać". Mówi o tym piękna stara medytacja: „Niezmienny w swej najgłębszej istocie: wieczny, doskonale zjednoczony, pełny, kompletny, doskonały; JESTEM niepodzielny, ponadczasowy, bez kształtu i wieku – bez twarzy, formy czy postaci. JESTEM niemą, stałą obecnością w sercach wszystkich ludzi". Musimy uwierzyć i przyjąć, że wszystko, co sobie wyobrazimy i uznamy za prawdziwe, sprawdzi się; wszystkiego, czego życzymy innym, życzymy sobie.

Emerson pisał: „Jesteśmy tym, o czym myślimy przez cały dzień". Innymi słowy: duch, myśl, umysł i *meta* są manifestacją twórczej obecności i siły – i tak jak w naturze (prawa fizyczne) każdą siłę można wykorzystać na dwa sposoby. Na przykład wodą możemy się oczyścić albo się w niej utopić; elektryczność może dostarczać energii ułatwiającej życie lub śmiercionośnej. Biblia mówi: „Ja stwarzam światło i ciemność; daję pokój i zło; Ja, Pan, dokonuję tego wszystkiego – ranię i leczę; błogosławię i przeklinam". Nie karze nas żadne gniewne bóstwo – sami się karzemy, nieprawidłowo wykorzystując swój umysł. Mamy też wielkie szczęście (odnosimy korzyści), kiedy pojmiemy tę fundamentalną zasadę i obecność oraz nauczymy się nowej myśli i zaakceptujemy ją.

Metafizyka jest zatem nauką o przyczynowości – nie zajmuje się skutkiem czy zamanifestowanym rezultatem, ale przyczyną tego skutku lub rezultatu. Metafizyka podchodzi do kwestii duchowych tak jak naukowcy do świata formy. Bada umysł czy przyczynowość, w której tworzy się lub z której wywodzi to, co widzimy. Jeżeli umysł albo przyczyna się zmienią, zmieni się też skutek.

Piękno i siła metafizyki polega moim zdaniem na tym, że nie ogranicza się ona do żadnego konkretnego przekonania, tylko jest uniwersalna. Można być żydem, chrześcijaninem, muzułmaninem, buddystą, a jednocześnie metafizykiem. Niektórzy poeci, naukowcy i filozofowie nie mają żadnych przekonań; ich wiara jest metafizyczna. Doskonałym metafizykiem był Jezus, bo rozumiał umysł i wykorzystywał go, żeby pomagać innym, inspirować ich i uzdrawiać. Kiedy zapytano Mahatmę Gandhiego (człowieka o „wielkiej duszy"), jaką religię wyznaje, odpowiedział: „Jestem chrześcijaninem... żydem... buddystą... hinduistą... Jestem każdym z nich".

Termin „Nowa Myśl" stał się popularnym ogólnym określeniem. Ten złożony z przedstawicieli wielu Kościołów, ośrodków, grup modlitewnych i instytucji metafizyczny ruch pokazał jedność rodzaju ludzkiego z życiem nie mającym ograniczeń, wrodzoną godnością i wartością jednostki. Tak naprawdę kładzie nacisk na jednostkę, a nie zorganizowaną strukturę czy działanie. Ale nie oznacza również nic nowego. Metafizyka jest właściwie najstarszą ze wszystkich religijnych koncepcji. Ujawnia, że naszym celem jest manifestowanie boskiej obecności i uniwersalnych zasad Dobra. „Przybyłem, żeby dać ci życie bardziej obfite". Ujawnia naszą tożsamość – „dzieci nieskończoności" – to, że jesteśmy miłowani i mamy wartość duchową jako nieodłączne części Świętego (obejmującego wszystko) Stwórcy.

Metafizyka umożliwia nam i ułatwia powrót do naszego Boskiego Źródła oraz kładzie kres oddzieleniu i poczuciu alienacji, błąkania się po jałowej, wrogiej pustyni. Metafizyka zawsze była, jest i będzie dostępna dla wszystkich – cierpliwie czeka, aż ją odkryjemy i doznamy objawienia. Wiele tysięcy osób poznało ją poprzez któregoś z jej zwolenników. Kształtowała się stopniowo i zwykle uznaje się, że zapoczątkował ją Phineas P. Quimby, który w roku 1937 w fascynującym artykule zamieszczonym w „New Thought Magazine" opisał swoje osiągnięcia. Po kilku latach eksperymentowania z mesmeryzmem Quimby doszedł do wniosku, że nie chodzi o samą hipnozę, lecz warunkowanie podświadomości, które prowadzi do zmiany. I chociaż nie był on zbyt gruntownie wykształcony, to dzięki swojemu błyskotliwemu i dociekliwemu umysłowi został uznany za bardzo oryginalnego myśliciela. W dodatku był płodnym pisarzem i autorem dzienników (jego dzieła i opublikowane archiwa szczegółowo opisują ewolucję jego odkryć) oraz wnikliwym czytelnikiem Biblii (sporządził kopie dwóch trzecich Starego i Nowego Testamentu, wyszukując przypadki uzdrowienia). Zauważył, iż znaczenie wielu fragmentów Pisma Świętego nie jest jasne, co powoduje błędne rozumienie słów Jezusa Chrystusa.

Przez cały XX wiek w ramach ruchu Nowa Myśl działało wielu natchnionych nauczycieli, autorów, duchownych i wykładowców. Chas E. Braden z uniwersytetu w Chicago nazywał tych ludzi zbuntowanymi duchami, ponieważ naprawdę buntowali się oni duchowo przeciwko dogmatyzmowi, obowiązującym rytuałom i przekonaniom. Niezgoda na niekonsekwencje sprawiła, że religia zaczęła wywoływać obawy. Braden również odmówił akceptowania *status quo* i zrezygnował z konformizmu.

Nowa Myśl jest indywidualną praktyką życiowych prawd – procesem zachodzącym stopniowo. Dzisiaj możemy się dowiedzieć niewiele, ale jutro trochę więcej. Nigdy nie dojdziemy do punktu, w którym nie ma już nic do odkrycia. Jest to proces nieskończony, nieograniczony i wieczny. Mamy na to cały potrzebny nam czas – wieczność. Wiele osób nie potrafi zaakceptować siebie i własnych porażek. Ale później odkrywają one, że niepowodzenia są okazją do nauki i że dzięki nim nie trzeba tych błędów powtarzać. Może się wydawać, że robimy bardzo małe postępy, ale: „Przez swoją wytrwałość ocalicie wasze życie".

W książce *Pray Your Way Through It: The Revelation* Murphy zauważa, że Niebo określano jako świadomość, a ziemię jako manifestację. Twoim nowym niebem jest twój nowy punkt widzenia – nowa płaszczyzna świadomości. Widząc – a chodzi tutaj o widzenie duchowe – zdajemy sobie sprawę, że w absolucie wszystko jest błogosławieństwem, harmonią, nieskończoną miłością, mądrością, całkowitym spokojem, doskonałością. Zidentyfikuj się z tymi prawdami, uspokój morze strachu, znajdź pewność, wiarę i stań się silniejszy i pewniejszy siebie.

W książkach z tej serii Joseph Murphy zsyntetyzował głębię tej siły i nadał jej zrozumiały i pragmatyczny kształt, co umożliwia natychmiastowe wprowadzenie jej w życie. Zawierają one wykłady, kazania i audycje radiowe, w których Murphy omawia metody maksymalizowania własnego potencjału poprzez siłę podświadomości.

Jako że doktor Murphy był duchownym prostestanckim, wiele przykładów i cytatów pochodzi z Biblii, nie należy jednak traktować pojęć ilustrowanych przez te cytaty jako sekciarskich. Przekazują one bowiem prawdy uniwersalne i są głoszone przez wiele religii i koncepcji filozoficznych. Murphy stale powtarzał, że sedno wiedzy tkwi w prawie życia, prawie wiary. Nie jest to przekonanie katolickie, protestanckie, muzułmańskie ani hinduistyczne. Jest to przekonanie czyste i proste. „Nie rób drugiemu, co tobie niemiłe".

Po śmierci doktora Murphy'ego w 1981 roku jego duchowe dzieło kontynuowała żona Jean Murphy. Podczas wykładu w 1986 roku ponownie wyłożyła jego filozofię: „Chcę przekazać mężczyznom i kobietom wiedzę o ich boskim pochodzeniu i mocach, jakimi dysponują. Chcę powiedzieć, że moc ta pochodzi z wnętrza i że są swoimi wybawcami, zdolnymi osiągnąć własne zbawienie. Jest to przekaz zawarty w Biblii i dziewięćdziesiąt procent naszego obecnego pomieszania wynika z błędnej, dosłownej interpretacji przekształcających życie prawd, które Biblia oferuje". „Chcę dotrzeć do większości, do człowieka z ulicy, kobiety przeciążonej obowiązkami, której zdolności i umiejętności są tłumione. Chcę pomóc innym – na każdym etapie czy poziomie świadomości – poznać cuda ukryte we wnętrzu".

O swoim mężu doktor Jean powiedziała: „Był praktycznym mistykiem, obdarzonym intelektem badacza, zmysłem przywódczym i sercem poety. Jego przekaz można podsumować następująco: Jesteś królem, władcą swojego świata, albowiem jesteś jednym z Bogiem".

Doktor Murphy głęboko wierzył, że boski plan dla ludzi zakłada ich zdrowie, bogactwo i szczęście. Sprzeciwiał się teologom i innym ludziom twierdzącym, że pragnienie jest złe, i nawołującym do zduszenia go w sobie. Był przekonany, że pozbycie się pragnienia oznacza apatię – brak uczucia, brak działania. Nauczał, iż pragnienie jest darem od Boga i nie ma w nim nic złego. Zdrowo i prawidłowo jest pragnąć tego, by stać się czymś więcej i kimś lepszym niż wczoraj. Co może być złego w pragnieniu zdrowia, obfitości, towarzystwa i bezpieczeństwa? Pragnienie leży u podstaw wszelkiego postępu. Bez niego nic nie dałoby się osiągnąć. Jest siłą twórczą i należy je właściwie ukierunkować. W wypadku osoby biednej dotyczy bogactwa, w wypadku chorej – zdrowia, samotnej zaś – towarzystwa i miłości.

Musimy wierzyć, że potrafimy poprawić nasze życie. Przekonanie to – niezależnie od tego, czy prawdziwe, fałszywe czy neutralne – utrzymywane w nas przez jakiś czas, zostaje przyswojone przez nasz umysł. Jeżeli nie zostanie wyparte przez przeciwstawne przekonanie, w końcu przybierze formę i zostanie wyrażone czy doświadczone jako fakt, forma, warunek, okoliczność, wydarzenie życiowe. Dysponujemy wewnętrzną siłą zmieniającą przekonania negatywne w pozytywne, a tym samym zmieniającą nasze życie na lepsze.

Wydajesz rozkaz, a twoja podświadomość szybko go wypełnia. Odpowiada ci zgodnie z charakterem myśli w niej obecnej. Psycholodzy i psychiatrzy zwracają uwagę na to, że kiedy myśli są przekazywane do podświadomości, ich ślad powstaje w komórkach mózgu. Gdy podświadomość je przyswoi, natychmiast przystępuje do realizacji. Działa na zasadzie skojarzeń i wykorzystuje każdą cząstkę wiedzy, jaką zgromadziliśmy w ciągu życia, żeby zrealizować swój zamiar. Czerpie z twojej nieograniczonej wewnętrznej energii i mądrości, tak ustawia prawa natury, żeby osiągnąć cel. I czasem wydaje się, że natychmiast przynosi rozwiązanie problemów, innym razem zaś trwa to kilka dni, tygodni albo dłużej.

Nawykowe myślenie naszej świadomości zostawia głębokie ślady w podświadomości. Jest to dla nas korzystne, jeżeli nasze nawykowe myśli są harmonijne, spokojne i konstruktywne. Jeśli zaś poddajemy się lękowi, zmartwieniom i innym negatywnym odczuciom, lekiem może być rozpoznanie wszechmocy naszej podświadomości i zaprowadzenie w niej wolności, szczęścia, doskonałego zdrowia i dobrobytu. Nasza podświadomość, twórcza i zjednoczona z Boskim Źródłem, zacznie wytwarzać wolność i szczęście, którego szczerze pragnęliśmy.

To pierwsza uaktualniona seria sześciu książek zawierających wykłady Murphy'ego, która przenosi jego nauki w XXI wiek. Aby je wzbogacić i rozszerzyć, dodaliśmy do nich materiały z wykładów jego żony i przykłady ludzi, których sukces potwierdza koncepcję Josepha Murphy'ego.

Wspomniana seria zawiera następujące książki:

- *Wykorzystaj swój potencjał przez potęgę podświadomości, zdobądź bogactwo i odnieś sukces*
- *Wykorzystaj swój potencjał przez potęgę podświadomości, zdobądź pewność siebie i poczucie własnej wartości*
- *Wykorzystaj swój potencjał przez potęgę podświadomości, by być zdrowym i witalnym*
- *Wykorzystaj swój potencjał przez potęgę podświadomości, pokonaj lęk i obawy*
- *Wykorzystaj swój potencjał przez potęgę podświadomości, by wieść bardziej uduchowione życie*

- *Wykorzystaj swój potencjał przez potęgę podświadomości, by wieść bardziej bogate życie*

Sama lektura tych książek nie poprawi twojego życia. Aby prawdziwie zmaksymalizować swój potencjał, musisz zgłębiać te zasady, wziąć je głęboko do serca, zintegrować z własnym umysłem i wykorzystać jako nierozerwalny aspekt swojego podejścia do wszelkich spraw życia.

prof. Arthur R. Pell, redaktor
luty 2005

WSTĘP

Czy wyobrażałeś sobie kiedyś, jak by to było cieszyć się bogactwem i luksusem? Bogactwo większości ludzi wydaje się niedostępne, ale historia pełna jest przykładów mężczyzn i kobiet, którzy własnym wysiłkiem wznieśli się na jego wyżyny.

Czy jesteś skazany na ubóstwo? Parafrazując słowa Szekspira: niektórzy ludzie rodzą się bogaci, inni bogactwo zdobywają, a niektórym samo pcha się ono do rąk. Istnieją szczęściarze, którzy dostali wszystko od rodziców – ale wiele tych osób straciło odziedziczony majątek, podejmując błędne decyzje. Są też tacy, na których bogactwo spadło, ponieważ na przykład wygrali na loterii. Większość z nas nie ma jednak tyle szczęścia. Musimy je zdobyć dzięki inteligencji, pracowitości, kreatywności i zaangażowaniu. Nikomu z nas nie jest pisane ubóstwo – bogactwo jest wokół nas i musimy jedynie znaleźć drogę, która nas do niego zaprowadzi.

Nie ma nic złego w chęci wzbogacenia się. Pragnienie majątku w rzeczywistości jest pragnieniem bogatszego, pełniejszego i bardziej obfitego życia, dlatego zasługuje ono na uznanie. Ludzie, którzy nie chcą lepszego życia, są nienormalni, podobnie jak ci, którzy nie marzą o pieniądzach na wszystko, czego zapragną.

Czemu mielibyśmy się godzić na minimum, skoro możemy się cieszyć nieskończonym bogactwem? Z tej książki dowiesz się, jak się zaprzyjaźnić z pieniędzmi, aby zawsze mieć ich nadwyżkę. Pragnienie pełniejszego, szczęśliwszego i cudownego życia ma charakter kosmiczny i jest jak najbardziej właściwe. Zacznij dostrzegać prawdziwe znaczenie pieniędzy – są one po prostu symbolem wymiany, końca niedostatku i początku bogactwa, luksusu, obfitości oraz doskonalszego życia.

Jednym z powodów, dla którego ludzie nie mają więcej pieniędzy, jest ich skryta lub jawna pogarda wobec nich. Nazywają je mamoną, uważają, że miłość do pieniędzy jest źródłem całego zła, albo kierują się innymi błędnymi założeniami. Kolejną przyczyną niepowodzeń w tej kwestii jest zdradzieckie, podświadome przekonanie, że ubóstwo jest cnotą. Przekonanie to może być wynikiem wychowania, wpajanych przesądów czy błędnej interpretacji świętych ksiąg.

Ubóstwo nie jest żadną cnotą. Jest chorobą jak każda inna ułomność psychiczna. Gdybyś był chory fizycznie, uznałbyś, że coś jest z tobą nie w porządku, i szukałbyś pomocy lub natychmiast podjąłbyś jakieś działania. Podobnie można mówić o jakimś problemie, jeśli w swoim życiu nie doświadczamy ciągłego przepływu pieniędzy. Trzeba natychmiast zacząć działać.

Bóg nie chce, żebyś mieszkał w ruderze albo chodził głodny. Bóg pragnie, żebyś był szczęśliwy, żeby dobrze ci się wiodło i żebyś odnosił sukcesy. Bóg zawsze odnosi sukcesy w swoich przedsięwzięciach, niezależnie od tego, czy tworzy gwiazdę czy kosmos.

Natychmiast skończ z wszelkimi przesądami na temat pieniędzy. Nigdy nie uważaj ich za złe czy brudne. Jeżeli będziesz postępował inaczej, dodasz im skrzydeł, a one od ciebie odlecą. Pamiętaj, że stracisz to, co potępiasz.

Masz pełne prawo pożądać bogactwa – jeśli jesteś normalnym człowiekiem, nie możesz nic na to poradzić. Masz pełne prawo tak zaprogramować swoją podświadomość, żeby poprawić własną sytuację ekonomiczną. To twój obowiązek wobec siebie, Boga i ludzkości; gdyż trudno bardziej się przysłużyć Bogu i ludzkości, niż dając z siebie wszystko.

Są i zawsze będą ludzie akceptujący ubóstwo jako swój naturalny los. Ale nie są oni na to skazani, ponieważ istnieją narzędzia – ciągły rozwój i właściwe rozumowanie – które mogą im pomóc w wydźwignięciu się z tej sytuacji.

Osoby znające życie rozumieją tę pierwszą przyczynę ubóstwa. Kiedy przyjrzymy się temu bliżej, stwierdzimy, że dopóki nie wymrą ludzie akceptujący swoją biedę, dopóty będziemy cierpieć z powodu ubóstwa, ponieważ głęboko w swoich umysłach i duszach wciąż traktują oni siebie jak żebraków.

Drugą przyczyną ubóstwa jest błędna edukacja, która zamiast przyspieszać ewolucję ludzkości, powstrzymuje ją. Religie głoszą przecież dogmaty, że ubóstwo jest nieuniknionym losem większości ludzi: „Wśród nas zawsze będą ubodzy". Niektóre sekty utrzymują nawet, że wielu osobom bieda jest pisana i powinna być przez nie akceptowana jako sposób na życie.

Można się też spotkać z takim stwierdzeniem, że bycie biednym oznacza bycie uduchowionym, że „łatwiej wielbłądowi przejść przez ucho igielne, niż bogaczowi dostać się do Królestwa Niebieskiego". I wielu cierpi biedę, mając błędną nadzieję na to, że kiedyś dostaną się w nagrodę za to do nieba. Na przykład na Wschodzie ludzie, którzy rodzą się w ubogich rodzinach, zawsze będą ubodzy – licząc na to, że posłuszeństwem i pokorą zasłużą na ponowne narodziny w wyższej kaście.

Tego typu obsesje przez wieki trzymały masy w żelaznym uścisku i choć może się to wydawać dziwne, nawet dzisiaj, w okresie oświeconym, wielu ludzi nadal pielęgnuje je w sercu i żyje w nędzy i rozpaczy, opierając się wielkiej sile wyższego objawienia. Tysiące biednych trzymają się tej tradycji tylko z powodu błędnej żarliwości religijnej i braku wglądu w siebie.

W niniejszej książce Joseph Murphy ponownie analizuje te koncepcje i jasno pokazuje czytelnikom, że bieda nie jest naturalnym stanem człowieka, a już na pewno nie wynikiem woli Boga. Tłumaczy też, jak poprzez pozytywne myślenie, medytację, modlitwę i wiarę w swoją istotę, która wiąże się z Bogiem, osiągnąć sukces i dobrobyt.

ROZDZIAŁ 1

UNIWERSALNY KLUCZ DO BOGACTWA

Cały świat i wszystkie jego bogactwa, morza, powietrze i ziemia istniały już przed twoimi narodzinami. Zacznij myśleć o niewypowiedzianych i nieodkrytych bogactwach, które cię otaczają, czekając, aż upomni się o nie twoja inteligencja. Spójrz na nie jak na powietrze. Kiedy pewna kobieta spytała Emersona, co ma zrobić, żeby osiągnąć dobrobyt, ten zabrał ją nad ocean i powiedział tylko: „Spójrz". „Och, ile tu wody, prawda?" – zauważyła. A on na to stwierdził: „Postrzegaj bogactwo w ten sam sposób, a zawsze będziesz je miała".

Uświadom sobie, że bogactwo przypomina przypływy i odpływy. Pewien menedżer sprzedaży powiedział mi, że jego wspólnik sprzedał jednej firmie pomysł na ekspansję wart milion dolarów. Ty też możesz wpaść na pomysł, który będzie wart fortunę. Bogactwo to wyobrażenie w twoim umyśle. Bogactwo to myśl w twojej głowie. Bogactwo to stan umysłu. Menedżer ten powiedział mi jeszcze, że obecnie w Stanach Zjednoczonych żyje więcej milionerów niż kiedykolwiek w historii tego kraju.

Możesz wpaść na pomysł wart fortunę; naprawdę jest to możliwe. Co więcej, jesteś tu, żeby wyzwolić w sobie wewnętrzną doskonałość i otoczyć się luksusem, pięknem i bogactwami. Naucz się właściwego podejścia do pieniędzy, jedzenia, ubioru. Kiedy naprawdę zaprzyjaźnisz się z bogactwem, zawsze będziesz go miał w nadmiarze. Twoje pragnienie pełniejszego, szczęśliwszego i cudowniejszego życia jest normalne i naturalne. Spójrz na pieniądze jako na ideę Boga, gwarantującą narodom dobrą kondycję finansową.

Kiedy doświadczasz swobodnego przepływu pieniędzy, twoja kondycja finansowa jest dobra: jak wtedy gdy krew swobodnie krąży w żyłach, bez żadnych zatorów. Dostrzeż teraz prawdziwe znaczenie pieniędzy i ich rolę jako symbolu wymiany. Tym właśnie są. W ciągu wieków przyjmowały różne formy, dla ciebie powinny oznaczać wolność od niedostatku, piękno, luksus, obfitość, poczucie bezpieczeństwa i doskonalsze życie. Masz do nich prawo.

Czy niektórzy ludzie są przeznaczeni do tego – lub zostali wybrani – żeby cieszyć się bogactwami świata, a inni do cierpienia z powodu nędzy i niedostatku? Absolutnie nie. To jasne stwierdzenie Twórczej Mocy i Obecności mieszkającej w nas: stale nam odpowiadającej, wytwarzającej warunki i okoliczności naszego życia codziennego – reagującej i kreującej rzeczywistość zgodnie z naszymi „myślami, medytacjami naszych serc – naszej podświadomości".

Ci, którzy cieszą się prawdziwą obfitością i dobrobytem, są świadomi twórczej siły umysłu i myśli. Prawdziwa obfitość jest „uczciwym zyskiem". Tacy ludzie znają jego wartość i skutki, a stale odciskając na głębszych poziomach umysłu idee duchowej, mentalnej i materialnej obfitości – dobrobytu i dostatku – automatycznie przekształcają je w rzeczywiste doświadczenie.

To wielkie i uniwersalne prawo życia, które dotyczy każdego z nas. Zawsze tak było i zawsze tak będzie. Nasze głęboko zakorzenione szczere przekonania i opinie, nasza świadomość i zrozumienie przyjmują formę doświadczeń, wydarzeń i warunków. Stają się uprzedmiotowionym doświadczeniem – zgodnym z tokiem naszego myślenia.

Jeżeli jesteś świadom, że żyjesz w szczodrym, inteligentnym, nieskończenie obfitym wszechświecie – danym nam i rządzonym przez miłościwego Boga – twoje przekonanie znajdzie odzwierciedlenie w okolicznościach i działaniach będących twoim udziałem. Jeżeli jednak twoja podstawowa refleksja wygląda tak: „Nie jestem wart nieskończonego, uniwersalnego bogactwa. Jestem skazany na niedostatek – bogactwo jest dla innych" – to ona również znajdzie potwierdzenie w twojej sytuacji i działaniach. Te dwie przeciwstawne koncepcje czy przekonania są głównymi czynnikami decydującymi o tym, czy jesteśmy bogaci czy biedni. Dlatego „bogaci się bogacą, a biedni biednieją".

Myśli o obfitości przynoszą obfitość; myśli o niedostatku są przyczyną niedostatku. Wiem, że myślenie o obfitości i bogactwie, gdy ich brak, wymaga wysiłku. Ale wiem też, że można się mu oddawać, zachowując uczciwość i prawość. Trzeba tylko konsekwentnie podtrzymywać w sobie przekonanie, że to się sprawdzi. Osoba, która praktykuje tego rodzaju zdyscyplinowane myślenie, na pewno zdobędzie bogactwo.

Kluczowym wyrażeniem jest tu „zdyscyplinowane myślenie". Dyscyplina umysłu pojawia się wraz z pragnieniem Prawdy, którą chcemy poznać i do której dążymy. Konieczne jest do tego właśnie przyjrzenie się swoim głębokim przekonaniom i opiniom i zrozumienie ich; swoich poglądów i dążeń. One również mogą być zrealizowane. Musimy „odrodzić nasz umysł – myśleć w nowy sposób".

Bycie biednym to choroba. To nastawienie umysłu. Pewna młoda, bardzo dobra pisarka, autorka kilku artykułów, powiedziała mi kiedyś: „Nie piszę dla pieniędzy". Zapytałem ją: „A co jest złego w pieniądzach?" To prawda, że nie piszesz dla pieniędzy, ale robotnik zasługuje na swoją zapłatę. Twoje słowa inspirują, dodają otuchy i są zachętą dla innych. Kiedy przyjmiesz właściwą postawę, bez trudu uzyskasz znaczne korzyści finansowe. Ona rzeczywiście nie lubiła pieniędzy. Raz nazwała je nawet mamoną, powracając zapewne do dzieciństwa, kiedy to słyszała, jak jej matka albo ktoś inny mówił, że pieniądze są złe lub miłość do nich jest źródłem wszelkiego zła. Nazywanie pieniędzy złem czy mamoną to zwykły przesąd. Kobieta ta działała według nieświadomego wzorca, iż ubóstwo w jakimś stopniu jest cnotą. Nie jest. Jest za to chorobą, dolegliwością. Wyjaśniłem jej, że we wszechświecie nie ma zła – że dobro i zło zależą od ludzkich myśli i motywacji. Wszelkie zło wynika z błędnych interpretacji życia i błędnego stosowania praw umysłu. Innymi słowy, jedynym złem jest ignorancja; jedyną konsekwencją – cierpienie.

Byłoby głupotą nazwać złym uran, srebro, ołów, miedź, żelazo, kobalt, nikiel, wapń czy banknot dolarowy. Jakie to absurdalne i groteskowe. Jedyna różnica między jednym a drugim metalem polega na liczbie elektronów i częstotliwości ich ruchu wokół jądra.

Kawałek papieru, taki jak banknot studolarowy, jest nieszkodliwy. Jedyna różnica między nim a miedzią czy ołowiem polega na tym, że jego atomy i cząsteczki mają inną strukturę, nadającą mu fizyczny kształt.

Oto prosta technika stosowana przez wspomnianą pisarkę, dzięki której się wzbogaciła: „Moje teksty są błogosławieństwem, lekiem, inspiracją, uwznioślają i uszlachetniają umysły i serca mężczyzn i kobiet. Otrzymuję za to cudowne wynagrodzenie od Boga. Postrzegam pieniądze jako boską substancję, gdyż wszystko jest stworzone z jednego Ducha. Wiem, że materia i Duch są jednym. Pieniądze płyną w moim życiu szerokim strumieniem, a ja wydaję je mądrze i pożytecznie. Pieniądze napływają do mnie swobodnie, radośnie i bez ograniczeń. Są ideą w umyśle Boga. Są dobre, bardzo dobre". Ta cudowna modlitwa wykorzenia cały ten bezsensowny przesąd, że ubóstwo jest w pewnym stopniu cnotą albo że Pan kocha ubogich. Takie myślenie jest wyłącznie przejawem przerażającej ignorancji, niczym więcej. Zmiana podejścia tej młodej kobiety do pieniędzy spowodowała, iż jej życie wzbogaciło się o różne cudy. W twoim życiu też się one zdarzą. Gdy nasza pisarka całkowicie pozbyła się tego dziwnego przekonania, że pieniądze są brudną mamoną, uświadomiła sobie, że jej ciche ich potępianie sprawiało, iż odpychała je, zamiast przyciągać. W końcu jej dochód potroił się w ciągu trzech miesięcy, co stanowiło zaledwie początek czekającego ją dobrobytu.

Kilka lat temu rozmawiałem z pewnym duchownym, który miał wielu wiernych. Doskonale znał prawa umysłu i potrafił przekazywać tę wiedzę innym. Nigdy jednak nie udawało mu się związać końca z końcem.

Sądził, że ma dla siebie dobre wytłumaczenie w postaci cytatu z Nowego Testamentu: „Albowiem korzeniem wszelkiego zła jest chciwość pieniędzy". Zapomniał, że dalej w tym samym rozdziale napisane jest, iż Bóg daje ludziom bogactwa, żeby mogli pomagać drugim. Inaczej mówiąc, wyjął cytat z kontekstu. Obowiązkiem ludzi jest ufność i wiara w Boga Żywego, który daje nam obfitość rzeczy wszelkich, żebyśmy mogli się nimi cieszyć.

Miłość w biblijnym znaczeniu to posłuszeństwo, lojalność i wiara w Źródło wszelkich rzeczy, czyli w Boga, Ducha Żywego czy Prawo Życia, które jest w tobie. Nie masz być zatem posłuszny, lojalny i pełen ufności wobec rzeczy, lecz wobec ich Stworzyciela, Przedwiecznego Źródła wszystkiego we wszechświecie, Źródła twojego oddechu, Źródła twojego życia, Źródła włosa na twojej głowie, Źródła bicia twojego serca, Źródła słońca, księżyca i gwiazd, Źródła świata i ziemi, po której chodzisz. Jeżeli mówisz: „Chcę jedynie pieniędzy, niczego więcej. One są moim Bogiem", nic poza nimi się dla ciebie nie liczy. Oczywiście możesz je zdobyć, lecz jesteś tutaj po to, by wieść życie w harmonii. Musisz także domagać się pokoju, równowagi, piękna, pomocy, miłości, radości, pełni na wszystkich etapach swojego życia. Jak mógłbyś żyć bez odwagi, wiary, miłości, życzliwości i radości? W pieniądzach nie ma niczego złego, absolutnie, ale nie są one naszym jedynym celem. Uczynienie ich nim byłoby błędem. Nie byłoby złe, tylko pozbawiłbyś siebie harmonii i równowagi.

Musisz dać wyraz swoim ukrytym talentom. Musisz odnaleźć swoje miejsce w życiu. Musisz doświadczyć radości przyczyniania się do rozwoju, szczęścia i sukcesu innych. Wszyscy jesteśmy tu po to, żeby dawać. Podaruj światu swoje talenty. Bóg dał ci wszystko. Bóg dał ci siebie. Masz olbrzymi dług do spłacenia, ponieważ wszystko, co posiadasz, zawdzięczasz Nieskończoności. Dlatego też jesteś tu po to, żeby wlewać życie we własne ideały, marzenia i aspiracje, a także wzbogacać je o miłość i prawdę. Jesteś tu po to, żeby usiąść przy wiosłach, chwycić za kierownicę i przyczynić się do sukcesu i szczęścia nie tylko własnych dzieci, ale całego świata.

Gromadzenie majątku kosztem reszty życia prowadzi do utraty równowagi, harmonii i frustracji. Jeśli będziesz właściwie wykorzystywał prawo rządzące podświadomością, możesz mieć tyle pieniędzy, ile zechcesz, i nadal cieszyć się spokojem ducha i poczuciem spełnienia. Możesz dzięki nim zrobić wiele dobrego. Możesz używać ich mądrze, roztropnie i pożytecznie, jak wszystkiego w naturze. Możesz stosować swoją wiedzę i filozofię w konstruktywny sposób albo urządzić pranie mózgu umysłom podatnym na wpływy, wpajając im komunizm i podobne przekonania.

Zwróciłem uwagę temu duchownemu, iż całkowicie błędnie interpretuje Pismo Święte, stwierdzając, że kawałki papieru czy metale są złe. To neutralne substancje, a całe dobro powstaje w naszym umyśle. I zaczął uświadamiać sobie, jak mógłby pomóc żonie, rodzinie i parafianom, gdyby miał więcej pieniędzy. Zmienił nastawienie i pozbył się przesądów. Zaczął odważnie, konsekwentnie i systematycznie głosić: „Nieskończony Duch odkrył przede mną doskonalsze ścieżki dla mojej służby. Zostałem zainspirowany i oświecony z Wysokości i wszystkim, którzy mnie słuchają, przekazuję boski strumień wiary i ufności w Jedyną Obecność i Moc. Postrzegam pieniądze jako boską ideę, która jest stale obecna w życiu moim i ludzi wokół mnie. Używamy ich rozsądnie, roztropnie i konstruktywnie pod przewodnictwem Boga i dzięki jego mądrości". Wyrobił w sobie nawyk odmawiania powyższej modlitwy, wiedząc, że uaktywni ona moce jego podświadomości. Dzisiaj ma piękny upragniony kościół (zbudowali go dla niego wierni), program radiowy i tyle pieniędzy, ile potrzebuje na cele osobiste, społeczne i kulturalne. Mogę cię zapewnić, że już ich nie krytykuje. Jeśli to zrobisz, uciekną od ciebie, gdyż potępia się w ten sposób to, o co się modli.

Zastosuj metodę, którą opisuję poniżej, a nigdy już nie zabraknie ci pieniędzy w życiu, ponieważ jest to uniwersalny klucz do bogactwa. Pierwszy krok polega na tym, żeby zrozumieć, iż Bóg, Prawo Życia albo Duch Żywy jest Źródłem wszechświata, galaktyk i wszystkiego, co widzisz, gdy patrzysz na gwiazdy, góry, jeziora, złoża w ziemi i w morzu, wszelkie zwierzęta i rośliny. Prawo Życia pozwoliło ci się narodzić, dając ci wszystkie moce, cechy i atrybuty Boga. Przyswój sobie prostą prawdę, że wszystko, co widzisz i czego jesteś świadom, wyłoniło się z niewidzialnego umysłu Nieskończoności czy też Prawa Życia i że wszystko, co kiedykolwiek zostało wynalezione, stworzone czy zrobione, wyszło z niewidzialnego umysłu człowieka; a umysł człowieka i umysł Boga są jednym, ponieważ istnieje tylko jeden umysł – wspólny dla wszystkich ludzi. Każdy jest źródłem i odbiorcą wszystkiego, co istnieje.

Powiedz sobie teraz jasno, że Bóg jest źródłem twojego zapasu energii, witalności, zdrowia, twórczych pomysłów, źródłem słońca, powietrza, którym oddychasz, jabłka, które zjadasz, i pieniędzy w twojej kieszeni. Wszystko bowiem w swojej wewnętrznej i zewnętrznej formie składa się z niewidzialnego. Bóg z równą łatwością może objawiać się w twoim życiu w formie bogactwa, jak i źdźbła trawy czy płatka śniegu.

Krok drugi: Postanów, że odciśniesz w swojej podświadomości myśl o bogactwie. Myśli umieszczane są w podświadomości w wyniku powtarzania, wiary i nadziei. Kiedy systematycznie utrwala się jakiś wzorzec myślowy albo działanie, stają się one automatyczne; a ponieważ twoja podświadomość jest kompulsywna, zmusisz bogactwo, żeby się zamanifestowało. Zasada jest taka sama jak w wypadku nauki chodzenia, pływania, gry na pianinie, maszynopisania czy prowadzenia samochodu. Musisz wierzyć w przedmiot swojej afirmacji. To nie są żadne czary-mary; to nie jest pusta afirmacja. Musisz wierzyć w jej przedmiot tak samo, jak wierzysz, że z posadzonych nasion wyrośnie to, co powinno. Nasionami są tu myśli zasiane w twojej podświadomości.

Wyobraź sobie, że przedmiot twojej afirmacji jest jak pestka jabłka, którą posadziłeś w ziemi i z której wyrośnie jabłoń. Że pestka ta wędruje z twojej świadomości do podświadomości, a następnie jest przedstawiana na ekranie przestrzeni. Podlewając i użyźniając ją, przyspieszasz jej wzrost. Bądź świadom tego, co robisz i dlaczego. Piszesz długopisem świadomości w podświadomości, ponieważ wiesz, że bogactwo istnieje. Przejdź się ulicą, a zobaczysz je. Czy jadąc samochodem, potrafisz policzyć kwiaty rosnące przy drodze? Czy potrafisz policzyć ziarnka piasku na brzegu morza? A gwiazdy na niebie? Czy umiesz zmierzyć bogactwo, po którym stąpasz? Tak, ono jest pod twoimi stopami. Może to ropa, złoto, srebro, uran. Zastanawiałeś się kiedyś nad bogactwami morza, ziemi czy powietrza?

Trzeci krok polega na powtarzaniu następującej afirmacji przez pięć minut rano i wieczorem: „Wpisuję teraz do mojej podświadomości myśl o boskim bogactwie. Bóg jest moim źródłem obfitości. Wiem, że Bóg jest Prawem Życia we mnie, i wiem, że żyję. Wszystkie moje potrzeby są zaspokajane zawsze i wszędzie. Boskie bogactwo płynie do mnie swobodnym, radosnym i ciągłym strumieniem, a ja składam dzięki za boskie dobra, bezustannie krążące w moim życiu".

Krok czwarty: Kiedy pojawią się w twojej głowie myśli o niedostatku, takie jak: „Nie mogę sobie pozwolić na tę podróż" albo „Ten mój czek nie ma pokrycia w banku" lub „Nie mogę zapłacić tego rachunku", nigdy, przenigdy nie pozostawiaj ich w tej formie. To niedopuszczalne. Niech stwierdzenia na temat finansów zawsze brzmią pozytywnie. Przekształć je natychmiast w afirmację: „Bóg jest moim dostępnym i niewyczerpanym źródłem, a ten rachunek zostanie zapłacony zgodnie z boskim porządkiem". Jeśli negatywna myśl pojawia się w twojej głowie pięćdziesiąt razy na godzinę, za każdym razem przekształć ją w następującą afirmację: „Bóg jest moim dostępnym źródłem, które teraz zaspokaja tę potrzebę". Po chwili myśl o finansowym niedostatku straci impet i okaże się, że twoja podświadomość kieruje się w stronę bogactwa. Na przykład patrząc na nowy samochód, nigdy nie mów: „Nie mogę go kupić" albo „Nie stać mnie na niego".

Twoja podświadomość traktuje takie słowa dosłownie i nie dopuszcza do ciebie tego, co dobre. Powiedz sobie natomiast: „Ten samochód jest na sprzedaż. Jest boską ideą, a ja przyjmuję ją zgodnie z boskim porządkiem poprzez Bożą miłość". Oto uniwersalny klucz do bogactwa. Niemożliwe, żeby osoba, która z przekonaniem stosuje tę metodę, nie żyła w dobrobycie.

Wykorzystuj ją więc, a prawo obfitości wprowadzisz w życie. Sprawdzi się w odniesieniu do ciebie i każdej innej osoby. Prawo umysłu nie faworyzuje nikogo. To myśli czynią nas bogatymi lub biednymi. Wybierz bogactwa, jakie tu i teraz ofiarowuje ci życie.

Pewien kierownik sprzedaży przysłał do mnie na konsultację swój personel. Przedstawiciel handlowy był błyskotliwym absolwentem college'u, doskonale znał produkty, działał na lukratywnym obszarze, ale osiągał zaledwie dziesięć tysięcy dolarów prowizji rocznie. Menedżer uważał, że powinien tę sumę podwoić albo potroić. Rozmawiając z tym młodym człowiekiem, przekonałem się, że jest dla siebie bardzo surowy. Wykształcił w sobie wewnętrzny wzorzec czy też wizerunek wyłącznie dziesięciu tysięcy dolarów rocznie. Jakby stwierdzał: „Tylko tyle jestem wart". Powiedział, że pochodzi z ubogiej rodziny, a rodzice kiedyś powiedzieli mu, że pisane mu jest ubóstwo. Ojczym też stale mu powtarzał: „Nic z ciebie nie będzie. Jesteś tępy i głupi". Uwagi te zapadły w jego podatny na wpływy umysł i mężczyzna doświadczał skutków podświadomego przekonania o nieuchronności niedostatku i ograniczeń.

Wyjaśniłem mu, że może zmienić swoją podświadomość, dostarczając jej ożywczych wzorców. Nauczyłem także prostej duchowej formuły, której miał się trzymać. Wyjaśniłem, że pod żadnym pozorem nie powinien zaprzeczać temu, co afirmuje, ponieważ podświadomość przyjmuje tylko to, w co on szczerze wierzy. Twoja podświadomość też przyjmuje twoje przekonania. Uwierz zatem w boską obfitość i bogactwo, które przecież są wokół ciebie. Młody sprzedawca codziennie rano przed pójściem do pracy powtarzał taką oto afirmację: „Urodziłem się, żeby odnieść sukces. Urodziłem się, żeby wygrywać. Nieskończoność we mnie nie może ponieść klęski. Moim życiem rządzą boskie prawo i porządek. Boski spokój wypełnia moją duszę. Boża miłość ją syci. Nieskończona Inteligencja prowadzi mnie na każdej drodze. Boskie bogactwa napływają do mnie swobodnie, radośnie, nieskończenie i nieprzerwanie. Robię postępy, idę do przodu i rozwijam się psychicznie, duchowo, finansowo i na wszystkie inne sposoby. Wiem, że te prawdy zapadają w moją podświadomość. Wiem i wierzę, że wydadzą one właściwe owoce".

Ponownie spotkałem go kilka lat później, zupełnie odmienionego. Przyswoił koncepcje, o których dyskutowaliśmy. „Teraz doceniam życie" – powiedział. „Przydarzyły mi się wspaniałe rzeczy. Mam roczny dochód w wysokości siedemdziesięciu pięciu tysięcy dolarów, czyli pięciokrotnie wyższy niż rok temu". Poznał prostą prawdę: to, co wpisał w podświadomość, stawało się rzeczywistością i zdarzało się w jego życiu. Ty też masz w sobie tę siłę. Także możesz jej użyć.

Ostatnio poznałem człowieka, który kiedyś pracował w banku. Zarabiał czterdzieści tysięcy dolarów rocznie, czyli wiodło mu się całkiem dobrze, ale chciał przynosić więcej pieniędzy dla żony i dzieci. Powtarzał więc następpującą afirmację: „Bóg jest moim dostępnym źródłem. Prowadzą mnie Jego boskie wskazówki. Nieskończony Duch otwiera nowe drzwi". Powiedział mi, że kilka miesięcy później pojawiła się pewna szansa i że teraz zajmuje się sprzedażą i otrzymuje od niej prowizję. Miał w sobie tyle wiary, że zostawił bezpieczną posadę w banku i poszedł dalej. Obecnie zarabia dwieście tysięcy dolarów rocznie, a firma pokrywa jego wydatki. Może robić wspaniałe rzeczy i wraz z rodziną wiedzie cudowne życie.

Wszystko to jest myślą. Myślą w jego głowie. Bogactwo jest myślą. Radio jest myślą. Telewizja jest myślą. Samochód jest myślą. Wszystko, na co patrzysz, jest myślą. Załóżmy, że z powodu jakiejś katastrofy wszystkie samochody na świecie zostałyby zniszczone – mechanik mógłby je naprawić, prawda? I niebawem znów mielibyśmy ich miliony.

Zapewnij sobie finansowy dobrobyt, stosując poniższą medytację:

> „Wiem, że o mojej przyszłości decyduje wiara w Boga. Moja wiara w Boga, czyli moja wiara we wszystko, co dobre. Utożsamiam się teraz z myślami, które są prawdziwe, i wiem, że moja przyszłość powstanie na obraz i podobieństwo stworzone przez moje nawykowe myślenie. Stanę się tym, o czym myślę w sercu lub podświadomości. Od tej chwili skupię moje myśli na tym, co prawdziwe, uczciwe, sprawiedliwe, cudowne i wartościowe. Medytuję nad tym dniem i nocą i wiem, że nasiona, które są myślami, a które bezustannie kontempluję, przyniosą mi bogate żniwo. Jestem kapitanem mojej duszy; jestem mistrzem mojego losu. Albowiem moja myśl i moje uczucie decydują o moim przeznaczeniu".

Musisz zrozumieć, że modlitwy i afirmacje nie mają na celu zmiany Boga, Ducha Żywego, Prawa Życia czy wpłynięcia na to, co boskie. Bóg był taki sam wczoraj, jak jest dzisiaj, i będzie taki zawsze. Nie zmieniasz Boga, ale dopasowujesz się mentalnie do tego, co od zawsze jest prawdą. Nie tworzysz harmonii; harmonia istnieje. Nie tworzysz miłości; Bóg jest miłością. Miłość Boga jest w tobie. Nie tworzysz spokoju; Bóg jest spokojem, a Bóg mieszka w tobie. Musisz jednak zapragnąć, żeby boski spokój wypełnił twój umysł. Musisz pragnąć, żeby w twoim domu panowała boska harmonia. Harmonia kryje się w twoim portfelu, twoich interesach i we wszelkich aspektach twojego życia. Całe dobro jest dostępne dla każdego. Nasze modlitwy i afirmacje mają doprowadzić nasz umysł do punktu, w którym możemy przyjąć dary dostępne nam od zawsze. Albowiem Bóg jest darczyńcą i darem. Ropa kryła się w ziemi, zanim się urodziłeś, zanim człowiek postawił na niej stopę. Podobnie jak złoto, srebro, uran, ołów, miedź i wszystkie metale, których dzisiaj używamy. To wszystko już tu jest.

Czy do ich odnalezienia nie była potrzebna odrobina inteligencji? Owszem. Jeśli wyślesz do Utah dwóch ludzi: geologa, który nic nie znajdzie, oraz takiego, który na tym samym obszarze w ciągu pięciu minut odkryje żyłę uranu albo srebra – to gdzie kryło się tak naprawdę to bogactwo? W umyśle drugiej osoby, która wierzyła w zasadę przewodnią. Pierwsza osoba nie znalazła nic, chociaż miała to w zasięgu ręki.

Będzie cię więc prowadzić zasada przewodnia – do złota, srebra, ropy, ołowiu. Nie musimy zmieniać okoliczności; musimy wyłącznie pracować nad sobą.

Jedynym miejscem, które gwarantuje nam uleczenie naszych braków i ograniczeń, jest nasz umysł.

Kiedy przeprowadzisz ten proces w umyśle, przekonasz się, że świat (twoje ciało, środowisko i warunki) stanie się matematycznym odbiciem twojego wewnętrznego stanu. Gdy się modlisz, wierz, iż otrzymasz rzeczy, o które prosisz, a będą one twoje. Oto warunek spełnienia modlitwy – czy dotyczy ona uzdrowienia ciała, dobrobytu, sukcesu czy zdobycia korzyści materialnych. Kiedy przekonasz swój głębszy umysł, że masz to, czego chciałeś, natychmiast zacznie to realizować.

Możesz mnie spytać: „Jak mam przekonać głębszy umysł, moją podświadomość, że mam bogactwa czy jakieś inne dobra, kiedy zdrowy rozsądek mówi mi, że rośnie sterta rachunków do zapłacenia, ścigają mnie wierzyciele, bank dzwoni w sprawie zaległości w spłacie kredytu hipotecznego i odsetek za pożyczone pieniądze?" W takim układzie ci się nie uda. Jeśli będziesz myślał o długach i zobowiązaniach oraz o tym, ile jesteś innym winien, tylko pogorszysz swoją sytuację. Prawda o twoim umyśle jest taka, że traktuje on jak fakt wszystko, co mu się z przekonaniem i odpowiednio często powtarza. W podobny sposób nauczyłeś się chodzić. Utrwalasz w nim pewien wzorzec myślowy, działanie – niezależnie od tego, czy chodzi o pływanie, grę w tenisa czy golfa. Wiesz, co i dlaczego robisz. Chciałeś się nauczyć chodzić, chciałeś się nauczyć tańczyć, chciałeś się nauczyć pływać. I wreszcie podświadomość przyswoiła sobie te wzorce, prawda? Zacząłeś pływać i chodzić niejako automatycznie.

Ta sama metoda sprawdza się w modlitwie o bogactwo i inne sprawy. Kiedy już podświadomość zaakceptuje dane stwierdzenie jako fakt, zacznie robić wszystko, żeby się nim stało. Oto cały cel afirmacji: przekonać siebie, iż to, co się afirmuje, jest prawdą. A wtedy głębszy umysł podaruje ci to, czego pragniesz.

Pewnego razu do mojego biura przyszła kobieta i powiedziała: „Dostałam od kogoś afirmację dotyczącą tego, że jestem bogata i dobrze mi się powodzi, odnoszę sukcesy i mam znaczny majątek. To ona pozwoliła mi pełniej uświadomić sobie moje potrzeby". Widzisz, przedtem bardziej wierzyła w ubóstwo i niedostatek niż w bogactwa, które ją otaczały. Wyjaśniłem jej więc: „Musisz odejść od tego wzorca, zmienić swoje przekonanie. Twoja podświadomość zaakceptuje to, w co uwierzysz". I dodałem: „Rozejrzyj się wokół. Uświadom sobie, że Bóg stworzył ciebie i cały świat. Jest niewidzialnym duchem w tobie. Bóg jest wszystkim. Wprawił twoje serce w ruch, stworzył powietrze, którym oddychasz, wodę, którą pijesz, i jedzenie, które spożywasz. A zatem zwróć się do swojego wnętrza i zmień je. Powiedz: «Uznaję Wieczne Źródło mojej obfitości. Tym źródłem jest Bóg. Wszystkie moje potrzeby – duchowe, psychiczne, materialne – są zaspokajane tu i teraz, a bogactwo Boga jest obecne w moim życiu i zawsze mam go w nadmiarze. Dniem i nocą robię postępy i rozwijam się duchowo, psychicznie, materialnie, finansowo, intelektualnie i w każdy inny sposób». Jeśli umysł jest gotowy, wszystko może się zdarzyć. To, w co wierzę, decyduje o moim losie. Zanim zawołają, ja im odpowiem. Oni jeszcze mówić będą, a ja już ich wysłucham. O, jak miłuję twoje prawo. Niech to będzie moja medytacja dniem i nocą. Prawo brzmi, iż jestem tym, co kontempluję. Jestem tym, czym wierzę, że jestem. To, w co wierzę, decyduje o moim losie. Bóg nam wszystkiego obficie udziela do używania. Bóg uczynił cię bogatym, dlaczego więc jesteś biedny?" Gdy kobieta ta dostrzegła Źródło nieskończonego oceanu bogactwa, Źródło każdego włosa na jej głowie, Źródło mocy, która pozwala jej podnieść krzesło, Źródło trawy, Źródło siana na polu, Źródło bydła na tysiącach wzgórz, uświadomiła sobie, czym ono jest. Dostroiła się do niego. I wtedy wszystko stało się dla niej jasne. Uświadomiła sobie, że wpisuje w podświadomości myśl o rozwoju i dobrobycie. Zmieniła swoje przekonanie i zaczęła wierzyć w otaczające ją nieskończone bogactwo, a nie w ubóstwo, które było fałszywą ideą.

Czy wiesz, że w tropikach gnije tyle owoców, że można by nimi nakarmić wszystkich ludzi? Natura jest hojna i rozrzutna. Bóg szczodrze cię obdarował. „Te rzeczy", rzekł, „tobie daję, żeby radość moja udzieliła się tobie i była pełna". Dotychczas o nic nie prosiłeś, teraz poproś, żeby twa radość była pełna. Przybywam, żebyś zaczął wieść życie w obfitości. Dotychczas o nic nie prosiłeś, teraz poproś, żeby twa radość mogła być pełna. Wiedz, że „prosić" według Biblii oznacza „żądać". Żądasz odważnie; lecz wiesz, co robisz i dlaczego.

A zatem, jeżeli masz wiele długów i zobowiązań, wiele rachunków do zapłacenia, nie martw się o nie. Zwróć się do niewyczerpanego Źródła. Przypomnij sobie słowa rolnika: „Nie przejmuj się chwastami. Ziarno zakiełkuje i zabije chwasty". Podobnie, jeżeli skupisz się na rzeczach dobrych, na Bożym przewodnictwie, właściwych działaniach, Wiecznym Źródle twojego bogactwa, czy to psychicznego, duchowego czy finansowego, przekonasz się, że istnieje tylko Jedno Źródło. Gdy się ku niemu zwracasz i dziękujesz za nieskończone bogactwa, wtedy giną wszelkie chwasty. Przestajesz myśleć o niedostatku i ograniczeniach, a Bóg powiększa twoje dobra.

Wnieś radość w swoje życie. Módl się o nią i żądaj jej. „Radość Pana jest moją siłą", mówi Biblia. Powtarzaj to sobie i po pewnym czasie ze zdziwieniem zauważysz zmianę w pracy twojego krwiobiegu i układu krążenia. Nie analizuj tego i nie zawracaj sobie tym głowy. Po prostu zrozum, że radość jest duchem życia, jego przejawem. Nie haruj na nią jak wół. W tej mentalnej i duchowej metodzie terapeutycznej nie używa się żadnej siły woli ani mięśni; nie biorą w niej udziału naczynia krwionośne. Po prostu zrozum i zażądaj, żeby radość Pana zaczęła cię przenikać już teraz, a gdy będziesz się modlił w ten sposób, wydarzą się cuda. W konsekwencji osiągniesz wolność i spokój umysłu, który zawita też w twoim portfelu, domu i związkach z innymi, ponieważ spokój jest siłą Bożego serca.

Rzeka i strumienie rozweselają miasto Boga. Miasto Boga to twój umysł. Wiesz dobrze, co w nim mieszka: twoje myśli, poglądy, obrazy, przekonania i opinie. Upewnij się, czy odpowiadają boskiemu standardowi.

Pewna kobieta powiedziała mi: „Miałam poważne problemy finansowe. Dotarłam do punktu, w którym brakowało mi pieniędzy na jedzenie dla dzieci. Miałam wtedy tylko pięć dolarów. Uniosłam je więc w dłoni i powiedziałam: «Bogactwo i chwała Boża sprawią, że znacznie ich przybędzie, a mnie wypełnia teraz bogactwo Nieskończoności. Wszelkie moje potrzeby są zaspokajane natychmiast i będą zaspokajane do końca mojego żywota»". Wierzyła w to. Nie były to próżne słowa. Nie dotrzesz do boskiego ucha poprzez czcze powtarzanie. Nie, musisz wiedzieć, co robisz i dlaczego. Musisz wiedzieć, że twoja świadomość jest długopisem, którym piszesz, odciskasz coś w podświadomości. Wszystko, co tam odciśniesz, zostanie zamanifestowane na ekranie przestrzeni jako forma, funkcja, doświadczenie czy wydarzenie – dobre albo złe. Upewnij się zatem, że zasiewasz coś wspaniałego i wartościowego.

A wspomniana kobieta ciągnęła: „Moja afirmacja mówiła o tym, że wszystkie moje potrzeby są zaspokajane natychmiast i będą zaspokajane przez wszystkie dni mojego życia i że zacznie się to za pół godziny. Ogarnął mnie wielki spokój. Swobodnie wydałam te pięć dolarów na jedzenie. I wtedy właściciel sklepu zapytał mnie, czy nie chciałabym pracować u niego jako kasjerka, bo poprzednia właśnie odeszła. Przyjęłam posadę i niedługo potem wyszłam za niego za mąż. Doświadczaliśmy i doświadczamy wszelkich bogactw życia".

Ta kobieta zwróciła się do Źródła. Nie wiedziała, jaką otrzyma odpowiedź na swoją modlitwę, ponieważ nigdy nie wiemy, jak zadziała podświadomość. W głębi serca wierzyła jednak w bogosławieństwa Nieskończoności. Uwierzyć znaczy żyć w tym stanie. Ale także żyć według Wiecznych Prawd. Jej dobra zostały rozmnożone w znacznym stopniu, ponieważ podświadomość zawsze powiększa to, na co kierujemy swoją uwagę. Kryją się w tobie obecność i Moc, które możesz wykorzystać. Możesz uaktywnić dar Boga w swoim wnętrzu, albowiem Bóg jest darczyńcą i darem; a tobie wszystko zostało dane. Dlatego możesz się do Niego zwrócić, zażądać pomocy, właściwych działań, piękna, miłości, spokoju, obfitości, bezpieczeństwa. Możesz sobie powiedzieć: „Rodzą się we mnie boskie myśli, przynosząc mi harmonię, zdrowie, spokój i radość". Niezależnie od tego, czy prowadzisz interesy, jesteś rzemieślnikiem, artystą czy wynalazcą, po prostu usiądź spokojnie i powiedz: „Bóg podsuwa mi twórcze pomysły, oryginalne, cudowne idee, które przynoszą ludzkości niezliczone korzyści". A potem obserwuj, jak przychodzą ci one do głowy. A przyjdą na pewno, ponieważ kiedy Go wzywasz, On odpowiada. Pamiętaj, co mówi Biblia: „Zawołaj mnie, a odpowiem. Będę z tobą w ciężkiej chwili. Wyniosę cię na Wysokości, albowiem poznałeś moje imię".

Imię oznacza naturę. W naturze Nieskończonej Inteligencji leży reagowanie. Zawołaj, a otrzymasz odpowiedź. Bezustannie afirmuj i ufaj, że Bóg szczodrze pomnaża twoje dobra, a z dnia na dzień będziesz bogatszy duchowo, psychicznie, intelektualnie, materialnie i społecznie. Albowiem wspaniałość codziennego życia nie ma końca. Obserwuj cuda, które będą się działy, kiedy odciśniesz te prawdy w swojej podświadomości. Cuda te już się dzieją. Właśnie je tam odciskasz. Im częściej to będziesz robić, tym szybciej zapłodnisz swój głębszy umysł i zaznasz wspaniałej przyszłości w wymiarze materialnym i każdym innym. Obserwuj swoje myśli. Nigdy nie mów o niedostatku i brakach finansowych. Nigdy nie mów, że jesteś biedny lub w potrzebie. Bardzo nierozsądnie jest omawiać z sąsiadami czy krewnymi ciężką sytuację, trudne czasy, kłopoty pieniężne i podobne kwestie. Dziękuj Bogu. Zacznij myśleć o dobrobycie. Mów o boskich bogactwach, które są wszędzie. Zrozum, że poczucie bycia bogatym przynosi bogactwo. Kiedy mówisz, że masz mało pieniędzy i jesteś biedny, że musisz zaciskać pasa i jeść tanie potrawy, myśli te sprawią, że jeszcze zubożejesz. Swobodnie korzystaj z pieniędzy. Wydawaj je z radością i zrozum, że bogactwo Boga sunie w twoją stronę niczym ogromna lawina.

Zwróć się do Źródła. Kiedy zwrócisz się ku istniejącej w tobie Bożej Obecności, otrzymasz odpowiedź. Albowiem napisano: Bóg troszczy się o ciebie. Spotkasz sąsiadów, nieznajomych i wspólników, którzy powiększą twoje dobra materialne. Uczyń praktykę z modlitwy o boskie przewodnictwo we wszystkim i uwierz, że Bóg, Najwyższa Inteligencja, zaspokaja wszystkie twoje potrzeby zgodnie z Jego bogactwem i na Jego chwałę. Śmiało tego żądaj. Śmiało wejdź na tron łaski.

Łaska, odarta z mistyki, jest po prostu matematycznym odbiciem twojego nawykowego myślenia i wyobrażeń. Innymi słowy, istnieje Najwyższa Inteligencja, która odpowiada na twoje wyobrażenia. A zatem módl się o boskie przewodnictwo we wszystkim. Kiedy taka postawa wejdzie ci w nawyk, odkryjesz, że niewidzialne prawo obfitości przynosi realne bogactwo.

Ostatnio pewna lekarka powiedziała mi, że nieustannie modli się w następujący sposób: „Żyję, radośnie oczekując najlepszego, i niezmiennie doświadczam tego, co najlepsze". A potem dodała: „Mój ulubiony werset z Biblii, który mnie przepełnia, brzmi: «On dał wszelkie życie i oddech, i wszystkie rzeczy»". Przekonała się, że jej radość, zdrowie, sukces, szczęście czy spokój umysłu nie zależą od ludzi. Awansów, osiągnięć, bogactwa, sukcesów i szczęścia szuka u Żywego Ducha Wszechmogącego w sobie. Rozmyślaj nad awansami, sukcesem, osiągnięciami, oświeceniem i inspiracją.

Duch Wszechmogący zadziała w twoim imieniu, zmuszając cię do pełnego zamanifestowania tego, nad czym medytujesz. Odpuść teraz kontrolę i pozwól niewyczerpanym bogactwom Nieskończoności otworzyć przed tobą nowe drzwi, aby w tobie/twoim życiu zaczęły się dziać cuda.

W terapii modlitwą unikaj mocowania się ze sobą i nadmiernego nacisku. Nie rób nic na siłę. Jak można dodać mocy czemuś, co jest wszechmocne? Czy można zmusić ziarno do zakiełkowania? Nie można. Posadź je w ziemi. Urośnie. W nasionku kryje się dąb. Jabłko znajduje się w pestce. Archetyp wzorca już jest, ale musisz go ukryć w ziemi, gdzie umrze, rozpadnie się i przekaże energię kolejnej swojej formie.

Kiedy uduchowiony człowiek patrzy na żołądź, widzi las. Tak właśnie działa podświadomość. W olbrzymim stopniu powiększa to, co masz dobrego. Nie wysilaj się więc, ponieważ taka postawa ujawnia twoje przekonania. Jeżeli martwisz się, boisz czy niepokoisz, powstrzymujesz to, co dobre. To rodzi blokady, opóźnienia i utrudnienia w życiu. Co powoduje strach? To, czego się najbardziej obawiałem, stało się. Odwróć to. Doświadczyłem tego, co kocham. Miłość jest emocjonalnym przywiązaniem. Twoja podświadomość kryje w sobie wszelką mądrość i moc potrzebną do rozwiązania każdego problemu.

Twoja świadomość ma tendencję do sugerowania się warunkami zewnętrznymi, do ciągłej walki i oporu. Pamiętaj jednak, że wyniki osiąga umysł spokojny. Systematycznie uspokajaj więc ciało; staraj się je wyciszyć i odprężyć. Musi cię słuchać. Niech porusza się zgodnie z instrukcjami, reaguje na twoje działania.

Twoje ciało nie ma świadomości ani woli. Porusza się, kiedy ty nim poruszasz. Możesz wygrywać na nim boską melodię. Kiedy twoja świadomość jest spokojna i chłonna, kontaktuje się z nią podświadomość i poznajesz rozwiązanie.

Pewna właścicielka salonu piękności wyjawiła mi, iż tajemnica jej sukcesu kryje się w tym, że codziennie, zanim otworzy zakład, znajduje chwilę na powtórzenie afirmacji: „Boski spokój wypełnia moją duszę. Przenika mnie Boża miłość. Bóg mnie prowadzi, zapewnia dobrobyt, inspiruje. Czuję oświecenie płynące z Wysokości. Jego uzdrawiająca miłość płynie ode mnie do wszystkich moich klientów. Przez moje drzwi wchodzi Boża miłość. Moimi drzwiami wychodzi Boża miłość. Wszyscy, którzy przychodzą do mojego salonu, otrzymują błogosławieństwo, uzdrowienie i inspirację. Cały zakład przepełnia Nieskończona Uzdrawiająca Obecność. Taki dzień stworzył Pan, a ja raduję się i składam dzięki za niezliczone błogosławieństwa, jakie otrzymują moi klienci i ja sama".

Spisała te prawdy i powtarza je co rano. Wieczorem składa podziękowania swoim klientom, żądając dla nich pomocy, dobrobytu, szczęścia i harmonii oraz tego, żeby Bóg w swojej miłości przenikał każdego z nich, napełniając puste naczynia w jej życiu. Dzięki tej modlitwie po trzech miesiącach miała znacznie więcej klientów, niż mogła obsłużyć. Musiała więc zatrudnić trzech nowych pracowników i wiedzie się jej lepiej niż w najśmielszych marzeniach.

Pewien kierownik sprzedaży powiedział mi, że został zwolniony z pracy za picie alkoholu i romans z jedną z sekretarek. Był bardzo przygnębiony, zniechęcony i martwił się o swoją rodzinę, zarobki, przyszłość. Kiedy porozmawiałem z jego żoną, odkryłem, że była zrzędliwym typem, usiłującym dominować nad mężem i kontrolować go. Była wyjątkowo zazdrosna i zaborcza. Zawsze urządzała mu sceny, jeśli nie wrócił wieczorem o określonej porze. Ten niedojrzały emocjonalnie i duchowo mężczyzna nie podchodził jednak do całej sprawy zbyt konstruktywnie. Nie znosił zrzędzenia żony i mścił się na niej, pijąc i wdając się w romans z inną kobietą. Powiedział mi: „Po prostu chciałem wyrównać z nią rachunki".

Para ta zgodnie stwierdziła, że do tego, aby małżeństwo było udane, potrzeba dwojga. Tylko wtedy też będzie im się układało. Jeżeli mąż i żona zgodnie wybiorą dobrobyt i powodzenie (a zgoda oznacza harmonię), powiedzie się im. Będą mieli tyle pieniędzy, ile trzeba, żeby robić to, co zechcą i kiedy zechcą. A gdy rzeczywiście można robić, co się chce i kiedy się chce, jest się tak bogatym jak Rockefeller. Obydwoje postanowili więc, że będą się modlić rano i wieczorem. Ale uświadomili sobie, że kiedy modlą się za siebie nawzajem, nie może być między nimi żadnej goryczy, wrogości czy niechęci, ponieważ Boża miłość odrzuca wszystko, czym nie jest. I to prawda.

Żona rano i wieczorem modliła się następującymi słowami: „Mój mąż pochodzi od Boga. Bóg prowadzi go do jego prawdziwego celu. To, czego szuka, szuka jego. Wiedzie mu się na każdym polu – duchowym, psychicznym, finansowym i społecznym. Dniem i nocą robi postępy, idzie do przodu i rozwija się – duchowo, psychicznie, finansowo, społecznie, intelektualnie, na wszystkie sposoby – ponieważ życie to proces rozwoju. Łączą nas harmonia, spokój, miłość i zrozumienie. W naszym życiu dzieje się to, co powinno się dziać, i panuje w nim boski spokój".

A mąż wieczorem i rano modlił się za swoją żonę następująco: „Moja żona jest dzieckiem Boga. Jest córką Nieskończoności, dzieckiem Wieczności. Boża miłość wypełnia jej duszę. Tak jak napisano: On troszczy się o nią. Przenikają ją Boża miłość, spokój, harmonia i radość. Wszystko, co robi, czyni pod boskim przewodnictwem i towarzyszy jej w tym powodzenie. Kiedy ci się powodzi, rozwijasz się na wszystkich płaszczyznach. Łączą nas harmonia, spokój, miłość i zrozumienie. Składam hołd boskości w niej, a ona składa hołd boskości we mnie".

Kiedy oboje się uspokoili, zdali sobie sprawę, że ich sytuacja może zaowocować samymi dobrymi rzeczami. Niebawem do męża zadzwonił prezes firmy i zaproponował mu powrót, twierdząc, iż słyszał, że pogodził się z żoną. Pochwalił go też za dotychczasowe osiągnięcia i dokonania na rzecz firmy. Prawda jest taka, że to żona w tajemnicy udała się do prezesa firmy i opowiedziała mu całą historię – jacy są teraz szczęśliwi i że druga kobieta zniknęła już z ich życia. Opowiedziała o tym, jak się wspólnie modlą. Zaimponowało to szefowi i niebawem i ona, i jej mąż odkryli bogactwa „naukowej" modlitwy – gdyż bogactwa Nieskończoności kryją się w tobie.

To odczucia podpowiedzą ci, czy twoja modlitwa została wysłuchana. Jeżeli będziesz się martwił albo niepokoił, kiedy albo z jakiego źródła nadejdzie odpowiedź, będzie to oznaczało ingerencję, gdyż nie do końca będziesz ufał mądrości własnej podświadomości.

Nie zadręczaj się całymi dniami ani nawet od czasu do czasu. Do własnych pragnień należy podchodzić swobodnie. Pamiętaj, że Nieskończona Inteligencja zajmuje się twoimi sprawami zgodnie z boskim porządkiem, o wiele skuteczniej niż ty, bo jest wolna od napięć obecnych w twojej świadomości.

Jeżeli na przykład powiesz: „Do piętnastego przyszłego miesiąca potrzebuję piętnastu tysięcy dolarów" albo „Sędzia musi podjąć decyzję w mojej sprawie do pierwszego następnego miesiąca, gdyż w przeciwnym razie stracę dom, kredyt hipoteczny" i tak dalej, to w słowach tych zawrzesz strach, niepokój i napięcie. Jakie będą tego skutki? W twoim życiu pojawią się blokady, opóźnienia, utrudnienia i kłopoty. Zawsze zwracaj się do Źródła. Pamiętaj, twoja siła tkwi w spokoju i pewności siebie. Kiedy jesteś zdenerwowany, spięty i zmartwiony, nie osiągniesz dobrobytu, harmonii umysłu ani zdrowia. Wróć do Źródła. Udaj się do miejsca w swoim umyśle, w którym panuje absolutny spokój, i powiedz sobie – a raczej powtarzaj – te prawdy: „Przydarza mi się to, w co wierzę. Kiedy umysł jest gotowy, wszystko może się zdarzyć". Oznacza to, że muszę jedynie przygotować umysł na korzyści, pomoc, bogactwo, odpowiedź, rozwiązanie, wyjście. „Według wiary waszej niech wam się stanie. Idź, twoja wiara cię uzdrowiła", idź w pokoju, twoja wiara cię uzdrowiła. Kiedy umysł jest gotowy, wszystko jest możliwe. Światło Boga pada na mnie. Spokój Wiecznego Boga wypełnia moją duszę. „W ciszy i ufności leży wasza siła". Bóg nam wszystkiego obficie udziela do używania. Z Bogiem wszystko jest możliwe. Powtarzaj te proste prawdy. Mów: „Bóg jest moim pasterzem. Niczego mi nie braknie. Pozwala mi leżeć na zielonych pastwiskach.

Prowadzi mnie do spokojnych wód. Ożywia moją duszę. Kiedy wołam Go, odpowiada mi. Będzie ze mną w trudnych chwilach. Wynosi mnie na wysokości, albowiem zna moje imię. Bóg jest dostępnym i niewyczerpanym źródłem mojego bogactwa i zawsze niesie mi pomoc w trudnych chwilach".

Powtarzaj te prawdy. Czytaj Psalm 23 albo Psalm 91 i zgłębiaj je po cichu, w spokoju i z miłością. W twoim umyśle zapanują harmonia i odprężenie. Zdasz sobie sprawę, że Bóg nigdy nie zwleka i jest źródłem zawsze dostępnego i niewyczerpanego bogactwa, wiodąc cię i prowadząc, odkrywając przed tobą wszystko, co musisz wiedzieć, otwierając przed tobą drzwi, pokazując rozwiązanie. Boskie bogactwa zaś są obecne w twoim życiu i zawsze masz ich w nadmiarze. I kiedy już osiągniesz taki stan umysłu, zobaczysz drogę, wzejdzie słońce, a cienie znikną. Nie otrzymasz jednak odpowiedzi, martwiąc się, bojąc, denerwując i niepokojąc. Przyciągniesz tylko większy niedostatek, więcej problemów. Zmień to. Wróć do Źródła. Powtarzaj znane ci boskie prawdy i rozmyślaj o nich: Bóg jest absolutnym spokojem, absolutną harmonią, absolutną mądrością, absolutną inteligencją, wiecznie żywym, wszystkowiedzącym, odradzającym się, tym, który wie i widzi wszystko, źródłem wszelkich błogosławieństw. To wyciszy twój umysł i przyniesie ci spokój. A kiedy umysł jest spokojny, otrzymuje odpowiedź. W ciszy i ufności leży wasza siła. A tylko Bóg zna odpowiedź. Naucz się więc odpuszczać i odprężać. Nie pozostawiaj decyzji warunkom zewnętrznym. Przekaż władzę i bądź posłuszny Nieskończoności, Obecności i Mocy w tobie.

Instruktor pływania powie ci, że można unosić się

na wodzie, jeśli leży się spokojnie, nieruchomo i swobodnie. Gdy jednak człowiek się denerwuje, spina, boi – topi się. Jeżeli szukasz bogactwa, dobrobytu, sukcesu albo duchowego uzdrowienia, poczuj, że jesteś zanurzony w Świętej Wszechobecności jak w oceanie czy basenie, i uświadom sobie, że złota rzeka życia, miłości, prawdy i piękna płynie teraz przez ciebie, przekształcając całą twoją istotę w harmonię, miłość, spokój i obfitość. Poczuj, że pływasz w wielkim oceanie życia, a to poczucie jedności przywróci ci siły.

Oto medytacja, która wniesie w twoje życie wiele wspaniałych rzeczy. Posłuchaj jej i powtarzaj ją:

„Te prawdy wnikają w moją podświadomość. Wyobrażam sobie, jak niczym nasiona, które sadzę w ziemi, przenoszą się z mojej świadomości w podświadomość. Wiem, że jestem staroświecki i kształtuję własny los. Pokładam ufność w Nieskończonej Istocie, która wszystko stworzyła, a to decyduje o moim życiu. Oznacza to niewzruszoną wiarę we wszystko, co dobre. Żyję w radosnym oczekiwaniu na to, co najlepsze, i przychodzi do mnie jedynie to, co najlepsze. Wiem, że w przyszłości zbiorę żniwo, ponieważ wszystkie moje myśli są myślami Boga. Siła Boga tkwi w moich dobrych myślach. Moje myśli są nasionami dobroci, prawdy, piękna i obfitości. Sadzę teraz moje myśli o miłości, spokoju, radości, sukcesie, bogactwie, bezpieczeństwie i dobrej woli w ogrodzie mojego umysłu. Jest to ogród Boga. Chwała i piękno Boga zamanifestują się w moim życiu i wiem, że mój ogród przyniesie obfite plony. Od tej chwili będę ekspresją życia, miłości i prawdy. Mam wielkie szczęście i powodzenie we wszystkim, co robię, a Bóg hojnie pomnaża moje dobra".

Powodzenie oznacza odnoszenie sukcesów, kwitnięcie i uzyskiwanie korzystnych rezultatów. Innymi słowy, kiedy masz powodzenie, dobrze prosperujesz, rozwijasz się, wzrastasz duchowo, psychicznie, finansowo, społecznie i intelektualnie. Nigdy nie bądź zawistny ani zazdrosny o czyjeś bogactwo, sukcesy zawodowe czy klejnoty, ponieważ to cię zuboży. Przyciągniesz do siebie niedostatek i ograniczenia. Ciesz się sukcesem i dobrobytem innych i życz im jeszcze większych bogactw, gdyż w ten sposób życzysz tego także sobie. Liczą się bowiem tylko twoje myśli. To, co myślisz o innych, pojawia się w twojej głowie, ciele, doświadczeniu, a także w portfelu. Dlatego właśnie należy cieszyć się z sukcesu i dobrobytu milionów innych ludzi. Aby osiągnąć bogactwo, musisz się stać kanałem, przez który swobodnie, harmonijnie, radośnie i z miłością będzie przepływało Prawo Życia.

Proponuję, żebyś ustalił konkretną metodę pracy i sposób myślenia, żebyś praktykował je systematycznie, codziennie.

Przyszedł kiedyś do mnie na konsultacje pewien młody człowiek, który od wielu lat cierpiał na kompleks ubóstwa. Jego modlitwy nie były wysłuchiwane. Prosił bowiem wprawdzie o dobrobyt, ale strach przed ubóstwem był nieustannie obecny w jego umyśle. Przyciągał więc do siebie większy niedostatek i ograniczenia niż dobrobyt. Podświadomość przyjmuje bardziej przekonującą myśl. Dlatego przestań myśleć o ubóstwie i zacznij wierzyć w otaczające cię niezmierzone bogactwa Boga.

Po rozmowie ze mną ten młody człowiek zaczął zdawać sobie sprawę, że wyobrażenie bogactwa przynosi bogactwo, iż każda myśl jest twórcza, chyba że neutralizuje ją intensywniejsza myśl o przeciwnym znaczeniu. Co więcej, uświadomił sobie, że jego myśli i przekonania o ubóstwie były silniejsze niż przekonanie o nieskończonych bogactwach, jakie go otaczały. Napisałem dla niego modlitwę o dobrobyt, którą podaję poniżej. W rezultacie na zawsze zmienił swoje myślenie. Tobie też przyniesie ona korzyści:

„Wiem, że jest tylko Jedno Źródło, Prawo Życia, Duch Żywy, od którego pochodzą wszystkie rzeczy. Stworzyło Ono wszechświat i wszystko, co w nim jest. Boża Obecność koncentruje się we mnie. Mój umysł jest otwarty i chłonny. Jestem kanałem, przez który swobodnie przepływają harmonia, piękno, przewodnictwo, bogactwo i dobra Nieskończoności. Wiem, że bogactwo, zdrowie i sukces wyłaniają się z wnętrza i pojawiają na zewnątrz. Teraz pozostaję w harmonii z nieskończonymi bogactwami wewnątrz i na zewnątrz i wiem, że te myśli zapadają w moją podświadomość i znajdą swoje odzwierciedlenie na ekranie rzeczywistości. Każdemu życzę wszelkich błogosławieństw. Jestem otwarty na boskie bogactwa duchowe, mentalne i materialne; a one suną do mnie niczym potężna lawina".

Zamiast na ubóstwie ten młody człowiek skoncentrował myśli na bogactwach od Boga. Zaczął bardzo dbać o to, by nigdy nie negować przedmiotu swojej afirmacji. Wiele osób modli się o bogactwo, a godzinę później temu zaprzecza. Mówią one: „Nie mogę sobie na to pozwolić. Nie mogę związać końca z końcem". Drwią w ten sposób z własnej modlitwy. Przypominają człowieka, który wsiada do taksówki w Nowym Jorku, aby pojechać na lotnisko, ale po drodze prosi szofera: „Jedziemy z powrotem do domu. Zapomniałem paszportu". I wraca. A kiedy znów jest w aucie, ponownie mówi: „Och, lepiej wstąpię do swojego klubu. Zapomniałem portfela". Taksówkarz wiezie go zatem do klubu, ale on stwierdza: „Och, zapomniałem zabrać list od mojej babci". Jadą więc do babci. W ciągu półgodziny taksówkarz słyszy kilka adresów, wreszcie zawozi klienta na komisariat policji, ponieważ zaczyna rozumieć, że mężczyzna jest chory psychicznie.

W ten właśnie sposób modlą się miliony ludzi. Nawet członkowie ruchu Nowa Myśl. W ciągu półgodziny lub godziny przekazują podświadomości kilka sprzecznych instrukcji, a podświadomość popada w konsternację. Nie wie, co robić, więc nie robi nic. Rezultatem jest jedynie frustracja. „Frustracja" pochodzi od słowa *frustrera*, czyli „oszukiwać", „pracować na próżno". Nie wsadzaj więc do ziemi nasiona, żeby je zaraz wykopać. Przestań zaprzeczać temu, co afirmujesz. Nie drwij ze swojej modlitwy.

Wspomniany przeze mnie młody człowiek skupił więc myśli na bogactwach od Boga, a nie na ubóstwie, i przestał mówić: „Nie mogę sobie pozwolić..." albo „Nie mogę kupić pianina czy samochodu". Nigdy nie używaj wyrażenia „nie mogę". „Nie mogę" to jedyny diabeł we wszechświecie. Twoja podświadomość traktuje cię dosłownie i nie dopuszcza wtedy do ciebie tego, co dobre. W ciągu miesiąca życie naszego młodzieńca odmieniło się nie do poznania. Powoli i spokojnie afirmował prawdy, o których wspomniałem, rano i wieczorem, przez jakieś dziesięć minut, odciskając je w umyśle. Wiedział już, co robi, wierzył w to, co robił, gdyż rozumiał, że zapisuje te prawdy w podświadomości, aktywując je i uwalniając ukryte skarby; albowiem w twojej podświadomości kryje się kopalnia złota i kopalnia diamentów. To źródło wszelkich bogactw Niebios.

Mimo że od dziesięciu lat chłopak był sprzedawcą o dość marnych perspektywach, nagle awansowano go na kierownika sprzedaży z roczną pensją w wysokości pięćdziesięciu tysięcy dolarów oraz bardzo atrakcyjnymi dodatkowymi świadczeniami. Podświadomość ma sposoby, o których ci się nie śniło. Nie można jej zapłodnić myślą o bogactwie i pozostać biednym. Nie można jej zapłodnić myślą o sukcesie i go nie odnieść. Nieskończoność nie może ponieść klęski. Urodziłeś się, żeby zwyciężać. Niech twoja modlitwa brzmi: „Dniem i nocą robię postępy i rozwijam się. Bóg mi wszystkiego obficie udziela do używania".

KRÓTKO MÓWIĄC

Kiedy pieniądze płyną przez twoje ręce swobodnym strumieniem, jesteś w dobrej kondycji finansowej – podobnie krew swobodnie krążąca w żyłach nie jest tamowana przez żadne zatory.

Gromadzenie pieniędzy kosztem innych aspektów życia powoduje utratę równowagi, brak harmonii i frustrację. Dzięki odpowiedniemu stosowaniu praw podświadomości możesz mieć tyle pieniędzy, ile zechcesz, i wciąż cieszyć się spokojem umysłu, harmonią, pełnią i równowagą.

Bóg jest źródłem twojej energii, witalności, zdrowia,

twórczych myśli, źródłem słońca, powietrza, którym oddychasz, jabłka, które jesz, i pieniędzy w twoim portfelu.

Codziennie powtarzaj: „Urodziłem się, żeby odnieść sukces. Urodziłem się, żeby zwyciężać. Nieskończoność we mnie nie poniesie klęski. Moim życiem rządzą boskie prawo i porządek. Boski spokój wypełnia moją duszę. Boża miłość przenika mój umysł. Wszędzie prowadzi mnie Nieskończona Inteligencja. Boskie bogactwa płyną do mnie swobodnie, radośnie, bezustannie. Robię postępy i rozwijam się psychicznie, duchowo, finansowo i we wszystkich innych aspektach życia. Wiem, że te prawdy zapadają w moją podświadomość, i wierzę, iż wydadzą właściwe owoce".

Nieustannie afirmuj i ufaj, że Bóg pomnaża twoje dobra, a w każdej minucie dnia będziesz coraz bogatszy duchowo, intelektualnie i materialnie. Życie codzienne może być nieskończenie wspaniałe. Obserwuj cuda, jakie będą się działy, kiedy odciśniesz te prawdy w swojej podświadomości.

Módl się codziennie tymi słowami:

„Wiem, że jest tylko Jedno Źródło, Prawo Życia, Duch Żywy, od którego pochodzą wszystkie rzeczy. Stworzyło Ono wszechświat i wszystko, co w nim jest. Boża Obecność koncentruje się we mnie. Mój umysł jest otwarty i chłonny. Jestem kanałem, przez który swobodnie przepływają harmonia, piękno, przewodnictwo, bogactwo i dobra Nieskończoności. Wiem, że majątek, zdrowie i sukces wyłaniają się z wnętrza i pojawiają na zewnątrz. Teraz pozostaję w harmonii z nieskończonymi bogactwami wewnątrz mnie i na zewnątrz i wiem, że te myśli zapadają w moją podświadomość i znajdą swoje odzwierciedlenie na ekranie rzeczywistości. Każdemu życzę wszystkich błogosławieństw życia. Jestem otwarty i spragniony boskich bogactw duchowych, mentalnych i materialnych; a one suną do mnie niczym potężna lawina".

ROZDZIAŁ 2

SPEŁNIJ SWOJE PRAGNIENIE

Pragnienie jest darem od Boga. Browning napisał: „To ty, Boże, dajesz, a ja biorę". Pragnienie cię popycha. Jest bodźcem do działania. Leży u podstaw postępu. Pragnij zdrowia, szczęścia, swojego miejsca w życiu, obfitości i poczucia bezpieczeństwa. Wszystkie te pragnienia są twoimi wewnętrznymi posłańcami Nieskończoności, które mówią: „Wznieś się wyżej. Potrzebuję cię".

Pragnienie leży u podstaw wszelkiego postępu. Jest bodźcem dla Prawa Życia ukrytego w tobie. To ono sprawia, że uskakujemy przed nadjeżdżającym autobusem – żeby ocalić nasze życie. Rolnicy sieją ziarno, ponieważ pragną zdobyć żywność dla siebie i swoich rodzin. Budujemy samoloty i statki kosmiczne, ponieważ pragniemy przechytrzyć czas i przestrzeń i odkrywać świat.

Pragnienie jest bodźcem dla Nieskończoności. Jeżeli je zaakceptujemy, nasze życie będzie pełniejsze i szczęśliwsze. Im większe oczekiwane korzyści, tym silniejsze samo pragnienie. Kiedy nie oczekujemy niczego, nie ma w nas pragnienia. A więc w rezultacie nie ma działania.

Niemożność zrealizowania pragnień i zdobycia tego, czego pożądamy, przez dłuższy czas przynosi frustrację i niezadowolenie. Jesteś tutaj, żeby wybrać szczęście, spokój, dobrobyt i wszelkie błogosławieństwa. Twoje pragnienie pozwala ci powiedzieć: „To jest dobre, dlatego to wybieram. To natomiast jest złe, więc to odrzucam". Wszystkie wybory wskazują na to, iż pewne rzeczy preferujemy, a inne odrzucamy.

Idea odrzucania i tłamszenia pragnienia, propagowana przez niektóre szkoły, ma katastrofalne skutki. Gdyby ludzie tak postępowali, nie odróżnialiby dobra od zła. Nic nie budziłoby w nich pragnienia. Umarliby dla wszystkich uczuć i motywów do działania. Twoje pragnienie oznacza, że wolisz jedną rzecz od drugiej. Kiedy ono zgaśnie, nie ma możliwości wyboru.

Thomas Troward, dziewiętnastowieczny autor wielu książek psychologicznych i poradników duchowych, zwrócił uwagę na to, że hinduiści, którzy dążyli do stłamszenia wszelkiego pragnienia – dobrego i złego – stali się wychudłymi cieniami, wrakami nieprzypominającymi już dawnych ludzi. Zauważył on, że pozbycie się pragnienia powoduje apatię, bezuczuciowość i brak działania. Pragnienie wprawia wszechświat w ruch. Jest Siłą Twórczą. Musi być tylko mądrze ukierunkowane. Pragnienie i jego spełnienie pojawiają się w twoim umyśle.

W rzeczywistości nie ma złych pragnień. Jeśli jesteś biedny, pragniesz bogactwa; jeśli jesteś chory, pragniesz zdrowia. Zdrowie byłoby twoim wybawcą. Gdybyś był w więzieniu, twoim wybawcą byłaby wolność. Gdybyś umierał z pragnienia na pustyni, twoim wybawcą byłaby woda. Spełnienie twoich pragnień jest twoim wybawcą. Można pragnąć miłości, towarzystwa albo własnego miejsca w życiu. Ale osoba, która pragnie bogactwa, może w swej ignorancji zaspokoić tę potrzebę, zabijając bankiera czy okradając sklep. I to jest właśnie pragnienie źle ukierunkowane.

Stłumienie pragnienia miałoby sens, gdyby jego spełnienie godziło w naszą uczciwość lub odbywało się kosztem innych. Oto prosty przykład: pragnienie dóbr materialnych jest dobre, gdy zdobywamy je lub osiągamy uczciwymi metodami. Dobrze nam służy i umożliwia zapewnienie wykształcenia naszym dzieciom i wygodnego życia naszej rodzinie. Jeśli jednak zdobycie pieniędzy staje się dla nas tak ważne, że nie mamy czasu na nic innego, zaniedbujemy rodzinę, wykorzystujemy innych, nie należy winić za to naszego pragnienia. Po prostu błędnie rozumiemy pojęcie obfitości. Kiedy zaakceptujemy to, iż kryje się w nas Nieskończona Inteligencja, która stworzyła wszechświat i wszystkie rzeczy będące jego częścią, może ona spełnić nasze pragnienia i pokonać opór oraz frustrację. Nasze pragnienie jedzenia jest uzasadnione i normalne, ale zabicie kogoś w celu zdobycia bochenka chleba przyczynia się do wzrostu przemocy, reperkusji, poczucia winy i samozniszczenia.

Istnieje w nas Moc, która nas uwzniośla, prowadzi na doskonalszą drogę do szczęścia, zdrowia, spokoju umysłu i spełnienia naszych najskrytszych marzeń bez odbierania innym Jego błogosławieństw. Można zaryzykować stwierdzenie, że większość kobiet i mężczyzn pragnie się rozwijać. Ta boska potrzeba nakłania nas do realizowania naszego potencjału na każdym etapie życia.

Kiedy rolnik sieje ziarno, podlewa je i z miłością pielęgnuje, Bóg pozwala mu się rozwijać, stukrotnie lub tysiąckrotnie pomnażając jego plony. Podobnie cokolwiek zasiewasz w swoim umyśle – myśli, uczucia i wyobrażenia – rozwinie się i przejawi w doświadczeniu. Rozwój oznacza pomnożenie dóbr, rozwinięcie myśli albo planu. Jeśli nie rozpoczniesz żadnych działań, to żaden rozwój oczywiście nie nastąpi. Nie możesz zrobić tego sam; to Bóg zapewnia nam rozwój. Zasiewamy wyobrażenia i myśli, pielęgnujemy je za pomocą modlitwy i wiary w Boga, a skutkiem są plony, czyli rozwój – nasza nagroda.

Metafora sadzenia, podlewania i zbierania plonów (rozwój) jest jedną z najbardziej podstawowych, niezmiennych i wiarygodnych zasad wszechświata: prawa dotyczące uprawy roli nie zmieniają się nigdy. Nasz świat jest dżunglą lub pustynią, którą można przekształcić w piękny ogród, bujną winnicę, pole dorodnej pszenicy – bogatą i urodzajną ziemię pod uprawę pięknych kwiatów, zapewniającą składniki odżywcze, które pozwolą wyplenić jeżyny, chwasty lub wykę. Boskie ziarno jest cudem. Zasadź je w bruździe, a zniknie. Gdy dostarczysz mu dość wody, obumrze w swojej dotychczasowej formie, ale dojrzeje w ciemnej glebie i wyłoni się sto- lub tysiąckrotnie pomnożone. Gdybyśmy je wykopali i obejrzeli, byłoby nie do poznania.

Oto precyzyjny opis procesu działania umysłu. Oto historia i przeznaczenie, czyli rozwój naszych myśli i pragnień.

Wyobrażenie, świadoma myśl – systematycznie, nawykowo powtarzana i chroniona przed myślą (lub działaniem) o przeciwnym znaczeniu – zostaje zasiana, zakopana w urodzajnej ziemi głębszych (podświadomych) pokładów umysłu, gdzie „umiera", dojrzewa, wzrasta – i przyjmuje formę naszych doświadczeń. Ta analogia jest doskonała. Stopień rozwoju odpowiada poziomowi koncetracji umysłu i intensywności emocji oraz wyobraźni.

Zasada ta pojawia się w dziełach starożytnych filozofów, Piśmie Świętym i innych religijnych tekstach. Ale ludzie często pytają: „Skoro ten proces jest taki prosty, to dlaczego jestem w tak beznadziejnej sytuacji?" To pytanie stare jak świat. Sprawy serca i umysłu są niewidoczne i nie można ich dokładnie opisać. Na przykład wszyscy rozpoznają miłość, kiedy ją napotkają, w każdej jej postaci, ale nie można jej zobaczyć. Podobnie nie da się zobaczyć inteligencji, tylko jej skutki lub funkcje. Radości, gniewu, wrogości, wściekłości też nie widać; można zaobserwować tylko ich skutki. Dobroci, współczucia, współpracy również nie można zobaczyć. Prawdę można przedstawić tylko za pomocą porównań, analogii, alegorii i przypowieści – najstarszych znanych ludzkości metod.

Kiedy naukowcy wyjaśniają zjawiska zachodzące w atomie, ani oni, ani ich studenci nie widzą tego, co jest przedmiotem badania. Porównują więc elektrony wirujące wokół jądra do planet krążących wokół Słońca. Wtedy studenci „widzą światło" tam, gdzie przedtem była ciemność. Podobnie jest z prawami rozwoju. Gdy ziarno (wyobrażenie lub myśl) jest pielęgnowane (gdy się nad nim medytuje i modli w jego intencji), można zebrać plon (nagrodę).

Inteligentne, twórcze Źródło reaguje na twoje przekonania, głęboko zakorzenione (dobrze zasiane) wyobrażenia i koncepcje. Zacznij w wyobraźni systematycznie dziękować za rozwój, a zauważysz zmianę i twoje serce drgnie. Pojawią się nowe pomysły, kontakty, szanse – cudownie konstruktywne wykorzystanie potęgi wyobraźni. W myślach „usłyszysz", jak ktoś, kogo podziwiasz, gratuluje ci powodzenia, przekazuje dobrą nowinę.

Jeśli jednak jesteś zawiedziony, zasiej nowe pomysły i pozwól im się przyjąć. Wzrosną, zakwitną, przyniosą dobrobyt. Nie bądź siewcą, który rzuca ziarno na skraj drogi, by tam zmarniało. Weź sobie głęboko do spragnionego serca te życiodajne, natchnione myśli, a twoje plony zostaną rozmnożone. Medytuj nad miłością, zdrowiem, obfitością wszelkiego rodzaju i talentami, o których posiadaniu być może jeszcze nie wiesz. Bogactwa duchowe, bogactwa podświadomości, w tym dobra materialne, mogą być twoje.

Z Bogiem wszystko jest możliwe. Wszystko, co umysł potrafi sobie wyobrazić, ma potencjał, żeby zaistnieć w nieograniczonym umyśle. Bóg dał nam wszystko, co niezbędne do życia na ziemi, bogactwo wszystkiego, co umożliwia radosne osiąganie naszych celów. Zasiej ziarno – pojęcie szczodrego, życzliwego, prowadzącego nas i chroniącego Boga – w ogrodzie swojego umysłu, a karmione emocjami, uczuciem, oczekiwaniem nagrody dojrzeje w głębi twojej istoty, rozmnoży się i pojawi w twoim świecie rozwinięte bardziej, niż byłeś w stanie sobie wyobrazić.

Jakiś czas temu na moje wykłady przyszedł mężczyzna, który był bankrutem i niezwykle sfrustrowanym człowiekiem. Wysłuchał nauk o potędze podświadomości, wrócił do domu i wprowadził je w życie.

Nigdy wcześniej nie słyszał podobnych koncepcji, ale stwierdził, że to ma sens. Spisał trzy rzeczy, których pragnął. Można je nazwać dobrami materialnymi, ale miał przecież do nich prawo. Pierwszą potrzebą było zdobycie pracy. Bez dochodów nie mógł przecież zaspokoić żadnych innych swoich pragnień. Następny na liście był samochód. Czyż nie jest to duchowe wyobrażenie, stojące przed twoim domem? Załóżmy, że z powodu jakiejś katastrofy wszystkie silniki uległy zniszczeniu. Można by jednak zaprojektować nowy model tego urządzenia i zbudować samochód. Gdzie twoim zdaniem jest auto? Czy nie w umyśle konstruującego je inżyniera? Każda rzecz, na którą patrzysz, wyłoniła się z niewidzialnego ludzkiego umysłu lub niewidzialnego umysłu Nieskończoności. Tam kryje się bogactwo, zdrowie i wszystko inne.

A zatem na liście tego człowieka znajdowały się takie pragnienia, jak własne miejsce w życiu, posada, samochód i tyle pieniędzy, ile potrzebował. Wybrał te konkretne rzeczy, żeby się przekonać, czy jego myśli mogą przybrać ich kształt. Czy da się udowodnić, że wyobrażenie rzeczy jest samą rzeczą. Na wykładzie powiedziałem, że wyobrażenie ma swoją formę w rzeczywistości, tak jak pomysł na książkę, którą piszę. Gdzie ona jest? W mojej głowie, prawda? Obrał więc konkretną metodę pracy i stosował ją sumiennie każdego dnia, trzymając się jej na tyle długo, żeby w ogóle mogła zadziałać. Wiedział, że po dwóch godzinach w wodzie nie nauczy się pływać. O swoje miejsce w życiu modlił się następującymi słowami: „Wiem, że Nieskończona Inteligencja daje mi odpowiedź. Teraz objawia przede mną moje prawdziwe talenty. Zdaję sobie sprawę z moich ukrytych talentów. Osiągam wysokie dochody. Wiem, że wyobrażenie własnego miejsca i jego manifestacja są jednym w umyśle Boga. Idę za myślą, która pojawia się w mojej świadomości, świadomym umyśle. Nie mogę jej nie zauważyć. Pojawia się jasno i wyraźnie, a ja ją rozpoznaję". Dwa tygodnie po rozpoczęciu eksperymentu podpisał umowę z firmą z San Francisco.

Wyraził wdzięczność wobec praw własnego umysłu i radość z ich zaistnienia, a potem przeszedł do kolejnego celu, czyli nowego samochodu. Nie stać go było na jego kupno. Powiedział mi: „Wiem, że mam tylko wyobrażenie samochodu. Jest realne, a ja pozostanę mu wierny. Musi się zamanifestować". Wygrał samochód na loterii. Gdyby miał pieniądze, jestem pewien, że by go kupił. Ale nie ma znaczenia, jak go zdobył. Nie ukradł go przecież.

W ten sposób poznał tajemnicę podświadomości: jeżeli utożsamisz się psychicznie i emocjonalnie z pewnym wyobrażeniem, podświadomość sprawi, iż stanie się ono prawdą.

Wyraził za to wszystko ogromną wdzięczność. A kolejną jego prośbą było bogactwo. Modląc się rano i wieczorem, dziękował Bogu za dobra, jakimi dysponował, żądając, żeby jego wyobrażenie o bogactwie zostało zrealizowane. Zakochał się w bogatej wdowie z San Francisco, a ona sfinansowała jego biznesowe przedsięwzięcie. Jego metodą działania było więc twierdzenie, iż każde z jego pragnień zostało już zaspokojone. Żądał spełnienia każdego z nich oddzielnie, ale o wszystkie prosił podczas każdej porannej i wieczornej medytacji. Jeżeli będziesz się modlił jak on i w ciągu kilku tygodni nie osiągniesz żadnych wyników, porzuć tę metodę i zastosuj inną. Pamiętaj jednak: odpowiedź istnieje. To tak pewne jak wschód słońca.

Młody chłopak pracujący w stacji radiowej, w której mam swoją audycję, powiedział mi, że wydał polecenie podświadomości, aby ujawniła mu idealny plan umożliwiający mu wzięcie udziału w dorocznym zjeździe jakiejś organizacji. Modlił się o to i medytował nad tym i niebawem pojawiła się szansa – został zaproszony i otrzymał jeszcze zwrot kosztów. W zeszłym roku zaś wydał polecenie, żeby Nieskończona Inteligencja podsunęła mu plan wycieczki po Europie, podczas której mógłby zwiedzić wiele krajów. Sposób się znalazł, a za podróż zapłacili jego krewni. Chłopak ten wie, jak posługiwać się głębszym umysłem, a nawet nie pracuje. Nie miał grosza przy duszy, ale znalazł sposób, aby jego głębszy umysł mu odpowiedział.

Nie musisz niczego kraść. Masz wszelkie możliwości, żeby czerpać z nieograniczonego skarbca wewnątrz siebie. Zażądaj tego, czego pragniesz, poczuj to, ciesz się tym, a spełni się. Pielęgnuj prostotę i spontaniczność, wiedząc, wierząc, że otrzymasz wszystko, o co się modlisz. Zdecyduj teraz, że możesz zrobić to, czego pragniesz, że możesz być tym, kim chcesz. Żadna oświecona osoba w dzisiejszych czasach nie wierzy, że coś skazuje nas na biedę, chorobę, nieszczęście czy cierpienie. Byłaby to wiara w prawo dżungli. To nonsens, coś niewiarygodnie głupiego.

Niektórzy ludzie uważają, że pragnąć to coś złego. Czy mamy prawo pragnąć lepszego życia? Czy to właściwe, aby pragnąć czegoś więcej, chcieć się rozwijać i cieszyć dobrobytem, skoro na świecie jest tyle cierpienia? Są to w pełni uzasadnione pytania, na które trzeba odpowiedzieć raz na zawsze, jeżeli liczymy na trwałą zmianę. W purytańskich, represyjnych systemach wierzeń panuje głęboko zakorzenione przekonanie (albo uporczywe podejrzenie), że pragnienie to coś złego. Jeżeli padłeś ofiarą takiego podejścia, czas zostawić je za sobą. Zdemaskuj zwątpienie i duchową ciemnotę (ignorowanie szczodrego wszechświata). Obecność Boga jest Nieskończonym Prawem Życia w tobie, które nieustannie pragnie cię uzdrowić. Szuka sposobu na to i na rzucenie światła na twoją ścieżkę. Nikt nie każe ci być przeciętnym, chorym lub tkwić w beznadziejnej sytuacji, będącej wynikiem twoich myśli czy fałszywych przekonań. Wyjdź z więzienia strachu, niedostatku i samotności. Przestań postrzegać Boga jako mieszkającego w niebie starszego pana z brodą. Bóg jest Nieskończoną Obecnością, Nieskończoną Mocą i Nieskończoną Inteligencją w tobie, która dba o ciebie, kiedy mocno śpisz i trawisz, i odpowiada, kiedy stwierdzasz: „Chcę wstać o drugiej nad ranem". Budzisz się wtedy, prawda?

Uświadom sobie, że w twoim wnętrzu kryje się Uzdrawiająca Obecność, która może cię odrodzić. Bluźnierstwem jest twierdzenie, iż Bóg nas karze. To czysta ignorancja. A właśnie to ignorancja jest jedynym grzechem we wszechświecie. Wszelkie kary, nieszczęścia i cierpienia są jej konsekwencją. Twój umysł i ciało są jednym. Medycyna psychosomatyczna uznała za niemożliwe do określenia miejsce, w którym zaczyna się umysł, a kończy ciało. Współczesne badania pokazują, iż przyczyny dolegliwości fizycznych leżą głęboko ukryte w labiryncie umysłu, w pełnych frustracji atakach wściekłości, w nieuświadomionych pragnieniach, zazdrości i niepokojach.

Niemądrze jest obwiniać Boga za problemy, które sami na siebie ściągamy, niewłaściwie myśląc i nieprawidłowo stosując prawo. Jeżeli źle zastosujesz zasadę rządzącą elektrycznością, to będziesz miał problemy, prawda? Można utopić dziecko w wodzie, ale sama woda nie jest zła. Prawa życia nie są złe; wszystko zależy od tego, jak ich używamy. Jaką masz motywację?

Potęgę podświadomości można wykorzystywać negatywnie albo konstruktywnie.

Pewna młoda kobieta powiedziała mi, że w swoim życiu pragnęła jedynie mądrości. Pragniemy jej w zasadzie wszyscy, chociaż różnie ją określamy. Dzięki mądrości można się realizować w pełni tu i teraz. Samochód jest ideą stojącą przed twoim domem. Duchowy charakter ma też kanapka z szynką – odpowiedź na modlitwę – kiedy jest się głodnym. Jeśli pięknie śpiewasz na scenie, jest to równie uduchowione działanie jak śpiewanie w kościelnym chórze. Robotnik naprawiający twój dach wykonuje pracę duchową, podobnie jak pastor, ksiądz, mułła czy rabin – czytający Biblię, Koran albo wygłaszający kazanie w telewizji. Uświadom sobie, że duch i ciało to jedno. Szukając rzeczy materialnych, patrz dalej niż na czubek własnego nosa. Przestań w końcu rozdzielać Ducha Bożego od krwi i kości tego świata. Są one jednym i tym samym.

Ktoś spytał Einsteina: „Czym jest materia?", a on odpowiedział: „Duchem lub energią zredukowanymi do stopnia, w jakim stają się dostrzegalne". Starożytni Hindusi dziesięć tysięcy lat temu mówili: „Materia jest Duchem zredukowanym do stopnia, w jakim staje się dostrzegalna". Mówili też: „Duch i materia są jednym; materia jest najniższym poziomem Ducha, a duch jest najwyższym poziomem materii". Każde działanie fizyczne, niezależnie od tego, jak bardzo podstawowe się wydaje, jest Duchem Żywym w tobie, ożywiającym materialną formę. Mycie brudnej podłogi lub czyszczenie stajni nie jest poniżające czy upokarzające. Jeśli potępiasz cokolwiek na tym świecie, deprecjonujesz i umniejszasz sam siebie.

Dobro i zło zależy od twoich myśli i to ty nadajesz barwę wszystkiemu we wszechświecie. Nie krytykuj, nie potępiaj ani nie pogardzaj swoim ciałem czy światem. Twoje ciało jest świątynią Boga Żywego. Wysławiaj Boga w twoim ciele. Cały wielki świat jest ciałem Bożym. Świat jest tańcem Boga. Świat jest Jego pieśnią.

Doktor J. Kennedy Schultz, jeden z moich kolegów będący prezesem Religious Science International, napisał: „Idee są wspaniałe, kiedy u ich podstaw leżą życiodajne, uzdrawiające koncepcje, które są ogólnie dostępne, możliwe do zastosowania i słuszne. Dotyczą takich kwestii, jak wolność jednostki, powszechny pokój, bezwarunkowa miłość i stale rozwijająca się produktywność. Takie idee dają nowe życie każdemu z osobna i wszystkim razem. Są tym (materią), co pozwala rodzajowi ludzkiemu żyć coraz lepiej. W każdym pokoleniu idee te są przedstawiane i wyrażane na nowo, co umożliwia ludzkości postęp, nawet dokonywany małymi kroczkami, na przekór wszelkiej ignorancji i okrucieństwu nękającemu ją na każdym etapie".

Niektórzy ludzie stali się przywódcami i inspiracją dla przyszłych pokoleń, jak Mojżesz, Kriszna, Budda i Jezus. To oni pokazali nam drogę. Ich wielki przekaz nigdy nie koncentrował się na nich samych, lecz na sile wyższej odpowiadającej na nasze wołanie: „Zawsze jestem z tobą". Jest to żywa obecność miłującego Boga.

Ludzie ci żyli w różnych czasach i krajach, a łączyła ich tylko myśl – medium, poprzez które żyjemy i odnosimy się do świata i siebie nawzajem. Stworzyła nas wszystkich. To dzięki niej uczymy się doceniać życie i innych i jest ona sama w sobie wielkim celem naszego życia oraz zaspokajania wszystkich pragnień, jakie ze sobą niesie.

Oddajmy się teraz medytacji. W twoim wnętrzu panuje spokój. Jest to spokój otrzymany od Boga. W tym spokoju czujesz siłę, radość i miłość Jego Świętej Obecności. Uświadom sobie, że Nieskończona Inteligencja jest twoim przewodnikiem na każdej ścieżce. Jest lampą oświetlającą twoje stopy i drogę. Dosiądź białego konia, który jest Duchem Bożym pokonującym wody twojego umysłu. Nie skupiaj się na problemie, lecz rozmyślaj nad rzeczywistością spełnionego pragnienia. Zobacz osiągnięty stan faktyczny. Ciesz się nim. Zawsze idź do końca. A zobaczywszy koniec, dowiesz się, jak tam dotrzeć.

KRÓTKO MÓWIĄC

Pragnienie jest bodźcem dla Nieskończoności. Jeżeli je zaakceptujemy, nasze życie będzie pełniejsze i szczęśliwsze. Im większe oczekiwane korzyści wynikające z danego pragnienia, tym silniejsze samo pragnienie.

Kiedy nie oczekujemy żadnych zysków czy postępu, nie ma w nas pragnienia, a w rezultacie nie pojawia się żadne działanie.

Pragnienie jest Siłą Twórczą, która musi być mądrze ukierunkowana. Pragnienie i jego spełnienie istnieją w twoim umyśle.

Zidentyfikuj się psychicznie i emocjonalnie z daną myślą, a podświadomość ją spełni. Wyjdź z więzienia strachu, niedostatku i samotności. Przestań postrzegać Boga jako starszego pana z brodą, który mieszka w niebie. Bóg jest Nieskończoną Obecnością, Nieskończoną Mocą i Nieskończoną Inteligencją w tobie.

Uświadom sobie, że w twoim wnętrzu kryje się Uzdrawiająca Obecność. Może cię ona odrodzić. Twierdzenie, iż Bóg cię karze, jest bluźnierstwem. To czysta ignorancja. Jedynym grzechem we wszechświecie jest ignorancja, a wszelkie kary, nieszczęścia i cierpienie są jego konsekwencją. Twój umysł i ciało są jednym.

Uświadom sobie, że Nieskończona Inteligencja prowadzi cię na każdej drodze. Nie skupiaj się na problemie, lecz rozmyślaj nad rzeczywistością spełnionego pragnienia. Zobacz osiągnięty stan faktyczny. Ciesz się nim. Zawsze idź do końca. A zobaczywszy koniec, dowiesz się, jak tam dotrzeć.

ROZDZIAŁ 3

PROGRAMOWANIE PODŚWIADOMOŚCI

Aby zrozumieć, jak zdobywa się bogactwo poprzez siłę podświadomości, należy przyjrzeć się dokładniej temu fenomenowi.

Załóżmy, że psycholog albo psychiatra poddał cię hipnozie. W tym stanie twój świadomy umysł znajduje się w zawieszeniu, a podświadomość jest podatna na sugestię. Sugeruje ci więc, że jesteś prezydentem Stanów Zjednoczonych. Twoja podświadomość przyjęłaby tę podpowiedź za pewnik. Podświadomość nie myśli, nie wybiera, nie rozróżnia jak świadomy umysł. Zaakceptowałbyś wszelkie oznaki towarzyszące tak znaczącemu i godnemu stanowisku. Gdyby zaś ktoś podał ci szklankę wody i oznajmił, że jesteś pijany, odegrałbyś nietrzeźwą osobę najlepiej, jak byś umiał. Gdyby psychiatra wiedział, że masz alergię na tymotkę, i podstawił ci pod nos szklankę z destylowaną wodą, mówiąc jednocześnie, że to tymotka, rozwinęłyby się u ciebie wszelkie symptomy ataku alergicznego. Gdyby ci zasugerowano, że jesteś żebrakiem żyjącym w rynsztoku, twoje zachowanie natychmiast by się zmieniło i przyjąłbyś postawę proszącą i pełną pokory, a w dłoni trzymałbyś wyimaginowany blaszany kubek.

Mówiąc krótko, człowiek może uwierzyć we wszystko. W to, że jest posągiem, psem, żołnierzem albo pływakiem. I będzie niezwykle wiernie odgrywał zasugerowaną rolę, zgodnie z wiedzą, jaką na jej temat posiada. Należy również pamiętać o jeszcze jednej ważnej sprawie: gdy podświadomość ma do wyboru dwie myśli, przyjmuje silniejszą z nich. Innymi słowy, przyjmuje twoje przekonanie niezależnie od tego, czy jest ono prawdziwe, czy całkowicie fałszywe. Współcześni myśliciele opierający się na dowodach naukowych postrzegają Boga jako Nieskończoną Inteligencję w podświadomości. Nie dbają o to, czy ludzie nazywają Go Superświadomością, Nieświadomością, Umysłem Subiektywnym, Wszechmogącym Duchem Żywym, Najwyższą Inteligencją, Allahem, Brahmą, Jehową, Rzeczywistością, Duchem czy Wszystkowidzącym Okiem. Chodzi o sedno: On jest w tobie. Wszystkie moce Nieskończoności są w tobie.

Ale Bóg jest Duchem, a Duch nie ma oblicza, formy ani postaci. Trwa wiecznie, poza czasem i przestrzenią. Ten sam Duch mieszka w nas wszystkich. Dlatego Biblia mówi: „W tobie jest Królestwo Boże" (Bóg jest w twoich myślach, uczuciach, wyobraźni). Innymi słowy, Bóg jest niewidzialną częścią ciebie. Jest Prawem Życia w tobie, nieskończoną miłością, absolutną harmonią, nieskończoną inteligencją.

Wiedząc, że poprzez myśli możesz się kontaktować z Niewidzialną Mocą, odzierasz cały proces modlitwy z aury tajemniczości, przesądów, wątpliwości i zdumienia. Biblia mówi: „Bogiem było Słowo", a słowo, jak wiesz, jest wyrażoną myślą. Każda myśl zaś jest twórcza i ma tendencję do manifestowania się w życiu zgodnie z jej charakterem. Z logicznego punktu widzenia, zawsze gdy odkrywasz Twórczą Siłę, odkrywasz Boga, gdyż nie istnieją dwie, trzy czy setki twórczych sił, ale jedna.

Wielu z nas zostało w młodości negatywnie uwarunkowanych, gdyż wszyscy byliśmy wtedy podatni na sugestię i wpływy. Załóżmy, że Charles jest ponurakiem, nerwusem albo narzeka na to, że taki właśnie jest. Może temu zaradzić, odmawiając rano, w południe i wieczorem następującą afirmację: „Od tej chwili będę się starał mieć coraz lepszy humor. Będę bardziej radosny i szczęśliwy, a w moim umyśle zapanuje spokój. Codziennie staję się milszy i wyrozumialszy. Staję się teraz źródłem radości, uprzejmości i życzliwości dla ludzi wokół mnie, zarażając ich dobrym humorem. Ten szczęśliwy, radosny i wesoły nastrój przekształca się w mój typowy, naturalny stan umysłu i jestem za to wdzięczny".

Charles może zapisać te myśli w podświadomości; może ponownie zaprogramować swój umysł, skierować go na inne tory, na nowo zapisać. Podświadomość ma charakter kompulsywny, dlatego też skłoni go do bycia sympatycznym, uprzejmym, życzliwym człowiekiem. Może stale powtarzać te stwierdzenia, ponawiać je, przypominać sobie, że wpisuje je do głębszego umysłu, a cokolwiek zostanie odciśnięte w podświadomości, pojawi się jako forma, funkcja, doświadczenie i wydarzenie. Wszelkie aspekty życia mają bowiem swój początek w jądrze podświadomości.

Siła sugestii odgrywa wielką rolę w historii ludzkości. W wielu częściach świata jest ona kontrolującym aspektem religii. Za jej pomocą można dyscyplinować i kontrolować innych. Sugestie można podzielić na konstruktywne i negatywne. W swojej konstruktywnej wersji są wspaniałe i wielkie, w negatywnej stanowią jedną z najbardziej destrukcyjnych reakcji umysłu, wywołującą poczucie niższości, utrwalającą wzorce porażki, będącą źródłem cierpienia, chorób i dolegliwości.

Od dzieciństwa słyszymy wiele negatywnych sugestii, tak że lepszym określeniem byłoby tu nawet „negatywne programowanie". Nie umiejąc ich odrzucić lub zablokować, nieświadomie je przyjmowaliśmy. Oto kilka przykładów. Może ktoś powiedział ci: „Nigdy do niczego nie dojdziesz", a teraz masz kompleks niższości? Mówili: „Nie uda ci się. Nie masz szans", „Mylisz się. To na nic", „Nie chodzi o to, co wiesz, ale kogo znasz", „Świat schodzi na psy. Jaki to ma sens? Nikomu nie zależy. Nie ma sensu tak się starać". Inni mówili: „Och, jesteś już na to za stary, daj sobie spokój. Pamięć cię zawodzi", „Sytuacja się pogarsza. Życie to niekończąca się mordęga". Słyszałeś też: „Miłość jest dla ptaszków", „Po prostu nie możesz wygrać", „Lada chwila zostaniesz bankrutem", „Uważaj: złapiesz wirusa", „Nie można nikomu ufać". Gdy przyjmiesz te negatywne sugestie, zaprogramujesz swoją podświadomość w bardzo zły sposób. Rozwiniesz w sobie poczucie niższości, niedoskonałości i lęk.

Jeżeli w dorosłym życiu zaś jej nie przeprogramujesz poprzez terapię ponownego warunkowania, dawne przekonania, które odcisnęły się w tobie, mogą doprowadzić do zachowań skutkujących niepowodzeniami w życiu osobistym i społecznym. Programowanie to sposób na uwolnienie się od intensywnego negatywnego warunkowania, które może zakłócać przebieg twojego życia, utrudniając wypracowanie dobrych nawyków.

Weź codziennie do ręki gazetę, a przeczytasz w niej dziesiątki informacji, które mogą wywoływać pustkę, strach, zmartwienia, niepokój i poczucie zbliżającego się nieszczęścia. Jeśli zaakceptujesz te pełne lęku myśli, stracisz ochotę do życia. Po prostu je odrzuć, podsuwając podświadomości konstruktywne autosugestie.

Systematycznie sprawdzaj, jakie negatywne myśli podsuwają ci inni. Nie musisz pozostawać pod wpływem destrukcyjnego warunkowania. Wszyscy w dzieciństwie ucierpieliśmy z tego powodu. Patrząc wstecz, z łatwością przypomnisz sobie, jaki udział w kampanii negatywnych przekazów mieli twoi rodzice, przyjaciele, krewni, nauczyciele i wspólnicy. Przeanalizuj słowa, jakie od nich usłyszałeś, a odkryjesz, że w większości były zwykłą propagandą. Zazwyczaj ich powodem była chęć kontrolowania cię i zasiania w tobie strachu. Negatywne sugestie padają w każdym domu, biurze, fabryce i klubie.

Ty zaś każdego ranka możesz usiąść, odprężyć się i wypowiedzieć następującą afirmację: „Moim życiem rządzą boskie prawo i porządek. Dominuje w nim boskie właściwe działanie. Boski sukces jest mój. Boska harmonia jest moja. Boski spokój wypełnia moją duszę. Boża miłość przenika całą moją istotę. Boska obfitość jest moja. Boża miłość podąża przede mną dzisiaj i zawsze, sprawiając, że moja ścieżka jest prosta, radosna i wspaniała".

W ten sposób pewien kapitan marynarki programował swoją podświadomość podczas drugiej wojny światowej. Często powtarzał te prawdy i dzięki temu, wierze i oczekiwaniom stopniowo wniknęły one do jego podświadomości. A wszystko, co odciśnięte w podświadomości, ma charakter kompulsywny. Musiał więc wieść życie w harmonii i spokoju oraz w miłości, bo w ten sposób zaprogramował swój umysł. Zawsze rano i wieczorem powtarzał własną wersję Psalmu 23: „Bóg jest moim pilotem. Nie zejdę ze ścieżki. Oświetla ciemne wody, po których płynę. Jest moim sterem na głębokich kanałach. Prowadzi mój dziennik pokładowy. Prowadzi mnie dzięki świętej gwieździe, która nosi Jego imię. O tak, chociaż żegluję pośród grzmotów i sztormów życia, niczego się nie ulęknę, bo Ty jesteś ze mną. Twoja miłość i troska dają mi schronienie. Szykujesz dla mnie port w Domu Wiecznym. Namaszczasz fale olejem. Mój okręt płynie spokojnie. Światło słońca i gwiazd będzie mnie prowadzić w mojej podróży i na zawsze przybiję do portu mojego Boga".

Ty też możesz to zrobić. Każdego ranka, zanim wsiądziesz do samochodu, możesz ponownie wyrecytować i przypomnieć sobie te prawdy. Co robisz? Czy nie programujesz, nie zapisujesz ich w podświadomości? Czy nie wzmacniasz życiodajnych wzorców? Kiedy powtarzasz je, wierząc w nie, zapadają w twojej podświadomości i stają się kompulsywne, ponieważ taka jest natura podświadomości.

Podczas wykładu w świątyni Unity w Nowym Orleanie pewna kobieta powiedziała mi, że przychodził tam swego czasu mężczyzna, który często stwierdzał: „W mojej okolicy jest wiele napadów. Mój lokal jest otwarty do późna i prędzej czy później ja również zostanę napadnięty. Prawdopodobnie mnie również postrzelą". Inni radzili mu: „Przestań wyrażać takie negatywne sugestie. Przestań myśleć w ten sposób", ale on nadal to robił. Nie zwracał na nich uwagi. Wciąż negatywnie programował swoją podświadomość i rzeczywiście został napadnięty, a także postrzelony.

To niewłaściwy sposób postępowania. Mógł przeczytać Psalm 91 i powiedzieć:„Kto przebywa w pieczy Najwyższego i w cieniu Wszechmocnego mieszka, mówi do Pana: «Ucieczko moja i twierdzo, mój Boże, któremu ufam». Okryje cię swymi piórami i schronisz się pod Jego skrzydła. Jego wierność to puklerz i tarcza. W nocy nie ulękniesz się strachu ani za dnia lecącej strzały".

Mógł powtarzać te prawdy i uświadomić sobie, że otacza go i spowija miłość Boga. Tam, gdzie był on, był i Bóg. Mógł sobie powiedzieć: „Tyś dla mnie ucieczką; otoczysz mnie radościami ocalenia", a wtedy stałby się nietykalny dla wszelkich niebezpieczeństw. Oto duchowe przeciwciała, które nas uodparniają. Człowiek zaraża się Bogiem. To właściwy sposób programowania umysłu.

Kilka lat temu pewien detektyw opowiedział mi o kobiecie, która została zgwałcona i uduszona. Podczas oględzin jej mieszkania znalazł wycinki na temat gwałtów, nawet sprzed dwudziestu lat. Programowała więc swoją podświadomość, oczywiście w sposób negatywny, i doświadczyła tego, czego się obawiała. To niewłaściwe postępowanie. Strach to wiara odwrócona do góry nogami. Strach to wiara w to, w co nie powinniśmy wierzyć. Pewien polityk wyznał kiedyś prasie: „Żyłem w ciągłym strachu przed zamachem", mimo iż podczas przemówień chroniła go kuloodporna szyba.

Oczywiście nie znał praw umysłu. Pewnie nie wiedział, że może odrzucić strach. „Zła się nie ulęknę, bo Ty jesteś ze mną. Twój kij i Twoja laska są tym, co mnie pociesza". Laska symbolizuje siłę, a kij – władzę. Wezwij go, odpowie ci. Będąc jednym z Bogiem, należysz do większości. Gdy Bóg jest po mojej stronie, kto może stanąć przeciwko mnie? Jesteś moim schronieniem. Otoczysz mnie radościami ocalenia.

Ten polityk mógł powiedzieć: „Przebywam w pieczy Najwyższego. Otacza mnie święty krąg Bożej miłości. Otacza mnie zbroja Boga. Gdziekolwiek się udam, światło Boga otacza mnie, spowija i obejmuje". To uczyniłoby go nienaruszalnym, niepokonanym i odpornym na wszelkie zło. Oto właściwy sposób programowania umysłu. Można zbudować w sobie odporność. To naprawdę możliwe. „Człowiek staje się tym, co ma w sercu lub podświadomości". Według tego postępuje, tego doświadcza, to wyraża.

Takie jest prawo. Nie chodzi mi o myślenie głową. Mówię o myśleniu sercem – podświadomością. To, co w niej odciśniesz, zamanifestuje się. Pamiętaj, że kontaktując się z podświadomością, kontaktujesz się z potęgą Wszechmogącego. To potęga wprawiająca świat w ruch. To potęga wprawiająca w ruch galaktyki w przestrzeni. To Bóg Wszechmogący. Nic Go nie powstrzyma. Świadomość to Bóg. Nieuwarunkowana świadomość to Uważność; innymi słowy, JA JESTEM, Duch Boga Żywego. Twoja świadomość to zjednoczenie świadomego i podświadomego umysłu. To suma tego, co akceptujesz, twoich wierzeń, opinii, przekonań. To Bóg. To jedyny Bóg, jakiego kiedykolwiek poznasz.

Twoje myśli i uczucia tworzą twoje przeznaczenie. Jeśli myślisz biednie, zawsze będziesz biedny. Myśl o dobrobycie, a będzie ci się dobrze wiodło. Świadomość jest Bogiem, ponieważ to jedyna siła twórcza w twoim życiu. Ojcem twojego doświadczenia jest twoja myśl i uczucie. Jeśli mowa o Ojcu w tobie, to któż jest ojcem wszystkiego? Twoja myśl i uczucie. Twoja świadomość i podświadomość. Dzieje się tylko to, co uzgodnią twoja świadomość i podświadomość, twój mózg i serce – niezależnie od tego, czy jest to prawda czy fałsz, czy jest to dobre czy złe. To ty wybierasz. Kształtujesz i tworzysz swoje przeznaczenie. Twój los zależy od twojej wiary w Boga. Powinieneś wierzyć w dobroć Boga w krainie żywych i w Jego przewodnictwo, w piękno i chwałę Nieskończoności.

Nic bowiem nie manifestuje się inaczej niż przez Ojca. Ojciec jest twoją myślą i uczuciem, a zatem wszelkie nasze doświadczenia mają odzwierciedlenie w podświadomości. Zawsze istnieje przyczyna, a jest nią, oczywiście, twój umysł.

Pewien mężczyzna wyjawił mi, że pragnął w życiu sukcesu. Ale tak naprawdę wcale tego nie chciał. Miał podświadomy wzorzec przegranej. Dokuczało mu poczucie winy i wiedział, że powinien zostać ukarany. Na poziomie świadomości rzeczywiście bardzo się starał i powtarzał sobie: „Bardzo się staram". Jego głębszy umysł był jednak zaprogramowany na klęskę. Nie miał poczucia własnej wartości i to przekonanie sprawiało, że ponosił klęski. W głowie miał obraz porażki. Czuł, że powinien zostać ukarany, że jest grzesznikiem.

Widzisz, prawo podświadomości jest kompulsywne. Jest siłą. Jest siłą Wszechmogącego. Jest mocą Boga.

Mężczyzna ten nauczył się przeprogramowywać swój umysł. Uświadomił sobie, że urodził się po to, by wygrywać, osiągać sukcesy i triumfować, gdyż żyje w nim Nieskończona Moc. Nie zna ona porażki. To Wszechmogący, który stworzył wszystko. Nic Mu się nie oprze, nic nie stanowi dla Niego wyzwania, nic Go nie powstrzyma ani nie osłabi. Albowiem to Wszechmogący. To jedyna potęga.

Co więcej, zrozumiał, że sam się karał. Rano i wieczorem oraz w ciągu dnia zaczął wypowiadać afirmacje. Wpisywał je do świadomości. Oto jego słowa: „Urodziłem się, żeby wygrywać. Urodziłem się, żeby moja modlitwa została wysłuchana, żeby odnieść sukces w relacjach z innymi, w pracy i na wszystkich etapach życia. Albowiem Nieskończoność jest we mnie, a Nieskończoność nie może ponieść klęski. Przenika mnie siła Wszechmogącego. To moja siła. To moja moc, moja mądrość". Potem powiedział: „Sukces należy do mnie. Harmonia należy do mnie. Bogactwo należy do mnie. Piękno należy do mnie. Boża miłość należy do mnie. Obfitość należy do mnie". Stale powtarzał te prawdy. Rozmyślał nad nimi. Przypominał je sobie, jadąc samochodem na spotkanie z klientem. Głosił je systematycznie i nie negował tego, co afirmował.

Stopniowo osiągnął wielki sukces, ponieważ udało mu się zapłodnić podświadomość poprzez głoszenie tych słów, zmuszanie myśli do tego, by krążyły wokół wielkich afirmacji życia. Jeżeli systematycznie będziesz wykonywał to samo, w twoim życiu zaczną dziać się cuda.

Kiedy się urodziłeś, nikt nie musiał ci mówić, jak znaleźć pierś matki. Prowadziła cię subiektywna mądrość. Biblia mówi: „Umieszczę swe prawo w głębi ich jestestwa i wypiszę na ich sercu. Będę im Bogiem, oni zaś będą Mi narodem".

Tkwią więc w tobie wszelkie moce Boga. W twój subiektywny umysł wpisane są boskie prawdy. Kiedy się urodziłeś i mocno spałeś, wszystkie twoje najważniejsze organy były pod kontrolą. Każdej nocy ta sama Inteligencja nadal kontroluje te funkcje – twój oddech, krążenie krwi, trawienie, bicie serca i całą resztę. To Obecność Boga w tobie. Żyje w tobie Bóg i Jego moc. Masz w sobie wspaniałe wieczne prawdy, zapisane w twoim sercu, zanim się urodziłeś. Ale potem jak wszyscy byłeś programowany. Milionom ludzi wdrukowano określone lęki, błędne przekonania, tematy tabu, ograniczenia i przesądy. Jak powiedział w 1847 roku Phineas Parker Quimby, pionier ruchu Nowa Myśl: „Dziecko jest jak biała tabliczka. Każdy, kto przechodzi obok, coś na niej pisze: babcia, dziadek, duchowny, matka, ojciec, siostry i bracia". Sunie na nas lawina obrazów i dźwięków, przekonań i opinii, zakazów, obaw i wątpliwości. Wiesz, że kiedy się urodziłeś, nie miałeś żadnych lęków. Nie urodziłeś się z przesądami; nie urodziłeś się z dogmatycznymi przekonaniami czy fałszywymi lub osobliwymi koncepcjami na temat Boga lub życia. Skąd je wziąłeś? Ktoś ci je dał. Ktoś cię zaprogramował, być może negatywnie. Wiele osób usłyszało, że są grzesznikami w rękach gniewnego Boga.

Rozmawiałem z pięknymi, atrakcyjnymi, wykształconymi kobietami, które uważają, że to grzech używać różu czy robić makijaż albo nosić złoto. Och, to rzeczywiście straszny grzech. Albo gra w karty... Karty to narzędzie Szatana. Czy chodzenie do kina. To wszystko są grzechy. Kiedy patrzysz na te kobiety, widzisz, że są sfrustrowane, pełne zahamowań, nieszczęśliwe. Mówię im, żeby się ocknęły, ubierały dla Boga. We wszechświecie nie ma nic złego. Cały świat istnieje i istniał, zanim się urodziły. Wszystkie ptaki śpiewają dla ciebie, dla ciebie są wszystkie zwierzęta i gwiazdy na niebie, żebyś je podziwiał, wielbił i zachwycał się nimi.

Mówię im więc: „Jesteście tu po to, żeby tańczyć. Idźcie, nauczcie się tańczyć, gdyż wszechświat jest tańcem dla Boga". Mówię im, żeby zdobywały wiedzę, uczyły się grać w tenisa, na pianinie i żeby robiły to wszystko, czego nie robią. Grajcie, zacznijcie studiować, uczcie się przemawiać publicznie i poznawajcie mężczyzn. Zapiszcie się na lekcje hiszpańskiego albo inny kurs. Zdobądźcie jakąś umiejętność lub zawód; zarabiajcie pieniądze. Jesteście tu, by wieść pełne i szczęśliwe życie. Jesteście tu, żeby korzystać z dóbr materialnych, odpoczywać, bawić się, radować, być kreatywnymi i wyrażać siebie. Jesteście tutaj także po to, rzecz jasna, żeby medytować i się modlić.

Żyjemy w świecie subiektywnym i obiektywnym. We wszechświecie nie ma nic złego. Bóg wszystko ogłosił dobrym. Dlatego też w tańcu, grze w karty i tym podobnych zajęciach nie ma niczego złego. Nie ma niczego złego w tym, że obejrzysz film z pozytywnym przekazem. Nie ma niczego złego w tych rzeczach. Jedynie myślenie sprawia, że są dobre albo złe.

„Jesteś sfrustrowana" – wyjaśniam im dalej. „Jesteś chora. Jesteś nieszczęśliwa". I uczę je, co zrobić, żeby w ich życiu pojawił się mężczyzna. Mówię: „Powinnaś wyjść za mąż. Powinnaś doświadczać miłości". Każda kobieta chce być kochana, rozpieszczana i doceniana.

Lubi być przedmiotem czyjejś uwagi. Chce czuć się potrzebna i pożądana. Jeżeli temu zaprzecza, jest chora. Każda kobieta tego potrzebuje. Poznają one więc to proste prawo. Zaczynają wszystko wprowadzać w życie. Uczą się robić to wszystko, czego się bały, i strach znika bezpowrotnie.

Mówię im: „Przeszłyście pranie mózgu. Zostałyście negatywnie i destruktywnie zaprogramowane. Bóg pragnie dla was większej radości, szczęścia, miłości i spokoju umysłu". Poznają prawo przyciągania. Szkoda, że nie znacie niektórych z nich, nie widzicie, jak wchodzą do sali, atrakcyjnie ubrane i umalowane. Noszą piękne pierścionki – czasem obrączkę. O, tak. Zmieniły się. Przeprogramowały swoje umysły.

Kiedy byłem młody, uczono mnie, że jeżeli dziecko zostaje poddane określonej indoktrynacji religijnej, zanim skończy siedem lat, to nikt już tego nie zmieni. Oczywiście można to zmienić, chociaż jest to niezwykle trudne. Dziecko zostało, rzecz jasna, poddane praniu mózgu. Chodzi tutaj jednak o negatywne warunkowanie umysłu. W młodości jesteśmy wrażliwi, podatni na wpływy, chłoniemy wiedzę. Łatwo ulegamy sugestiom. Nie jesteśmy na tyle rozsądni, żeby odrzucić te negatywne. Akceptujemy więc wiele fałszywych przekonań i błędnych koncepcji dotyczących Boga, życia i wszechświata. Skąd wziąłeś swoje kredo czy przekonania religijne? Na pewno się z nimi nie urodziłeś. Czy są prawdziwe? Czy mają sens? Czy są nielogiczne, niedorzeczne? Pozbawione podstaw naukowych? Jeśli tak, nie mogą być prawdziwe.

Na przykład Pat jest przekonany, że wszystko przemawia na jego niekorzyść. Pewnie powiedziała mu to jakaś wróżka. Ale to nieprawda. Wszechświat mu sprzyja. On jednak przychyla się ku powyższej koncepcji, wierzy w nią. Jego podświadomość ją akceptuje. Jego fałszywe przekonanie tworzy w umyśle sprzeczność, a on sądzi, że ludzie spiskują przeciwko niemu, że spotkają go same nieszczęścia; że prześladuje go jakieś fatum. Stworzył dla siebie prawo, które kontroluje go i rządzi nim. Podświadome założenia, wierzenia i przekonania dyktują człowiekowi wszystkie jego świadome działania i kontrolują je.

David Seabury opowiedział mi o pewnym niepełnosprawnym mężczyźnie, który praktycznie nie miał wykształcenia. W ramach eksperymentu doktor zasugerował mu, że analizuje jego potencjał zgodnie z koncepcją oceniania możliwości intelektualnych i cech charakteru na podstawie kształtu czaszki i linii dłoni. Oznajmił mu: „Twoim przeznaczeniem jest bycie wielkim ewangelistą, doskonałym kaznodzieją. Bóg przeznaczył cię do tego, żebyś wspaniale nauczał". Ten chory człowiek zaczął działać w jednym z Kościołów i został wyjątkowym nauczycielem. Uwierzył, że Bóg go wyświęcił do tej roli. I to, w co wierzył, stało się prawdą. To takie proste.

Jest tylko Jedna Moc, Jedyna Obecność. Ojcem twojego doświadczenia jest twoja myśl i uczucie. W jaki sposób programujesz swoją podświadomość? Istnieje jedna Twórcza Siła. Czy znasz jedną z najwspanialszych prawd? „Słuchaj, Izraelu, Pan, twój Bóg, jest Bogiem Jedynym, Panem Jedynym". W tym kontekście „Izrael" nie oznacza konkretnej religii czy narodu. Obejmuje wszystkich ludzi wiedzących, że Bóg jest Wszechmogący, że jest najwyższym władcą. A oni są posłuszni i oddani Jednej Mocy, Duchowi Żywemu w nich. Nie daje on władzy żadnej stworzonej rzeczy: żadnemu mężczyźnie, kobiecie czy dziecku we wszechświecie.

Twoim panem czy władcą jest twój dominujący pogląd, twoje najważniejsze wierzenie, przekonanie. To jest twój pan. Załóżmy, że wierzysz, iż Bóg jest miłością. Załóżmy, że szczerze w to wierzysz. To Jedyna Obecność i Moc. To dominujące i najważniejsze przekonanie. Jesteś mu w pełni posłuszny, oddany i lojalny. To twój pan i władca. Wtedy będziesz wiódł życie jak w bajce.

Niektórzy mieszkańcy Anglii są przekonani, że w listopadzie musi dopaść ich reumatyzm. Przypisują to klimatowi, zmianom w pogodzie i tak dalej. I oczywiście zapadają na niego. Tak zaprogramowali swój umysł. Oczekują tego. Dzieje się to, w co wierzą. A zatem jeden członek rodziny regularnie cierpi na reumatyzm, drugi zaś, mieszkający w tym samym domu, jedzący tę samą żywność, mający tych samych rodziców, pracujący na tym samym gospodarstwie, nigdy się na niego nie skarży. Jeden wierzy w zdrowie i długie życie, drugi w to, że się przeziębi na nocnym chłodzie. Albo że dostanie kataru, gdy ktoś w biurze kichnie. I dzieje się to, w co wierzą. Inne osoby w biurze nie przeziębiają się i nie chorują na grypę. Niektórzy ludzie po przemoczeniu stóp mówią: „Umrę z zimna. Teraz dopiero zmarznę". Oczywiście woda to po prostu H_2O. Woda nigdy nie powie: „Teraz się przeze mnie przeziębisz, będziesz miał katar" i tak dalej.

Wszystko to są negatywne przekonania i uwarunkowanie. Powietrze jest nieszkodliwe. Składa się z wodoru, azotu, tlenu i kilku innych gazów. Jest niegroźne.

Woda zaś to wodór i tlen. Przyczyną wszystkiego jest przekonanie. Twoje przekonanie jest twoim panem i władcą. Panów może być wielu, lecz tylko jeden Pan – Ojciec wszystkich – jest władcą wszystkiego. Kiedy w biurze ktoś kichnie, nie znaczy to, że się przeziębisz. Jeśli jednak w to wierzysz, sam sobie to zafundujesz. Możesz winić o to zarazki krążące w powietrzu, ale inni są na nie odporni. Niektórzy cały dzień siedzą pod wentylatorem, nie skarżą się na przeciągi i nie mają zesztywniałego karku. Jeśli wierzysz, że cię przewieje, to tak się stanie. Wentylator to nic innego jak grupa cząsteczek poruszających się w przestrzeni z wielką prędkością. To wszystko.

Stworzyłeś prawo dotyczące kichania, wentylatora, powietrza albo wody. A potem winisz wentylator czy nocne powietrze o to, że jesteś chory czy masz zesztywniały kark. Wytykasz te dolegliwości i twierdzisz, że dowodzą twojej racji. Inni jednak jej zaprzeczają i śmieją się z niej. Stworzyłeś więc prawo dla siebie. Gdyby istniało prawo, iż każdy, kto siedzi pod wentylatorem, będzie miał zesztywniały kark, to stosowałoby się do każdego. Ale go nie ma; sam je sobie stworzyłeś. To zupełnie nieszkodliwe, zupełnie niegroźne. Przestań ustanawiać takie zasady.

Pewien mężczyzna stworzył prawo, iż ma alergię na czerwone róże. Z rozmowy z nim dowiedziałem się, że dziewczyna, z którą się kiedyś spotykał i która zawsze nosiła czerwoną różę, uciekła z innym. Nigdy nie dał jej odejść, nie wybaczył jej, podświadomie pielęgnował urazę. Kiedy widzi jakąś kobietę z czerwoną różą, zaczyna się denerwować. Nie chodzi o dziewczynę; nie chodzi o różę. Chodzi o truciznę, jaką wsączył do własnej podświadomości. Powinien się ucieszyć i życzyć dziewczynie zdrowia, szczęścia i pokoju. I pogratulować jej, że znalazła mężczyznę swoich marzeń, niech idzie z Bogiem. Postąpiłby wtedy właściwie – i bardzo egoistycznie zarazem, ponieważ błogosławiłby sobie.

Tego, czego życzysz innym, życzysz też sobie. Warunki zewnętrzne sprawują nad tobą władzę tylko za pośrednictwem twojej podświadomości, która jest zjednoczeniem twojego świadomego i podświadomego umysłu. Wyboru dokonuje świadomość. Na przykład alkoholik często powtarza sobie, że jest słaby, niedoskonały, gorszy od innych i odrzucany. Po pewnym czasie, żeby dodać sobie odwagi, zaprzecza boskości w sobie, obecnej w nim mocy Wszechmogącego. Później z powodu powtarzania negatywnych sugestii przestaje mieć wybór. Teraz jeden drink wystarczy, żeby wpadł w alkoholowy ciąg. Staje się uzależniony. Jest pijakiem. Przedtem miał wybór, mógł powiedzieć: „Wypiję drinka lub dwa i na tym koniec". Teraz go nie ma. Stracił tę moc. Podświadomość jest jedyną siłą na świecie, która może powiedzieć „zrobię" i mieć pewność, że tak będzie.

Odrzuca więc Jedyną Obecność i Moc. Powtarzając te negatywne sugestie, sprawił, że zapadły w jego podświadomość. Może to oczywiście zmienić. Uzależnić się można od alkoholu, ale też od hazardu, jedzenia i tak dalej. Wszystko to wynika z negatywnych sugestii, powtarzanych bez końca w podświadomości. Mówi: „Nie będę pił". Może przysiąc na Biblię, że nie weźmie alkoholu do ust, ale to nonsens, żart i farsa. Wyobraża sobie siebie w barze. Jeszcze silniej wpisuje i odciska w podświadomości scenę picia. Nie wytrzyma i pójdzie się napić.

Podświadomość reaguje na nawykowe myślenie i wyobrażenia. Jak sobie pościelesz, tak się wyśpisz. Wydarzy się to, co wpiszemy w podświadomość. Jeśli wpiszemy do komputera nieprawdziwe dane, wtedy oczywiście otrzymamy niewłaściwą odpowiedź. Powinniśmy dostarczać podświadomości życiodajnych wzorców.

Przyjrzyjmy się Sally, która również stała się alkoholiczką. Niełatwo jej zerwać z nałogiem. Oczywiście musi tego naprawdę pragnąć i podjąć jasną decyzję, że tak właśnie postąpi. Kiedy jej pragnienie, żeby przestać pić, stanie się większe niż chęć dalszego picia, będzie uzdrowiona w siedemdziesięciu procentach. Wtedy wspomoże ją moc Wszechmogącego.

Podejmuje więc decyzję. Żąda trzeźwości i spokoju umysłu. „Wydaję taką decyzję, z całą stanowczością, jestem całkowicie szczera. Decyzja jest nieodwracalna". Następnie wyobraża sobie, że robi to, co najbardziej lubi. Jeśli jest adwokatką, wizualizuje siebie podczas rozprawy w sądzie albo rozmowy z klientem, którą prowadzi zza mahoniowego biurka. Sprawia, że przyszłość dzieje się tu i teraz. Jest bardzo zadbana i dobrze ubrana. Rozmawia z sędzią. Pojednała się z rodziną. Żyje tą rolą. A kiedy czuje potrzebę, żeby wypić drinka, odgrywa w głowie film, na którym jest w domu z bliskimi albo występuje w sądzie.

Odgrywa tę rolę wspierana mocą Wszechmogącego. Jako że nie przestaje myśleć o wolności, spokoju umysłu, trzeźwości, zaczyna odczuwać radość i cudowność tego wszystkiego i wyobraża sobie, że jest w domu i robi to, co najbardziej lubi. Myśli, nastroje i wyobrażenia zaczynają się przekształcać w działanie i stają się faktem.

Niczym ziarno myśl obumiera w podświadomości i odradza się jako owoc wysłuchanej modlitwy. Kobieta może więc pokonać słabość. W ten sposób przeprogramowuje swoją podświadomość, wprowadzając do niej harmonię, zdrowie, trzeźwość i spokój umysłu. A moc Wszechmogącego ją wesprze i odbierze ochotę do picia. I będzie wolna. Oczywiście przebacza sobie, że pielęgnowała negatywne myśli. Wybacza też innym, obdarzając ich miłością, spokojem i życzliwością. Jeśli komuś wybaczyłeś, myśląc o nim, nie będziesz czuł urazy. Dlaczego? Dlatego że obdarzasz tę osobę miłością, życzliwością i harmonią, życząc jej wszelkich błogosławieństw.

Wszyscy jesteśmy tu po to, żeby rozwijać się, uczyć i uwalniać uwięzioną w nas wielkość. Nie urodziliśmy się z tymi wszystkimi całkowicie rozwiniętymi umiejętnościami. O, nie. Jesteś tu po to, żeby się uczyć. Jesteś tu po to, żeby doskonalić swoje narzędzia umysłowe i duchowe. Radość kryje się w zwyciężaniu. Radość kryje się w doskonaleniu. Żyjemy w świecie sprzeczności. Słyszymy: „Wybierz dzisiaj tego, komu będziesz służył". Nie jesteś zwierzęciem. Nie jesteś automatem. Masz wolność wyboru. Masz wolną wolę: masz inicjatywę. W ten sposób odkrywasz własną boskość. Nie ma innej drogi pod słońcem. Nic cię nie zmusza do bycia dobrym. Nie kieruje tobą jedynie instynkt. Dlatego też masz szansę stać się świętym. Wszystkim, czym zechcesz.

Otwieram przed tobą drzwi, których nikt nie może zamknąć. Myśl o wszystkich rzeczach, które są prawdziwe, cudowne, szlachetne i boskie. Myśl o nich przez cały dzień. Możesz zacząć na nowo uwarunkowywać swój umysł. Możesz sobie wyobrażać, że robisz to, czego pragniesz. Idziesz bowiem tam, gdzie prowadzi cię twoja wizja. Twoja wizja jest tym, na co patrzysz, o czym myślisz, na czym się skupiasz. A kiedy będziesz się skupiać na rzeczach cudownych i wartościowych, twój głębszy umysł odpowie ci i zmusi cię do ruszenia w stronę światła. Będzie cię tam kierowała Moc Wszechmogącego. Te wielkie prawdy możesz powtarzać, prowadząc samochód. Mów: „Jest tylko Jedna Moc, Jedna Obecność, Jedna Przyczyna. Jest nią nieskończona miłość, nieskończona inteligencja i pełna harmonia. Krąży we mnie, przenika mnie i otacza". Możesz recytować te słowa w drodze na lunch, idąc ulicą albo siadając do obiadu. Możesz zdobyć wszystkie te wspaniałe rzeczy. Powtarzaj i przypominaj sobie te wielkie prawdy.

Wybierz dobro, właściwe działanie. Niech inni poczują twoją miłość, spokój i życzliwość. Powtarzaj te prawdy rano, w południe i wieczorem. Prędzej czy później zapadną w twoją podświadomość. A podświadomość zrealizuje wszystko, co w niej odcisnąłeś. Nie trać serca. Dopilnuj, żeby do twojego głębszego umysłu docierały tylko boskie myśli i wyobrażenia. Słuchaj starej jak świat prawdy wciąż na nowo, aż stanie się przekonaniem w twojej podświadomości. Usłysz prawdę absolutną: JA JESTEM i nie ma nikogo innego. Jedna Moc, Jedna Obecność, Jedna Przyczyna i Jedna Materia.

Kiedy wyryjesz to w sercu, przekształci się w reakcje kompulsywne i będziesz zmuszony postępować dobrze i właściwie. Niektórzy ludzie mają kierunek w podświadomości. Powtarzali sobie bez końca: „Prowadzi mnie Nieskończona Inteligencja. Wszystko, co zrobię, będzie właściwe. Postąpię właściwie". Powtarzają te prawdy rano, w południe i wieczorem; istnieje bowiem prawo – umożliwiające właściwe działanie i zapewniające przewodnictwo – które oni wprowadzają w życie dzięki swojemu uniwersalnemu punktowi widzenia, wolnemu od ograniczeń. Wielu z nich przypomina Midasa i wszystko, czego dotkną, zamienia się w złoto.

Łaska jest automatyczną reakcją podświadomości na świadome myślenie i wizualizowanie. „Zła się nie ulęknę, bo Ty jesteś ze mną. Twoja laska i kij są dla mnie wsparciem. Pan jest moim światłem i zbawieniem; kogo mam się lękać? Pan jest mocą mojego życia; kogo mam się obawiać?" Wspaniała prawda. Cudownie jest powtarzać to, jadąc samochodem.

Kilka lat temu pewien rabin w samolocie opowiadał mi, że kiedy był mały, razem z innymi dziećmi musiał studiować Deuteronomium*. Oto, czego ich uczono:

> „Będziesz miłował Pana, Boga twojego, z całego swego serca, z całej duszy swojej, ze wszystkich swych sił. Niech pozostaną w twym sercu te słowa, które ja ci dziś nakazuję. Wpoisz je twoim synom, będziesz o nich mówił, przebywając w domu, w czasie podróży, kładąc się spać i wstając ze snu. Przywiążesz je do twojej ręki jako znak. Niech one ci będą ozdobą przed oczami. Wypisz je na drzwiach swojego domu i na twoich bramach. (...) Będziesz się bał Pana, Boga swego (strach oznacza szacunek), będziesz Mu służył i na Jego imię będziesz przysięgał. Nie będziecie oddawali czci bogom obcym, spomiędzy bogów okolicznych narodów, bo Pan, Bóg

---

* Hebr. Dewarim, Księga Powtórzonego Prawa.

twój, który jest u ciebie, jest Bogiem zazdrosnym, by się nie rozpalił na ciebie gniew Pana, Boga twego, i nie zmiótł cię z powierzchni ziemi".

Zazdrość w Biblii oznacza, iż nie wolno uznawać innej władzy; nie wolno służyć żadnej stworzonej rzeczy. Trzeba uznać tylko Jedną Moc. Miało to zakorzenić w sercach dzieci silne postanowienie: Miłujcie Pana, Boga swego. Miłość to posłuszeństwo i lojalność. „Nie będziesz znał innego Boga" oznacza, że oddaje się władzę Jedynej Obecności i Mocy. I odmawia jej wszelkim innym stworzeniom: mężczyźnie, kobiecie, dziecku, słońcu, księżycowi, gwieździe. W przeciwnym razie straci się Boga. Bo Pan, Bóg twój, jak jest napisane, jest Bogiem zazdrosnym. Zazdrosnym w tym sensie, że nie pozwala czcić nikogo innego. Jesteś poślubiony temu Jedynemu: jesteś posłuszny Jedynemu.

Niektórzy ludzie noszą talizmany, amulety albo wisiorki, jak krzyżyk czy medalik ze świętym, Buddę lub inne symbole religijne, żeby nieustannie przypominały im o Bogu. Nie potrzebujesz ich jednak. Chodzi przede wszystkim o to, żeby prawdy te wniknęły w twoją duszę. Albowiem dzięki myśli obcujesz z Bogiem. Możesz się z Nim bezpośrednio komunikować i uświadomić sobie, że Pan jest twoim pasterzem i nigdy niczego ci nie zabraknie. Możesz sobie przypominać: „A Bóg mój według swego bogactwa zaspokoi wspaniale każdą waszą potrzebę. W ciszy i ufności leży wasza siła". Pamiętaj, że prawdy te muszą przeniknąć do twojego serca, nie umysłu.

Musisz zjeść jabłko, żeby dostało się do twojego krwiobiegu. Podobnie musisz przyswoić sobie i przetrawić te prawdy. Powtórzeniami nie dotrzesz do ucha Boga; lecz tym, co przyswoisz, przetrawisz i przyjmiesz do swojej duszy. Dlatego też, powtarzając, rozwijając, przypominając sobie te prawdy, przyjmując je i oznajmiając samemu sobie, sprawiasz, że zapadają w twój umysł, i stopniowo zaczynasz w nie wierzyć, nabierając przekonania, że istnieje tylko Jedna Moc. Przyjmiesz jako prawdę absolutną stwierdzenie: JA JESTEM, jako jedynego istniejącego Boga w tobie. Jest Wszechmocny, jest Mądrością. Jest słowem utraconym. Miliony ludzi go nie słyszą.

Mojżesz nauczał, iż nie ma sensu szukać Go w morzu ani w powietrzu. Słowo jest w twoich ustach i twoim sercu, dając ci wolę i możliwość działania. Oto kilka wielkich prawd: „A Bóg mój według swego bogactwa zaspokoi wspaniale każdą waszą potrzebę". „W ciszy i ufności leży wasza siła. Bóg nam wszystkiego obficie udziela do używania". Z Bogiem wszystko jest możliwe. „Zanim zawołają, ja im odpowiem; oni jeszcze mówić będą, a ja już wysłucham". „Według wiary waszej niech wam się stanie". Uwierz, że wszystko jest możliwe dla tego, który wierzy. „Będzie mnie wzywał, a ja go wysłucham i będę z nim w utrapieniu, wyzwolę go i sławą obdarzę. Nasycę go długim życiem i ukażę mu moje zbawienie". Kiedy umysł jest gotowy, wszystko jest możliwe. „Pan światłem i zbawieniem moim. Kogóż mam się lękać? Pan obroną mojego życia; przed kim mam się trwożyć? Wznoszę swe oczy ku górom. Pomoc mi przyjdzie od Pana. Proście, a będzie wam dane; szukajcie, a znajdziecie; kołaczcie, a otworzą wam".

Słyszysz więc, że otrzymasz to, o co poprosisz. Jeżeli zapukasz, drzwi się przed tobą otworzą i znajdziesz to, czego szukasz. Ta nauka dowodzi, iż prawa umysłu i ducha są niezbite. Nieskończona Inteligencja w twojej podświadomości zawsze odpowie na twoje świadome myślenie. Dlatego też możesz zaprogramować swoją podświadomość konstruktywnie, harmonijnie i spokojnie. Gdy poprosisz o chleb, nie dostaniesz kamienia. Jeżeli chcesz coś otrzymać, musisz w to wierzyć. Twój umysł przechodzi od myśli do rzeczy. Jeżeli nie ma w umyśle obrazu, nie może ruszyć z miejsca, nie ma się na czym oprzeć.

Umysł musi najpierw przyswoić sobie twoją modlitwę, czyli aktywność psychiczną, jako pewne wyobrażenie, zanim podświadomość zacznie działać i wprowadzi to wyobrażenie w życie. W twoim umyśle musi się pojawić akceptacja, bezwarunkowe i niekwestionowane przyzwolenie. Tej kontemplacji powinny towarzyszyć radość i spokój, przeczucie spełnienia danego pragnienia.

Solidną podstawą sztuki i nauki programowania podświadomości jest wiedza i całkowita pewność w to, że świadomość otrzyma zdecydowaną odpowiedź podświadomości, zjednoczonej z nieskończoną mądrością i mocą. Najłatwiejszym i najbardziej oczywistym sposobem nadania formy wyobrażeniu jest wizualizacja. Trzeba je zobaczyć okiem umysłu tak sugestywnie, jakby to była prawda. To, co już istnieje w świecie zewnętrznym, zobaczysz gołym okiem. Podobnie to, co potrafisz sobie wyobrazić, istnieje już w niewidzialnych obszarach twojego umysłu. Każdy obraz, jaki masz w umyśle, jest fundamentem tego, na co liczysz, i dowodem na to, co niewidzialne. To, co tworzysz w wyobraźni, jest równie realne jak każda część twojego ciała. Wyobrażenie i myśl są realne i jeżeli pozostaniesz wierny obrazowi w swojej głowie, pewnego dnia pojawi się w twoim obiektywnym świecie.

Proces myślowy wytwarza wrażenia w twoim umyśle. One z kolei manifestują się jako fakty i doświadczenia życiowe. Budowniczy wyobraża sobie budynek, który chce postawić. Widzi go i pragnie, żeby powstał. Obrazy, jakie tworzy, i procesy myślowe stają się masą plastyczną, z której wyłoni się dom: piękny albo brzydki, bardzo wysoki albo bardzo niski. Obrazy z jego umysłu zostaną przelane na papier. Potem wykonawca i jego pracownicy zgromadzą niezbędne materiały i budowa przejdzie kolejne etapy aż do ukończenia, idealnie odwzorowując wyobrażenie z głowy architekta.

Możesz się posłużyć metodą wizualizacji. Jeśli bliska ci osoba jest bardzo chora, wycisz umysł, następnie wyobraź ją sobie jako zdrową. I niech ona mówi ci, że wydarzył się boski cud: „Nigdy w życiu nie czułam się lepiej". Widzisz błysk w jej oczach. Widzisz, że się uśmiecha. Nie wyobrażasz jej sobie w szpitalu, ale w domu, jak wykonuje swoje ulubione czynności – promienna, szczęśliwa i wolna. Taki obraz budujesz w umyśle. I można to nazwać modlitwą. Uświadom sobie, że obraz jest wart tysiąca słów.

William James, ojciec amerykańskiej psychologii, podkreślał, iż podświadomość zrealizuje każde wyobrażenie utrzymywane w umyśle i podtrzymywane przez wiarę. Działaj tak, jakby to coś już się zdarzyło, a tak się stanie. Zachowuj się tak, jakbyś już był tym, kim chcesz być. Odegraj tę rolę w głowie. Powtarzaj ją wciąż od nowa. Stopniowo zapadnie ci w podświadomość i modląc się w ten sposób, doświadczysz cudów.

Pora sobie uświadomić, że wjeżdżamy na Królewską Autostradę. Nie skręcimy ani w prawo, ani w lewo. Twoja droga jest drogą Boga, wszystkie drogi Boga zaś są przyjemne, wszystkie Jego ścieżki – spokojne. Oddaj się pod Jego przewodnictwo. Zrozum, że Bóg cię teraz prowadzi. W twoim życiu dzieje się to, co powinno, a Duch Święty idzie przed tobą, dlatego twoja droga jest prosta, radosna i wspaniała. Od tej chwili twoja autostrada jest królewską drogą starożytnych. Jest drogą środka Buddy. Jest prostą i wąską bramą Jezusa. Jest drogą do Mekki. Twoja autostrada jest Królewską Autostradą, ponieważ jesteś królem wszystkich swoich myśli, uczuć i emocji. Roześlij wysłanników miłości, których nazywamy wysłannikami Boga. Kim są? Wysłannicy boskiej miłości, spokoju, światła i piękna podążają przed tobą dzisiaj i każdego dnia, żeby twoja droga była prosta, piękna, radosna i szczęśliwa. Zawsze podróżuj Królewską Autostradą, a wtedy, gdziekolwiek się udasz, na pewno spotkasz boskich wysłanników pokoju i radości. Wejdź na szczyt góry, a jeśli będziesz myśleć o Bogu, nic złego cię nie spotka. Uświadom sobie, że gdy jedziesz samochodem, pociągiem, autobusem, lecisz samolotem lub idziesz pieszo, zawsze otacza cię boska opieka. To niewidzialna boska zbroja. Idziesz z miejsca na miejsce swobodnie, radośnie i z miłością. Towarzyszy ci Duch Pana, sprawiając, że wszystkie drogi stają się autostradami twojego Boga.

Twoje przekonanie o Obecności Boga jest silne. Rozpościera się przed tobą duchowa przestrzeń, która sprawia, że twoja droga jest prosta, piękna, radosna, szczęśliwa i pełna dóbr. Uświadom sobie, że twoją duszę przenika Bóg; boski spokój zalewa twój umysł.

I zrozum, że Bóg w tobie cię prowadzi, a na twoją ścieżkę pada Jego światło. Wiedz, że istnieje doskonałe prawo popytu i podaży i że masz stały dostęp do wszystkiego, czego potrzebujesz. Na każdej drodze cieszysz się boskim przewodnictwem. W cudowny sposób realizujesz swoje talenty. Napisano: „Sprawię, że niewidomi pójdą po nieznanej drodze, powiodę ich ścieżkami, których nie znają".

Nigdy nie zapominaj o tym uniwersalnym błogosławieństwie z Biblii: „Niech cię Pan błogosławi i strzeże. Niech Pan rozpromieni oblicze swe nad tobą, niech cię obdarzy łaską. Niech zwróci ku tobie oblicze swoje i niech cię obdarzy pokojem. Mój pokój zostawiam wam, pokój mój daję wam. Nie tak, jak daje świat, Ja wam daję. Niech się nie trwoży serce wasze ani się lęka. Niech się nie trwoży serce wasze. Nie obawiajcie się. Ufajcie Bogu i czyńcie dobro. Będziecie wędrować po tej ziemi i zaprawdę zostaniecie nakarmieni. Czym? Mądrością, prawdą i pięknem. Harmonią, zdrowiem, dobrobytem i spokojem".

KRÓTKO MÓWIĄC

Aby zrozumieć, jak można stworzyć bogactwo mocą podświadomości, należy zrozumieć istotę tego fenomenu.

Wielu z nas zostało negatywnie uwarunkowanych we wczesnej młodości. Jesteśmy bardzo wrażliwi i podatni na wpływy. Musimy więc podjąć kroki w celu przekształcenia tych fałszywych sugestii w pozytywne myśli.

Istnieje właściwy sposób programowania podświadomości. Każdego ranka możesz usiąść, odprężyć się i powiedzieć następującą afirmację: „Moim życiem rządzą boskie prawo i porządek. Dominuje w nim boskie właściwe działanie. Boski sukces jest mój. Boska harmonia jest moja. Moją duszę wypełnia boski spokój. Boża miłość przenika całą moją istotę. Boska obfitość jest moja. Boża miłość podąża przede mną dzisiaj i zawsze, sprawiając, że moja ścieżka jest prosta, radosna i wspaniała".

Twoje przeznaczenie tworzą twoje myśli i uczucia. Jeśli myślisz biednie, zawsze będziesz biedny. Jeśli myślisz o dobrobycie, będzie ci się dobrze powodziło.

Podświadomość reaguje na twoje nawykowe myślenie i wyobrażenia. Jak sobie pościelesz, tak się wyśpisz. To, co odciśniemy w podświadomości, zamanifestuje się. Jeśli wpiszemy do komputera błędne dane, otrzymamy błędną odpowiedź. Powinniśmy karmić naszą podświadomość życiodajnymi wzorcami.

„A Bóg mój według swego bogactwa zaspokoi wspaniale każdą waszą potrzebę. W ciszy i ufności leży wasza siła". Pamiętaj, że te prawdy musisz przyjąć do serca, nie do głowy.

William James podkreślał, iż podświadomość zrealizuje każde wyobrażenie obecne w umyśle i oparte na wierze. Działaj tak, jakby to już się stało, a tak się stanie. Zachowuj się tak, jakbyś już był tym, kim chcesz być. Odegraj tę rolę w głowie. Powtarzaj ją wciąż od nowa. Stopniowo zapadnie ci w podświadomość i doświadczysz cudów, modląc się w ten sposób.

ROZDZIAŁ 4

CUDOWNA SIŁA DECYZJI

Wszyscy ludzie sukcesu mają jedną wspólną cechę: umiejętność podejmowania szybkich decyzji i wytrwałość w ich realizacji. Znany przemysłowiec powiedział mi kiedyś, że po pięćdziesięciu latach pracy w sektorze handlowym i przemysłowym odkrył, iż ci, którzy ponosili klęski, też mieli jedną cechę wspólną: wahali się przy podejmowaniu decyzji. Zastanawiali się i zwlekali. Co więcej, kiedy ją w końcu podjęli, nie trzymali się jej.

Najważniejszą cechą człowieka i jego najwyższym priorytetem jest moc podejmowania decyzji. Ludzka umiejętność wybierania i wprowadzania w życie tego, co zostało wybrane, ujawnia moc tworzenia przekazaną nam przez Boga.

Potęgę decyzji ilustruje list, jaki dostałem od młodego człowieka z mojej kongregacji. Podjął on jasną decyzję, wiedząc, że Moc Wszechmogącego go wesprze. Chciał mieć volkswagena. Wiedział, że gdy wyda takie polecenie z całym przekonaniem, jego głębszy umysł odpowie mu w sobie tylko znany sposób. Oto, co mi powiedział: „Podjąłem decyzję o zakupie samochodu, ale nie miałem wystarczającej sumy. Postanowiłem więc zaufać głębszemu umysłowi i wyrzuciłem problem z głowy, wiedząc, że moja podświadomość zna odpowiedź. W piątkowy wieczór 8 kwietnia znajomy zapytał, czy nie wybrałbym się do wesołego miasteczka. Postanowiłem, że pójdę tam w niedzielę wieczorem. Tego dnia odbywało się losowanie samochodu. Miałem jedną szansę na trzydzieści pięć tysięcy. Wylosowano moje nazwisko i wygrałem samochód moich marzeń – volkswagena. Wiem, że zdobyłem go dzięki ufności i wierze w to, że mój głębszy umysł rozwiąże problem, bo samochód to tylko myśl. Jako że stosowałem prawdy Nieskończoności, w moim życiu panuje teraz całkowita harmonia. Chciałbym podziękować panu za otwarcie mi oczu na Najwyższą Moc. Spotkanie z panem co niedziela jest dla mnie źródłem tego, czego potrzebuję na resztę tygodnia. Dzięki pańskim myślom i słowom moja rodzina wiedzie lepsze życie".

Pewna młoda kobieta powiedziała mi kiedyś, że czuje się samotna, zagubiona i sfrustrowana, ponieważ nie potrafi się zdecydować, czy wyjść za mąż. Wyobrażasz sobie? Jej matka była bardzo dominującą osobą i krytykowała każdego mężczyznę, jakim córka się interesowała. Kobieta straciła więc całą inicjatywę i siłę decydowania, co spowodowało jej przygnębienie i rezygnację. Innymi słowy, zamknęła się we własnym więzieniu.

Zgodnie z moją sugestią zaczęła jednak podejmować decyzje – wcześniej robiła to za nią matka. Postanowiła sama kupować sobie ubrania, wyprowadzić się do własnego mieszkania i pomalować je oraz urządzić zgodnie z własnym gustem, nie szukając niczyjej rady. Postanowiła zacząć uczyć się tańczyć, pływać i grać w golfa.

Wyrobiła w sobie nawyk samodzielnego decydowania. Wreszcie, nie pytając matki ani nikogo innego o zdanie, tylko idąc za głosem serca, postanowiła wyjść za mąż za wspaniałego człowieka. Odkryła, iż nigdy nie jest za późno na to, żeby zacząć wybierać i żyć własnym wspaniałym życiem.

Pamiętaj, że nigdy nie jest za późno na zaprowadzenie porządku w zagubionym umyśle czy w innych kwestiach. Trzeba tylko zacząć podejmować logiczne decyzje i trzymać się ich.

Betty L. kiedyś tego nie potrafiła. Miała dwadzieścia sześć lat i mieszkała z rodzicami. Znalazła dobrą pracę i mogła się sama utrzymywać na odpowiednim poziomie. Powiedziała mi: „Jestem taka przygnębiona i nieszczęśliwa. Chcę się wyprowadzić do własnego domu, ale rodzice mi nie pozwalają. Nie pozwalają mi nawet urządzić swojego pokoju. Cała moja rodzina twierdzi, że nie mam racji. Jestem taka niezdecydowana. Czy Bóg nie chce, żebym była szczęśliwa?"

Oczywiście powinna żyć własnym życiem. Nie ma czegoś takiego jak niezdecydowanie. Ona przecież podjęła decyzję: postanowiła nie decydować. Ci, którzy boją się dokonywania wyboru, w rzeczywistości nie chcą uznać własnej boskości. Zwróciłem jej uwagę na to, iż ma to szczęście, że posiada własny umysł, i że tylko ona, nikt inny, może postanowić być niezależną, szczęśliwą i dobrze sytuowaną. Musi to zaakceptować świadomym umysłem, a jej podświadomość zareaguje, dając jej motywację do podjęcia działania.

Nie traciła już czasu. Wykonała ruch i otworzył się przed nią zupełnie nowy świat. Napisała do mnie kilka miesięcy później, że na początku rodzina była na nią zła, ale pogodziła się z jej niezależnością: „Po raz pierwszy w życiu jestem podekscytowana i szczęśliwa. Z trudem mogę w to uwierzyć".

Kolejny list zaś pokazuje wiarę w potęgę procesów myślowych i umiejętność decydowania oraz trzymania się podjętych decyzji. Jego autorka wiedziała, że jej umysł jest jednym z Nieskończonym Umysłem, gdyż jest tylko jeden umysł wspólny wszystkim ludziom. A oto ten list: „Kilka lat temu miałam poważny wypadek samochodowy. Lekarz powiedział, że nigdy nie widział tylu złamań szyi i kręgosłupa, i wątpił, czy przeżyję. Podjęłam decyzję, że będę żyła i zostanę uzdrowiona Mocą Nieskończoności. Wiedziałam, że na moją decyzję odpowie cała Boska Moc, ponieważ wiele razy słyszałam, jak mówiłeś, że przydarza ci się to, co ma się przydarzać. Poprosiłam o posługę modlitewną i często powtarzałam, że Nieskończona Uzdrawiająca Obecność sprawia, że jestem cała i zdrowa. I rzeczywiście nastąpiło cudowne uzdrowienie. Powiedziano mi, że przez wiele miesięcy, a może nawet przez rok, będę musiała nosić gorset na całym tułowiu i szyi, a ja korzystałam z niego zaledwie przez kilka tygodni. Z szyją i kręgosłupem wszystko jest w porządku. Moje serce przepełnia wdzięczność. Wiem, że doświadczamy tego, czego chcemy doświadczać. Postanowiłam, że będę zdrowa, i odpowiedziała na to Nieskończona Uzdrawiająca Obecność".

Rozmawiałem kiedyś ze świetnym farmaceutą, który podkreślał, że charakter jego branży, komplikacje zawodowe i związany z tym zamęt często utrudniają podejmowanie decyzji. Udało mu się jednak wypracować metodę, która jego zdaniem świetnie się sprawdza w tej sytuacji. Powiedział mi, że jego ulubiony cytat z Biblii brzmi: „Zatrzymajcie się i we mnie uznajcie Boga". Jest to fragment Psalmu 46. Dodał jeszcze: „Rozmyślam nad tym, iż Bóg czy Nieskończona Inteligencja mieszka we mnie. Wyobrażam sobie, że Nieskończoność mi odpowiada. Odprężam się i puszczam wszystko, czując miłość i światłość Nieskończoności wokół mnie. Zanurzam się w boskiej ciszy i spokoju. W moim wnętrzu, czystym jak kryształ, pojawia się odpowiedź zawsze odpowiednia do sytuacji". Ta wspaniała metoda pozwala na rozwiązanie problemu i podjęcie właściwej decyzji dzięki Nieskończonej Mocy, jaką mamy w sobie.

Thomas Carlisle powiedział kiedyś: „Cisza daje początek wielkim rzeczom". Oto modlitwa, jaką przekazałem tysiącom kobiet i mężczyzn jako wskazówkę przy podejmowaniu decyzji. Przyniosła wspaniałe wyniki, błogosławiąc ich postanowienia:

> „Wszystko, co muszę wiedzieć, pochodzi od wewnętrznej Nieskończonej Obecności we mnie. Działa przeze mnie Nieskończona Inteligencja, pokazując mi to, co powinienem wiedzieć. Płyną ze mnie pod postacią myśli, słów i czynów miłość, spokój i życzliwość dla całej ludzkości. Wiem, że to, co wysyłam, wraca do mnie po tysiąckroć. Bóg, który jest we mnie, zna doskonałą odpowiedź i właśnie mi ją odkrywa. Bóg bowiem jest wiecznością. Dzisiaj nadszedł dzień zbawienia i teraz jest stosowny czas. W swej boskiej Mądrości Nieskończona Inteligencja podejmuje przeze mnie wszystkie decyzje i moje życie obfituje jedynie we właściwe działania i wybory. Owijam się całunem tego Nieskończonego oceanu miłości i wiem, że podejmuję teraz właściwą

boską decyzję. Jest we mnie spokój. Kroczę w świetle, przepełniony wiarą, pewnością i ufnością w Jedyną Istniejącą Moc. Oddaję się pod przewodnictwo Tego, który wkracza w mój świadomy myślący umysł. Nie mogę Go nie dostrzec. Bóg przemawia do mnie poprzez spokój, a nie chaos. Dziękuję Ci, Ojcze, za odpowiedź".

To wspaniała modlitwa. Odmawiana przez tysiące ludzi. Zawsze gdy zastanawiasz się, co zrobić lub powiedzieć, jaką decyzję podjąć, usiądź spokojnie i powtarzaj prawdy, które ci właśnie przekazałem. Rób to powoli, w skupieniu i z uczuciem. Powtórz je w ten sposób trzy razy, a otrzymasz boski impuls. Uświadomisz sobie w głębi duszy, że znasz odpowiedź. Czasem ma ona formę wewnętrznego poczucia pewności, przeczucia, spontanicznego pomysłu pojawiającego się w głowie niczym grzanka wyskakująca z tostera. Rozpoznasz ją intuicyjnie – właściwą decyzję, jaką należy podjąć. Kieruj się twórczą, inteligentną modlitwą. Modląc się, uświadamiasz sobie, że istnieje Nieskończona Inteligencja, która ci odpowiada: Kiedy Ją wołacie, odpowiada wam. Proście, a będzie wam dane; szukajcie, a znajdziecie; kołaczcie, a otworzą wam. Gdy poprosicie o chleb, nie dostaniecie kamienia, co znaczy, że otrzymacie idealne ucieleśnienie tego, o co prosiliście.

Kiedy używamy określenia „logiczny", mamy na myśli ocenę uzasadnioną, rozsądną, słuszną, opartą na racjonalnej zasadzie rządzącej wszechświatem, na stanie faktycznym albo na tym, co można konsekwentnie wyprowadzić. A więc to logiczne, abyś myślał o rzeczach dobrych, skoro może to wywołać tylko pozytywny efekt. Nielogiczne jest myślenie o rzeczach złych i oczekiwanie dobrych, ponieważ nasiona i myśli wydają owoce. To jest wszechświat mentalny i duchowy, a prawo mentalne jest zawsze ponad innymi. Logiczne decyzje opierają się na Nieskończonej Mądrości, wiodącej planety po ich orbitach i sprawiającej, że świeci słońce.

Pewna sprzedawczyni z domu towarowego w Los Angeles od wielu lat interesowała się giełdą i odnosiła duże sukcesy jako inwestor. Ukończyła też wieczorowy kurs przygotowujący do pracy w domu maklerskim. Odbyła jednak wiele rozmów kwalifikacyjnych, ale nie udało jej się dostać pracy – według niej z powodu jej płci. Powiedziała mi: „Po prostu nie chcą kobiet". Poradziłem jej, żeby podjęła decyzję i śmiało recytowała następującą afirmację: „Jestem zatrudniona w domu maklerskim i mam wspaniałą pensję, która mi się należy, gdyż jest to sprawiedliwe". Wyjaśniłem jej, że gdy podejmie tę decyzję, jej podświadomość odpowie i ujawni doskonały plan zrealizowania jej marzenia. Poleciłem jej też, żeby poszła za wskazówką, jaka pojawi się w jej świadomym umyśle. Trudno będzie jej nie zauważyć.

Oczywiście sprawy przybrały ciekawy obrót. Poczuła silną potrzebę, żeby zamieścić w lokalnej gazecie ogłoszenie, w którym zaoferowała dwa miesiące swoich darmowych usług, podkreślając, iż ma szerokie grono znajomych, czyli potencjalnych klientów. Natychmiast dostała oferty z trzech firm i jedną z nich przyjęła. To pokazuje, że trzeba wierzyć, iż potrafimy podjąć decyzję. Kiedy już dokonasz wyboru popartego wiarą w siły podświadomości, w twoim życiu zaczną się dziać cuda i zostawisz za sobą całą frustrację.

Ludzie, którzy boją się podejmować decyzje, nie chcą uznać własnej boskości, a przecież Nieskończoność mieszka w każdym z nas. Masz boskie i kosmiczne prawo wybierać. Możesz postanowić, że będziesz cieszyć się zdrowiem, powodzeniem, bogactwem i sukcesami, ponieważ przejmiesz kontrolę nad swoim światem. Twoja podświadomość wykona rozkazy świadomości i wszystko, co rozkażesz, stanie się prawdą. Biblia mówi: Cokolwiek człowiek zasieje w podświadomości, to zbierze. Zbierze plon na ekranie rzeczywistości w określonej formie – funkcji, doświadczeniu i zdarzeniu.

Prawo podświadomości nikogo nie faworyzuje, podobnie jak żadne inne prawo natury. Nielogiczne jest wkładanie ręki do gorącego piekarnika. Jeśli to zrobisz, poniesiesz konsekwencje. Nielogiczne jest skakanie z dachu wysokiego budynku, ponieważ prawo przyciągania ziemskiego jest bezosobowe i nie ma w nim odrobiny mściwości. Nielogiczna jest wiara, że dwa i dwa da pięć. Niemądre jest sprzeciwianie się prawom natury, niezmiennym zasadom wszechświata, stałemu porządkowi rzeczy. Nielogiczna jest kradzież, ponieważ zubaża się samego siebie. Przyciąga się niedostatek i ograniczenia i jest się jeszcze mniej szczęśliwym.

Pewien człowiek powiedział mi kiedyś: „Nie wiem, co robić ani co jest rozsądne czy logiczne, i nie potrafię podejmować decyzji". Wyjaśniłem mu, że już podjął decyzję. Postanowił o niczym nie decydować. Bardzo głupio zrobił, prawda? Czy to nie jest pozbawione logiki? Nierozsądne? Mało racjonalne? Oczywiście, że tak. Postanowił, że nie będzie decydował, co oznacza, że postanowił brać wszystko, co przyniesie mu wszechobecny umysł zbiorowy, prawo przeciętności.

To bardzo negatywne podejście. Ponadto zdał się na przypadek, jako że odmówił przyjęcia kontroli nad własnym umysłem.

Jeśli zrezygnujesz z podjęcia decyzji, to będą za ciebie wybierały okoliczności i warunki zewnętrzne. A może teściowa, teść czy jeszcze ktoś inny. Jeśli nie myślisz o sobie, może rządzą tobą myśli kogoś innego albo umysł zbiorowy? Jeśli bowiem nie wybierasz własnych myśli, podsuwa ci je prawo przeciętności. Jeżeli twojej refleksji towarzyszą strach, niepokój czy obawy, w ogóle nie myślisz. Myśli za ciebie zbiorowość, decyduje prawo przeciętności.

Prawdziwe myślenie jest wolne od strachu i niepokoju. Człowiek jest niczym inżynier – rozumuje, kierując się zasadami, odwiecznymi prawdami. Myśli są wtedy konstruktywne, oparte na prostych regułach.

Wspomniany mężczyzna zaczął więc dostrzegać, iż to niemądre, że sam nie myśli, nie rozumuje i nie wyciąga wniosków, pozwalając, żeby decyzje podejmowało za niego prawo przeciętności czy zbiorowość. Jest to bardzo negatywne podejście. Umysł zbiorowy przepełniają strach, nienawiść, zazdrość i zawiść. Jest w nim wprawdzie odrobina dobrego, ale zasadniczo jest jednak negatywny. Wierzy w tragedie i wszelkiego rodzaju nieszczęścia.

Na Boga więc, jeżeli nie myślisz za siebie, robi to za ciebie ktoś inny i nie wyjdzie ci to na dobre. Jeśli nie ty, to kto zdecyduje o tym, co czujesz?

Mężczyzna ten zmienił swoje podejście i z całą mocą stwierdził: „Wierzę w moją siłę, moje możliwości i integralność własnych procesów psychicznych i duchowych. Pytam sam siebie: «Jakie decyzje podejmowałbym, gdybym był Bogiem?» Wiem, że mam właściwą motywację i pragnienie, żeby odpowiednio postępować. U podstaw wszystkich moich decyzji leży przekonanie, iż to Nieskończona Mądrość wybiera przeze mnie. Musi to być więc właściwe działanie".

Na podstawie tej modlitwy człowiek ten zaczął podejmować wszystkie decyzje biznesowe, zawodowe i rodzinne. I wiedzie cudowne życie. Jest zdrowszy, bardziej kochający, wyrozumiały, działa bardziej efektywnie i lepiej mu się wiedzie. Wszystkie jego wybory wspiera Nieskończona Moc. Jesteś świadomą jednostką. Masz możliwość decydowania. Błędem jest pozwalanie innym wybierać za siebie albo mówienie: „Niech Bóg za mnie zdecyduje". Kiedy wypowiadasz te słowa, masz na myśli Boga istniejącego na zewnątrz, gdzieś w niebie. Bóg czy Nieskończona Inteligencja mogą działać jedynie poprzez ciebie; poprzez twoje myśli, wyobrażenia, decyzje. Boska Obecność daje ci wszystko. Stworzyła ciebie i wszechświat. Dała ci świadomość i podświadomość. Dała ci siebie. W głębi twojej podświadomości kryje się Nieskończoność, Najwyższa Inteligencja, która jest Obecnością Boga. A ty jesteś tu po to, żeby jej użyć. Kontaktujesz się z nią poprzez własną myśl. Nieskończona Inteligencja będzie więc pracować na twoją korzyść. Będzie działać poprzez ciebie, poprzez twoją myśl. Moc Uniwersalna będzie działać na płaszczyźnie indywidualnej dopiero wtedy, gdy stanie się indywidualna. Moc Uniwersalna niczego nie uczyni dla ciebie konkretnie. Musi się stać indywidualna, żeby zacząć funkcjonować.

Jesteś tu po to, żeby dokonać wyboru. Masz wolną wolę i inicjatywę. Dlatego właśnie jesteś niezależną jednostką. Zaakceptuj swoją boskość, swoją odpowiedzialność i podejmuj własne decyzje. Nikt inny nie wie, co jest dla ciebie najlepsze. Kiedy odmawiasz wyboru, w praktyce odrzucasz własną boskość; i stajesz na pozycji słabości i niższości, niczym czyjś niewolnik. Uznaj własną boskość. Jesteś istotą obdarzoną wolną wolą i możliwością wyboru. Jesteś tu po to, żeby wybrać. Wybierz teraz, komu będziesz służył. Wybierz te rzeczy, które są prawdziwe, piękne, właściwe, czyste i uczciwe oraz wartościowe. Wybierz takie myśli. Postanów, że zajmą honorowe miejsce w twoim umyśle, i trzymaj się tej decyzji.

Notoryczny alkoholik powiedział mi kiedyś, że ktoś przystawił mu pewnego dnia broń do skroni i powiedział, że strzeli mu w głowę, jeżeli ten napije się whisky w jego obecności. „Musiałem ją wypić", powiedział. „Nie mogłem się powstrzymać. Byłem uzależniony. Nie dbałem o to, czy mnie zastrzeli czy nie". Tak, to pokazuje, że miał ogromną moc. Cała siła Nieskończoności stała za tą decyzją. Istnieje tylko Jedna Moc. Chodzi o to, żebyś dostrzegł, iż cała Moc Nieskończoności stała za tą decyzją. I z niej wynikły jego dalsze doświadczenia. Ostatecznie mężczyzna ten ją zmienił. Zgodnie z moją sugestią przez dziesięć minut powtarzał z przekonaniem: „Doszedłem do ostatecznego wniosku i podjąłem decyzję, że jestem wolny od klątwy alkoholizmu. Jestem całkowicie wolny dzięki Nieskończonej Mocy, która wspiera tę decyzję. Cieszę się spokojem umysłu, trzeźwością i składam dzięki Nieskończoności". Mężczyzna ten już od pięciu lat nie tknął alkoholu i całkowicie zerwał z nałogiem. Jest nowym człowiekiem. Podjął decyzję z pełnym przekonaniem.

Moc nie kryła się w butelce, ale w nim. Dlatego też jego wybór wspierała cała Moc Nieskończoności. Zdecyduj więc teraz, komu będziesz służył.

Bóg jest Nieskończonością. Nie można Go podzielić ani pomnożyć. Biblia mówi: „Ja tworzę światło i stwarzam ciemności, sprawiam pomyślność i stwarzam niedolę. Ja, Pan, czynię to wszystko". Ten cytat jasno pokazuje, iż jest tylko Jedna Moc, która może dać ci światło, innymi słowy, wezwana świadomie przez ciebie Nieskończona Inteligencja rzuci światło na każdy problem. Musisz jedynie podjąć stanowczą decyzję. Kreujesz ciemności, kiedy mówisz: „Jestem w kropce. Nie mam wyboru. Nie mam wyjścia". To niemądre stwierdzenia. Nieskończoność zna sposób. Tylko Ona zna odpowiedź. Świadomie decydujesz, że nie ma wyjścia, że to beznadziejna sytuacja. Ale to zła decyzja. Jest nielogiczna, nierozsądna i nieracjonalna. To niemądre. Przyjmując świadomie taką postawę, mówisz: „Nieskończona Inteligencja nie zna wyjścia". I na własne życzenie żyjesz w ciemności i pomieszaniu wywołanym przez własną ignorancję albo błędne stosowanie prawa.

Spokój osiągniesz, myśląc o tym, co prawdziwe, piękne, szlachetne i boskie. Wnosisz zło do własnych doświadczeń, myśląc negatywnie, mściwie i destrukcyjnie. Innymi słowy, zadaj sobie pytanie: „Jak wykorzystuję tę moc? Jaką decyzję podjąłem?"

Zdecyduj, że wykorzystasz tę moc konstruktywnie, harmonijnie i zgodnie z Jej naturą, gdyż wtedy będziesz mógł nazwać Ją Bogiem w działaniu. Kiedy posługujesz się Nią w sposób negatywny i sprzeczny z Jej naturą, ludzie nazywają Ją szatanem, diabłem, nieszczęściem, cierpieniem, bólem, dolegliwościami i tak dalej. To cudowna Moc w tobie. Naucz się Jej używać.

W zeszłym roku rozmawiałem z człowiekiem, który dopiero co został bankrutem. Nabawił się wrzodów żołądka i miał kłopoty z nadciśnieniem. Jak sam to określił, był w opłakanym stanie. Był przekonany, że ciąży na nim klątwa, że Bóg ukarał go za popełnione grzechy, że Bóg się na niego uwziął, że dostało mu się za swoje. Ale wszystkie te przekonania były fałszywe. Wyjaśniłem mu, że dopóki będzie wierzył w ciążące nad nim fatum, będzie cierpiał z tej prostej przyczyny, że nasze przekonania przyjmują formę doświadczeń, warunków i zdarzeń. Powiedziałem mu, że musi podjąć stanowczą decyzję – iż istnieje tylko Jedna Moc, która działa spójnie, harmonijnie, ze spokojem i miłością. A ponadto w Jej naturze leży uzdrawianie i odradzanie. Dlatego też dzięki afirmacji udało mu się podjąć decyzję. A jego medytacja brzmiała tak:

> „Istnieje tylko Jeden Stwórca, Jedna Obecność, Jedna Moc. Ta Moc jest we mnie pod postacią mojego umysłu i ducha. Ta Obecność objawia się we mnie jako harmonia, zdrowie i spokój. Myślę, mówię i działam, opierając się na Nieskończonej Inteligencji. Wiem, że myśli to rzeczy. Przyciągam to, co czuję, staję się tym, co sobie wyobrażam. Nieustannie rozmyślam o tych prawdach. Podjąłem stanowczą decyzję, że w moim życiu zdarza się tylko to, co boskie i właściwe. Na wszystkich jego etapach obowiązują boskie prawo i porządek. Boskie przewodnictwo jest moje. Boski sukces jest mój. Boski dobrobyt jest mój. Moją duszę wypełnia Boża miłość. Wszystkimi moimi transakcjami rządzi boska mądrość. Gdy tylko w moim umyśle pojawi się strach lub zmartwienie,

natychmiast powiem: «Bóg mnie teraz prowadzi» albo «Bóg zna odpowiedź». Wyrobiłem w sobie taki nawyk i widzę, że w moim życiu dzieją się cuda".

Modlił się w ten sposób na głos pięć albo sześć razy dziennie. Pod koniec miesiąca stan jego zdrowia się poprawił i został partnerem w rozwijającym się koncernie. Całe jego życie się zmieniło. Podjął decyzję: istnieje tylko Jedna Moc – Moc działająca spójnie, harmonijnie, w zdrowiu i spokoju. Nie istnieją w Niej żadne podziały ani sprzeczności, nic się Jej nie przeciwstawia, nic Jej nie przeszkodzi, nic Jej nie osłabi ani nie zakłóci. W jego głowie pojawiła się nowa myśl, nowa decyzja i stała się jego mistrzem, nakłaniając go do korzystania z bogactw życia.

Odwiedziła mnie też kiedyś wyraźnie rozstrojona i zrozpaczona kobieta. Zainwestowała znaczną sumę w pewne przedsięwzięcie i zobowiązała się, że w wyznaczonym dniu wpłaci dodatkową kwotę. Ale w miarę zbliżania się terminu stawało się dla niej coraz bardziej jasne, że nie uda się jej zdobyć tych pieniędzy i straci wszystko, co już zainwestowała. Zrobiła, co było w jej mocy, podjęła wszelkie rozsądne i właściwe kroki, żeby dotrzymać zobowiązania. Była o krok od paniki, kiedy poczuła przypływ silnej wiary w Boga. Podjęła definitywną decyzję, że odrzuci wszelkie niespokojne czy negatywne myśli. Ułożyła prostą modlitwę: „Wiem, że Ty znasz odpowiedź i wskażesz mi drogę. Dziękuję Ci za to, że teraz mi ją dajesz". Później powiedziała mi: „Trzymałam się tej modlitwy jak ostatniej deski ratunku. Recytowałam ją przez całe dnie, powtarzałam ją sobie – cicho i spokojnie. Nawet śpiewałam na głos, kiedy byłam sama".

Nie minęło wiele czasu, a zauważyła, że jej lęk i rozpacz są mniejsze. Była spokojniejsza, chociaż z pozoru nic się nie zmieniło. W końcu nadszedł dzień, w którym poczuła, że w ogóle się nie martwi i niczym nie przejmuje. Wiedziała, że jej modlitwa została wysłuchana. Wspólnik wspomniał o niej przyjacielowi, który chciał zainwestować znaczną sumę i szukał sposobu pomnożenia swoich pieniędzy. To, czego ona szukała, szukało jej. Często się to zdarza, kiedy rozglądamy się za nową posadą lub pomysłem na biznes.

Myśli są naszymi mistrzami. Od naszej decyzji zależy, co stanie się naszym udziałem. Niech boskie myśli zajmą w twojej głowie honorowe miejsce i modląc się, obserwuj dziejące się cuda. Kryje się w tobie cudowna Moc. Zacznij Jej używać. To Moc Wszechmogącego, Tego Jedynego, który żyje w sercu każdego z nas. Powiedz „tak". Podejmij decyzję. Powiedz „tak" wszystkim myślom i prawdom – uzdrawiającym, błogosławiącym, inspirującym, uwznioślającym i uszlachetniającym twoją duszę. Powiedz definitywne, zdecydowane „nie" absolutnie wszystkim negatywnym myślom, wszystkiemu, co rodzi strach, ciągnie cię w dół i wywołuje wątpliwości. Odrzuć wszystkie te sugestie, gdyż nie ma dla nich miejsca w Domu Bożym.

Zdecyduj odnośnie do tych dwóch słów: „tak" dla zdrowia, szczęścia, spokoju, życia w dobrobycie; „nie" dla choroby, nieszczęścia, cierpienia i ubóstwa. Odrzuć te myśli. Odrzuć wszelkie sugestie, które nie przepełniają twojej duszy radością. Odrzuć wszelkie refleksje, które nie zwiększają twojej pewności i wiary w siebie. Nie odkładaj do jutra tego, co możesz zrobić dzisiaj. Co masz zrobić jutro, zrób dzisiaj. Jeżeli odkładasz to na później i zastanawiasz się, co powinieneś zrobić i kiedy podjąć decyzję, popadasz w neurozę, frustrację i rozczarowanie. Zamykasz się we własnym więzieniu.

Jeśli masz właściwą motywację, jeśli coś wydaje ci się dobre, podejmij decyzję. O wiele lepiej jest zrobić to, co trzeba, niż nie zrobić nic. „Albowiem człowiek jest tym, co ma w sercu". Serce jest twoją podświadomością, źródłem twoich emocji i uczuć. Dlatego też twoja uczuciowa natura (Duch w tobie) zależy od tych myśli lub wyobrażeń. Twoja myśl i uczucie kreują twój los. Twoja myśl i uczucie kształtują twoje życie i przeznaczenie. Zdarzy się wszystko, o czym myślisz i w co wierzysz. Podejmij decyzję od razu.

Pewnemu mężczyźnie zaproponowano dwie posady. Obydwie wydawały mu się atrakcyjne. Ktoś miał do niego zadzwonić o godzinie drugiej, żeby poznać jego decyzję, a on powiedział mi: „Nie mam szczególnych preferencji odnośnie do żadnej z nich. Obydwie wydają się ciekawe. Są praktycznie takie same". Poradziłem mu: „Kiedy o drugiej zadzwonią do ciebie, a ty będziesz miał dobre odczucia i właściwe podejście, bez żadnych ukrytych motywów, uznaj, iż jest to dobre przekonanie. A wtedy niezależnie od tego, czy przyjmiesz, czy odrzucisz ich propozycję, będziesz miał rację". Zgodził się ze mną. Dodałem więc: „Czego, na Boga, się obawiasz, jeżeli masz właściwą motywację, a sprawa twoim zdaniem wygląda dobrze?" Właściwe postępowanie jest zgodne z pewnymi prawami, niewłaściwe zaś nie. Dlatego też uznaj, że coś jest dobre, a takie się stanie.

Tom Monaghan nie uchylał się od podejmowania decyzji. W ciągu trzydziestu lat stworzył i rozwinął firmę Domino Pizzas – zaczynał od jednej pizzerii, a skończył na sieci kilku tysięcy lokali. W roku 1989 postanowił sprzedać to doskonale prosperujące przedsiębiorstwo i skupić się na działalności filantropijnej. Ale jego plan się nie powiódł. Po dwóch i pół roku nowy właściciel firmy doprowadził ją na skraj bankructwa, więc Monaghan podjął trudną decyzję, żeby odłożyć na bok to, czym chciał się zajmować, i ocalić Domino.

Odbudowanie firmy i rozszerzenie jej działalności wymagało ciężkiej pracy i wytrwałości, ale Monaghan wykształcił w sobie niezbędną do tego determinację we wczesnej młodości. Chociaż dzieciństwo spędził w niedostatku, biedzie i pośród różnych patologii, udało mu się zostać wielkim przedsiębiorcą. Znów musiał się więc zmobilizować, żeby nie tylko przywrócić Domino poprzednią świetność, ale też rozbudować sieć do sześciu tysięcy lokali, z czego tysiąc sto miało się znajdować poza Stanami Zjednoczonymi.

Kiedy firma stanęła na nogi, przed Monaghanem pojawiło się kolejne, jeszcze poważniejsze wyzwanie. Działania promocyjne Domino koncentrowały się na gwarancji szybkiej dostawy. Firma zapewniała, że klient otrzyma pizzę w ciągu trzydziestu minut. Doprowadziło to do serii procesów wytoczonych przez osoby utrzymujące, że ucierpiały w wypadkach spowodowanych przez dostawców Domino, przekraczających dozwoloną prędkość, aby zdążyć z dostawą. Rodzinie kobiety, która rzekomo została zabita przez pracownika Monaghana w Indianie, przyznano odszkodowanie w wysokości trzech milionów dolarów. Ostatecznym ciosem było zasądzenie innej kobiecie siedemdziesięciu ośmiu milionów dolarów.

Po tym zdarzeniu Domino zrezygnowało z gwarancji dostawy w pół godziny, ale pomimo katastrofy finansowej Monaghan się nie poddał. Zainwestował w firmę jeszcze więcej pieniędzy, czasu i energii i ponownie wyprowadził ją na prostą. Parł do przodu dzięki wytrwałości i pozytywnemu nastawieniu i zaraził swój zespół wiarą w zwycięstwo, sprawiając, że Domino stało się liderem na rynku.

Kilka lat temu rozmawiałem w hotelu z pewnym dziewięćdziesięcioletnim mężczyzną, który poruszał się o kulach. Po dłuższej rozmowie przyznał: „Wie pan, gdy miałem sześćdziesiąt lat, chciałem objechać kulę ziemską. Chciałem zabrać żonę w podróż dookoła świata. Odłożyłem to jednak na później. Powiedziałem sobie: «Poczekam, aż córka dorośnie i wyjdzie za mąż». Żona zmarła, a ja cierpię na artretyzm i nigdy nie zrealizuję tego marzenia". Odłożył ten pomysł na później. Ani on, ani jego żona nie przeżyli radości z tej podróży. Nie chciał podjąć decyzji. Zwlekał z nią do czasu, aż córka dorośnie, co było pozbawione sensu. Bierz to, co dobre, tu i teraz. Nie czekaj na nic. Podróż dookoła świata nie ma bowiem nic wspólnego z tym, czy twoja córka wyjdzie za mąż. Chodzi o ciebie. Zdecyduj się. Dokonaj wyboru. Jeżeli masz właściwą motywację, decyzja też będzie właściwa. Tak działa Bóg.

Jeśli sam nie podejmiesz decyzji teraz, zrobią to za ciebie krewni. A może zmuszą cię do niej warunki czy okoliczności? Módl się i uznaj, że prowadzi cię Nieskończona Inteligencja. Zaakceptuj Zasadę Przewodnią w sobie. Uznaj, że podejmujesz właściwe działanie. Zasada Przewodnia kryje się w tobie. Jeżeli jej nie zastosujesz, wyprzesz się jej istnienia. Pierwszy impuls, jaki czujesz, zwykle jest prawidłową odpowiedzią.

Wszystkie pomysły kryją się w twojej podświadomości. Tam właśnie odpowiedzi na swoje pytania znajduje naukowiec, archeolog, paleontolog, lekarz. Nadchodzą one z głębi. Za to właśnie płacisz podatek, prawda?

Inżynier płaci podatek od cierpliwości i od wiedzy z zakresu inżynierii. Chemik też płaci podatek, i lekarz. Jeżeli przeprowadza sześciogodzinną operację, opodatkowane są jego pomysłowość, umiejętności, wiedza, wiara i pewność siebie. Czasem płacimy też podatek od miłości, prawda? Musisz więc podjąć decyzję. Ciąży na tobie podatek, a regulujesz go, podejmując decyzje. W ten sposób pozbywasz się frustracji, wątpliwości, gniewu i smutku.

Módl się o przewodnictwo i decyzję następującymi słowami:

> „Prowadzi mnie Nieskończona Inteligencja. W moim życiu realizowane są właściwe działania. Żyję w cieniu Górującej Obecności, poruszam się i funkcjonuję w jej obrębie. Otwiera Ona przede mną drzwi. Idę tam, dokąd prowadzą mnie jasne wskazówki. Wszystko przekazuję teraz głębszym pokładom umysłu i wracam do swoich spraw".

Wtedy twoją odpowiedzią będzie pierwszy pomysł, pierwsza koncepcja, jaka przyjdzie ci do głowy. Wyłoni się z twego wnętrza. Nie polemizuj z nią ani nie omawiaj jej z rodziną. Jeżeli to zrobisz, w twojej głowie nagle pojawi się dwadzieścia innych myśli. Chodzi tu o wewnętrzne poczucie kontaktu, wewnętrzne niewypowiedziane poczucie posiadania duszy.

Spróbuj czasem przed udaniem się na spoczynek

wyrecytować następujące słowa: „Nieskończona Inteligencja odkrywa przede mną odpowiedź, właściwą decyzję. Będzie nią pierwsza myśl, jaka pojawi się po przebudzeniu". Przyjrzyj się jej więc. Nie chodź nerwowo po pokoju i nie analizuj jej. Odpowiedź sama nadejdzie. Przywołujesz do siebie boski porządek i prawo. Przywołaj do swojego życia boskie, właściwe działanie. Boskie prawo i porządek oznaczają, że w twojej podświadomości działają prawa harmonii, piękna, miłości, spokoju i obfitości, nie zaś ludzkie prawa, poglądy, dogmaty i tradycje. Oznacza to także, że wyrażasz siebie na swoim najwyższym poziomie. W cudowny sposób uwalniasz swoje talenty jako człowiek prawy i uczciwy. Otrzymujesz również wspaniałą i cudowną rekompensatę. Powinieneś mieć tyle pieniędzy, ile potrzebujesz, i wtedy, kiedy potrzebujesz. Powinny być ci dostępne i pozostawać w obiegu. Gdy możesz robić to, co chcesz i kiedy chcesz, jesteś naprawdę bogaty. Oto boskie prawo i porządek. Jeśli nie możesz kupić samochodu, kiedy go potrzebujesz, to nie jest boskie prawo i porządek. Dzieje się wtedy coś naprawdę złego.

Wierzysz więc we właściwe działanie. Istnieje zasada właściwego działania. Nie ma zasady niewłaściwego działania. Kiedy więc ktoś mówi: „Pewnie popełniam jakiś błąd", powinien zmienić podejście i uwierzyć, że istnieje zasada właściwego działania, tak jak koła samochodu muszą być okrągłe. Jeżeli nie są, zabijesz się. Oto właściwe działanie. Ogłoś, że jesteś w cieniu Wszechmocnego. „Mówię do Pana, ucieczko moja i twierdzo, mój Boże, któremu ufam". Czyż to nie wspaniała modlitwa o pomoc i właściwe działanie? „Kto przebywa w pieczy Najwyższego..." – przebywasz i rozmawiasz z Bogiem we własnym umyśle. „Kto (...) w cieniu Wszechmocnego mieszka, mówi do Pana: «Ucieczko moja i twierdzo, mój Boże, któremu ufam». Okryje cię swymi piórami i schronisz się pod Jego skrzydła".

Czemu więc miałbyś się martwić, czy podejmiesz właściwe działania? Przecież prowadzi cię Zasada Przewodnia. Słyszysz, że anioły będą cię chronić. Anioły to rodzące się w tobie inteligencja, mądrość i twórcze pomysły. Jesteś więc prowadzony do twojego miejsca w życiu, w stronę właściwych działań, gdyż zaczyna cię przenikać to, co najwyższe i najlepsze. Postaw Boga na pierwszym miejscu. Bóg jest Najwyższą Inteligencją, która sprawiła, że twoje serce zaczęło bić. Kontroluje twoje najważniejsze organy. Chroni cię. W Jego naturze leży uzdrawianie i odradzanie.

Zdecyduj dziś, komu chcesz służyć. Wybierz harmonię.

Wybierz właściwe działanie. Wybierz piękno, obfitość i bezpieczeństwo. Wybierz je, ponieważ Wyższa Istota to Bóg, a Wszechpotężna Moc zacznie działać na twoją korzyść. Musisz się jednak do niej zwrócić. Zdecyduj o tym, kierując się rozsądkiem, a nie emocjami.

Pewien człowiek rozgniewał się na swojego szefa. Przepełniała go gorycz i niechęć. Powiedział mu, co o nim myśli, i wzburzony odszedł z pracy. Znalazł sobie inną posadę i wyznał mi: „W tej pracy mam więcej problemów niż w poprzedniej". Podjął decyzję, czując gniew, urazę i niechęć. Dał się ponieść tym emocjom. A decyzje podejmuje się na podstawie realistycznej oceny, kierując się mądrością i zrozumieniem. Przemyśl sprawę. Rozważ plusy i minusy. Bądź racjonalny i rozsądny. Człowiek ten zdał sobie sprawę, że podjął niewłaściwą decyzję. Ty bazuj na stanie faktycznym. Zastanów się. Czy postępujesz rozsądnie i logicznie? Zdobądź wszelkie dostępne dane. Spróbuj rozwiązać sprawę z obiektywnego punktu widzenia, ponieważ to jest właściwe podejście. Do niczego się nie nakłaniaj, nie zmuszaj. Nie zaciskaj zębów i pięści. Nie mów: „Muszę dostać odpowiedź w określonym czasie" czy „Sędzia musi mi przedstawić decyzję do 15 kwietnia". To bez sensu.

Zrób wszystko, co w twojej mocy. Bądź obiektywny, spokojny, pełen wiary i przekonania o słuszności twoich kroków. Jeżeli nie masz jasności w danej sprawie, podejmij decyzję na podstawie przeczuć i wrażeń, czy sytuacja lub inwestycja wydaje się atrakcyjna. Nigdy się nie wahaj, jeżeli masz właściwą motywację i modlisz się o to, żeby postąpić mądrze. Powiedz: „To jest Bóg w działaniu" – i uznaj, że jest to dobre. Czemu miałbyś się wahać?

Czemu miałbyś się wahać i czekać? Nabawić się nerwicy? Sfrustrować się? Podejmij decyzję. Podejmij ją, nie zwlekając. Chodzi tu o przekonanie o własnej racji, które pojawia się, kiedy ktoś dzwoni i mówi: „Muszę teraz poznać odpowiedź". Modliłeś się o nie i rozmyślałeś o nim, a zatem twoja pierwsza odpowiedź będzie właściwa.

Pozbądź się wszelkich z góry przyjętych założeń. Pewien mężczyzna zapytał mnie, czy podjął właściwą decyzję. Ja zaś spytałem go, czy opierał się na Złotej Zasadzie i prawie miłości. Wtedy poczerwieniał na twarzy. „Cóż", powiedziałem, „sam sobie udzieliłeś odpowiedzi". Jeżeli twoja decyzja prowadzi do tego, żeby kogoś wykorzystać, zamydlić komuś oczy lub go oszukać, to będzie błędna; ponieważ raniąc innych, ranisz siebie. Czy zatem twoja decyzja opiera się na Złotej Zasadzie i prawie miłości? Miłość polega na tym, że innym życzymy tego, co sobie. Kiedy kogoś kochasz, cieszysz się, gdy ta osoba staje się tym, kim pragnęła się stać, i wyraża to, co pragnęła wyrazić.

Rozmawiam z czterdziesto- i pięćdziesięcioletnimi kobietami, których matki podejmują za nie wszystkie decyzje. Kiedy na to pozwalasz, ograbiasz się z własnej inicjatywy, własnego doświadczenia, własnej boskości; boska Obecność jest bowiem w tobie. Jesteście bogami; wszyscy jesteście dziećmi Najwyższego. Jesteście tu po to, żeby wybierać, podejmować decyzje, kształtować i tworzyć własny los. Naucz się tego. Zacznij już teraz. Gdy człowiek kończy sześć, siedem lat, już powinien – pod nadzorem dorosłych – podejmować niektóre decyzje. Natomiast osiemnastolatek bez wątpienia powinien decydować o sobie sam: wyprowadzić się z domu, wynająć własne lokum, zakasać rękawy i wziąć się do pracy. Naucz się podejmować decyzje, przejmij inicjatywę.

Pewien mężczyzna powiedział: „Kiedy jestem nieco zagubiony i nie wiem, co robić, nie ukrywam tego i modlę się. Czasem rzucam monetą. Ale – zauważył – wiem, że każde działanie jest lepsze niż jego brak, więc w końcu podejmuję decyzję".

Gdy podczas podróży do San Francisco pomylisz drogę, a ktoś ci powie: „Skręć w prawo. To właściwa droga", zdasz sobie sprawę, że jechałeś w złym kierunku. Lecz potem jedziesz już w dobrym, prawda? Jesteś na właściwej drodze. Przecież nic się nie stało.

Pomyliłeś się. Każdy popełnia błędy. Czy w szkole nie popełniłeś ich setki? Dlatego miałeś ołówek z gumką. Każdy, łącznie z twoją matką i ojcem, wiedział, że będziesz je popełniał. A zatem podejmując kolejne decyzje, nie trać zapału i radości.

To nie sprawy trzymają wodze. Okoliczności nie tworzą okoliczności. Warunki nie mają mocy twórczej. Poza tobą nie istnieją żadne siły. Nie oddajesz władzy rzeczom, które zostały stworzone. Nie oddajesz władzy światu zjawisk. Oddajesz władzę Stwórcy, Najwyższej Inteligencji, która jest w tobie. Wystrzegaj się niezdecydowania obecnego w wielu modlitwach.

Ludzie pytają: „Czy powinienem się modlić o bogactwo?" Co za absurd! Jakie to niedorzeczne! „Czy mam prawo modlić się o sukces? Może Bóg nie chce, żebym go odniósł?" To głupota. To prawo dżungli. To zbyt głupie, żeby to ująć w słowach. „Czy Bóg chce, żebym śpiewał?" Cóż, jeżeli Bóg obdarzył cię głosem, to chce, byś śpiewał. Masz w sobie zdolność śpiewania. Jeżeli umiesz śpiewać i masz w sobie ten dar, to śpiewaj. Nie czekaj, aż Bóg zaśpiewa. Bóg będzie śpiewał poprzez ciebie. Bóg jest Jedyną Obecnością i Mocą. Jeśli masz potrzebę malowania, to maluj. Jeśli kochasz zwierzęta albo bardzo chciałbyś zostać chemikiem lub muzykiem, zajmij się tym, co cię interesuje.

Ludzie pytają: „Czy powinienem się modlić o samochód?" Czym jest samochód? To idea w umyśle Boga, nic więcej. To manifestacja Bożego Ducha. To Bóg przed twoim domem, przyjmujący formę samochodu. To nic innego jak Bóg. Bóg jest Duchem, Bóg jest trawą. Ubrania, które nosisz, też są Bogiem. A Bóg i dobra to jedno i to samo. Wejdź do sklepu i powiedz:

„To są dobra". Co masz na myśli? Bóg i dobro to jedno i to samo. Dobra to Duch, który się zamanifestował. Jabłko na drzewie to zamanifestowany Duch. Istnieje tylko Duch. Wszystko jest stworzone z Niego. Świat materialny to zamanifestowany Duch. Wszystko, czego dotykasz, to zamanifestowany Duch.

Pytasz, czy to dla ciebie właściwe. Równie dobrze mógłbyś zapytać: „Czy powinienem się ożenić?" To absurdalne. Wątpliwości te wynikają z przesądów, ignorancji i strachu. Ograbiają umysł ze stanowczości i mocy. Modląc się o pomoc, co jest wyższą formą modlitwy, rozprawiasz się z teologicznym podejściem, ponieważ zaczynasz przyjmować nauki od swojego wyższego ja. Duch prawdy objawi ci wszystkie prawdy. Powiedz: „Bóg mnie teraz prowadzi. W moim życiu realizowane są tylko właściwe działania. Duch prawdy objawi mi wszystkie prawdy". Podjąłeś wspaniałą decyzję. Bądź stanowczy. Postaw sobie cele. Oznajmij, co chcesz osiągnąć. Twoje zyski będą się wiązały z ryzykiem, tak jak to zwykle bywa w biznesie. Twoja modlitwa zostanie wysłuchana zgodnie z siłą twojej wiary. Twoja podświadomość jest tym, co wiesz na poziomie świadomym i podświadomym. Jeśli modlisz się o dobrobyt, sukces, osiągnięcia i zwycięstwo i podejmiesz decyzję, mówiąc: „Dobrobyt jest mój. Będę bogaty. Będę miał tyle pieniędzy, ile potrzebuję, żeby robić to, co zechcę i kiedy zechcę", wtedy twoja podświadomość ci odpowie. Ale odpowiedź ta będzie zależała od twojego stanu umysłu w danym momencie. Patrz wyżej, a dotrzesz wyżej.

W wielu regionach świata kupcy ustalają bardzo wysokie ceny, bo liczą na to, że turysta będzie się z nimi targował. W końcu kilkakrotnie obniżają cenę, a i tak osiągają zysk. Jeżeli modlisz się o dobrobyt i sukces, a zazdrościsz innym ich osiągnięć w pracy czy majątku, wtedy na twojej drodze do tego, co dobre, stają negacja, niechęć, zawiść, zazdrość, które hamują twój rozwój. No i oczywiście utrudniają też osiągnięcie dobrobytu.

Cesarz Niemiec Fryderyk Wielki zgromadził ogromny majątek. Właściwie dokonali tego jego podwładni. Pewnego upalnego dnia wokół stołu zebrali się członkowie jego gabinetu, których spytał: „Co dzieje się ze wszystkimi zebranymi przez nas pieniędzmi?" Na stole stało naczynie z lodem. Jeden z mężczyzn wziął z niego kawałek lodu i podał go następnemu, aż maleńka bryłka w końcu dotarła do króla. „Oto twoja odpowiedź, panie", powiedział. Otóż to. Jeżeli surowo traktujesz siebie albo zazdrościsz innym, blokujesz strumień nieskończonego oceanu bogactw, który mógłby przez ciebie przepływać. Dlatego też życz innym tego, czego życzysz sobie. Miłość bowiem jest prawem w działaniu. Miłość jest życzliwością. Życz każdemu tego, czego życzysz sobie.

Negatywne stany umysłu – żal, wyrzuty sumienia, nienawiść, utrapienia, urazy, szukanie odpowiedzi na zewnątrz, oddawanie władzy ludziom, warunkom i okolicznościom – ograniczają bogactwa Nieskończoności. Bądź całkowicie posłuszny i oddany. Oczekuj wszystkiego od Tego, który daje nam życie, oddech i inne rzeczy. Pojmij to właściwie. Podejmij tę decyzję. Zwróć się do Źródła i wtedy podejmij decyzję. „Z głębi serca życzę wszystkim na świecie bogactwa Nieskończoności: zdrowia, szczęścia, spokoju i wszystkich błogosławieństw życia". Potem patrz, jak płyną do ciebie energia i bogactwo.

To właśnie powstrzymuje tak wiele osób. Traktują siebie surowo, mają wyrzuty sumienia, przeżywają utrapienia i urazy. Nie szukają jednak lekarstwa na taki stan umysłu. Nie cieszą się bogactwem. Prawdziwy sukces bowiem to osiągnięcie duchowe. Skończ z tym zrzędliwym krytycyzmem, ponieważ pogarszasz jakość dóbr, jakie otrzymujesz. Wynieś Boga na wyżyny w sobie, gdyż On potrafi uzdrawiać.

Podejmując decyzję, zawsze pamiętaj o tym, że wspiera ją potęga Wszechmogącego, niezależnie od tego, czy jest ona właściwa czy nie. To jest decyzja teologiczna. Tkwi w tobie potęga umysłu. Jest w tobie prawo życia. Ono wie, jak cię chronić. Jest w tobie. Goi ranę na twoim palcu. Budzi cię, kiedy mówisz: „Chcę wstać o trzeciej nad ranem", a w pokoju nie ma zegarka. Jest w tobie Inteligencja kontrolująca wszystkie twoje główne organy, twój oddech i uzdrawiająca cię oraz odradzająca. Nieskończoność nie może cię karać. Życie nie może cię karać; Absolut nie może cię karać; prawo cię nie karze. Sami siebie karzemy naszym negatywnym, destruktywnym myśleniem; nieprawidłowym stosowaniem zasad. Dobry sędzia nie karze; po prostu odwołuje się do prawa.

Przestań podejmować nielogiczne decyzje. Poznaj prostą prawdę. Wykorzystujemy moc Nieskończoności przeciwko nam samym. Jesteś świątynią Boga Żywego, a Królestwo Boże jest w tobie. Dlatego też są w tobie Nieskończona Mądrość i Nieskończona Moc. Jakie decyzje byś podejmował, gdybyś był Bogiem? Decydowałbyś o właściwych działaniach, harmonii, spokoju, miłości i życzliwości, prawda? Zacząłbyś myśleć, mówić i działać jak Nieskończone Centrum,

Nieskończona Moc. Nie podejmowałbyś decyzji na podstawie punktu widzenia jakiegoś starego teologa czy słów własnej babki. Powiedziałbyś: „We mnie jest Zasada Przewodnia i to na jej podstawie będę podejmował decyzje, ponieważ jest ona absolutną harmonią i absolutnym spokojem". Przestań zaprzeczać własnej boskości.

Twoja babcia nie zawsze ma rację. Jeśli chcesz się ożenić, podejmij decyzję i powiedz: „Nieskończona Inteligencja doprowadzi mnie do właściwej osoby, która będzie dla mnie odpowiednia pod każdym względem. Głębsze strumienie mojej świadomości połączą nas ze sobą". Zaufaj Nieskończonej Inteligencji. Nie pytaj mamy albo babci, czy powinnaś wyjść za tego mężczyznę albo czy powinieneś ożenić się z tą kobietą, ponieważ przeczysz wtedy własnej boskości. Mówisz: „Zobaczcie, nie potrafię wybrać" – a przecież potrafisz. To twoje prawo.

Pewna osoba stwierdziła: „Gdyby Bóg chciał, żebym był zdrowy, toby mnie uzdrowił". To oczywiście pewnego rodzaju bluźnierstwo, gdyż życie ma to do siebie, że uzdrawia i odradza. Kiedy się oparzysz, obrzęk znika i pojawia się nowa tkanka. Kiedy się skaleczysz, pojawia się trombina, która zabliźnia ranę. Zabija też zarazki, wnikające do organizmu.

Jak mówił Emerson, istnieje Jeden Umysł wspólny dla wszystkich. A ty jesteś tutaj, żeby dokonywać wyboru. Jesteś narzędziem Boga, który potrzebuje cię tu, gdzie jesteś. Inaczej by cię tutaj nie było. Dlatego też jesteś tu po to, żeby pomnażać wszystko, co pozostaje w zgodzie z Nieskończonością. Możesz podejmować decyzje – prawidłowe, racjonalne, logiczne i rozsądne. Natura i Bóg mają to do siebie, iż pragną dla ciebie lepszego życia, prawdy, miłości i piękna. To głupota i przesąd mówić: „Gdyby Bóg chciał mnie uzdrowić, toby mnie uzdrowił". To bluźnierstwo, ponieważ wygłaszasz w ten sposób kłamstwa na temat Nieskończoności. Kłamiesz o Nieskończonej Istocie.

Znam ludzi, którzy zamiast się rozwieść, żyli ze sobą w nienawiści i wzajemnej niechęci przez wiele lat. Twierdzili, że robią to dla dobra dzieci. Cóż, dzieci kształtuje panująca w domu rzeczywistość psychiczna i emocjonalna. Dlatego zostawały one młodocianymi przestępcami i ciągle chorowały, ponieważ żyły w atmosferze nienawiści, niechęci, wrogości i wściekłości. To przerażające. Podejmij decyzję. Uświadom sobie, iż o wiele uczciwiej, godniej, bardziej po bożemu jest zerwać z kłamstwem, niż w nim żyć. Życie w kłamstwie i zarażanie nim umysłów ludzi wokół musi być przerażające. Przecież masz większy szacunek dla kobiety, która się rozwiodła, niż dla tej, która żyje w kłamstwie przez dwadzieścia czy dwadzieścia pięć lat.

Ludzie czasem boją się podjąć decyzję z powodów religijnych, politycznych czy finansowych. Część z nich wolałaby nawet dostać raka, gruźlicy czy artretyzmu, niż zerwać z kłamstwem. Wiele osób codziennie postanawia coś z tym zrobić, ale nie podejmuje żadnych działań. Masz teraz w sobie całą moc życia, która umożliwia natychmiastowe podjęcie decyzji. Życie w kłamstwie jest nielogiczne.

Widziałem ludzi dokonujących rozsądnego wyboru: „Powstanę i pójdę do mojego Ojca", „Nie będę dłużej żył w ten sposób". Powodzenie małżeństwa czy powodzenie w interesach nie zależą tylko od jednej osoby. Jeżeli biznes prowadzą dwie osoby, a jedna z nich bez przerwy jest pijana, obraża klientów, powoduje kłótnie, to prędzej czy później firma zbankrutuje. Tacy wspólnicy powinni zakończyć współpracę, pobłogosławić się nawzajem i pójść każdy w swoją stronę. Powinni podjąć decyzję, że teraz dopiero będą szczęśliwi i spełnieni, ponieważ ich dotychczasowe życie nie toczyło się właściwym torem. Powinni zacząć stosować Złotą Zasadę i prawo miłości.

Postępuj właściwie. Jesteś na to gotowy. Zasada Przewodnia jest w tobie. Bóg pragnie, żebyś był szczęśliwy. Jesteś tu, żeby pomnażać boskie prawdy. Jesteś tu po to, żeby chwalić Boga i cieszyć się Nim na wieki. Taka powinna być twoja decyzja. Powinieneś zdecydować, że będziesz wiódł pełne i szczęśliwe życie. Bóg nam wszystkiego obficie udziela do używania. Bóg uczynił cię bogatym, czemu więc jesteś ubogi? Bóg nas stworzył po to, byśmy wiedli życie obfite. Przedtem o nic nie prosiłeś; teraz poproś, by twoja radość była pełna. W Bogu jest pełnia radości; w Nim nie ma żadnej Ciemności. Jest w Nim moc życia. Jak już wcześniej mówiłem, niezdecydowanie nie istnieje. Jest tylko decyzja. Jeśli więc ktoś postanawia nie podejmować decyzji, zrobi to za niego umysł zbiorowy i w jego życiu zapanuje chaos. Umysł zbiorowy wierzy bowiem we wszelkiego rodzaju tragedie i nieszczęścia. Jego przekonania są zwykle bardzo negatywne. A ty przecież nie chcesz myśleć w ten sposób. Tylko jeśli co rano nie podejmiesz decyzji, iż naładujesz swoje psychiczne i duchowe baterie prawdami boskimi, to kto będzie myślał za ciebie? Kto będzie rządził twoimi emocjami? Kto będzie rządził twoim nastrojem? Kto wybiera to, co czujesz?

Kryją się w tobie Moc i mądrość Nieskończoności, a ty jesteś tu po to, żeby z nich korzystać. Podejdź do wody i napij się. Kupuj wino i mleko, chociaż nie masz pieniędzy; i nie patrz na cenę. Cena jest przekonaniem, rozpoznaniem. Przyjmij takie założenie... Załóż, że istnieje Wszechpotężna Moc. Twoje założenia, jak mawiał Churchill, scementują się w fakty.

Gdy zgubisz się, łowiąc ryby w górskim strumieniu, i zobaczysz starego człowieka, spytasz go: „Jak mam wrócić na główną drogę?" A on udzieli ci dokładnych wskazówek. Kiedy go posłuchasz, okaże się, że miał rację. Założyłeś, że to, co mówi, jest prawdą, i twoje założenie scementowało się w fakt, prawda? Załóż więc, że jest w tobie Nieskończona Inteligencja, która wprawiła w ruch twoje serce, wywołuje zarost na twojej twarzy, sprawia, że trawisz to, co zjesz. Strzeże cię, kiedy mocno śpisz. Budzi cię o wybranej przez ciebie godzinie. Odpowiada ci, kiedy mówisz: „Nieskończona Inteligencja wyjawi mi odpowiedź w sprawie tej inwestycji". Pragnie cię uzdrawiać. Możesz wstać rano z łóżka z głębokim przeczuciem, żeby czegoś nie zrobić. To głos Boga, który cię ostrzega.

Rozmawiałem z kobietami, z setkami kobiet. Mówiły: „Idąc do ołtarza, wiedziałam, że nie powinnam brać ślubu z tym człowiekiem". Było to uporczywe przeczucie, silne wrażenie, Prawo Zycia, które chciało je chronić. Ale one je zignorowały. Odrzuciły je. I oczywiście musiały się rozwieść. Idź za nim. To jest to wewnętrzne poczucie więzi.

Jeden z moich wiernych modlił się ostatnio w intencji pewnej inwestycji w Nevadzie: „Prowadzi mnie Nieskończona Inteligencja. Pokaże mi i mojej żonie właściwą drogę w tej sprawie". Uznał istnienie Przewodniej Zasady. Nie było żadnych „jeżeli", „ale" ani „i". Zanim podjął decyzję, przyśniło mu się w nocy, że szefowie firmy, w którą zamierzał zainwestować, znajdują się w więzieniu, otoczeni przez strażników. Obudził się i wiedział już, że ma do czynienia z oszustami. Gdyby przekazał im pieniądze, straciłby wszystko.

Skoro podjąłeś decyzję, iż jest w tobie Zasada Przewodnia, w twoim życiu zaczną się dziać cuda. Gdy musisz dokonać trudnego wyboru albo nie widzisz rozwiązania problemu, natychmiast zacznij myśleć pozytywnie. Jeżeli przejmujesz się i zamartwiasz, w rzeczywistości przestajesz myśleć. Prawdziwe myślenie jest wolne od strachu. Wycisz umysł, uspokój ciało. Poleć mu, żeby się zrelaksowało – musi cię posłuchać. Twoje ciało nie ma wolnej woli, inicjatywy ani świadomej inteligencji. Jest emocjonalnym dyskiem, który rejestruje twoje przekonania i wrażenia. Skoncentruj się, skup na rozwiązaniu problemu. Niczym detektyw znajdź je przy pomocy świadomego umysłu. Wyobraź sobie, jaki byłbyś szczęśliwy, znając idealne wyjście z sytuacji. Zdobądź wszelkie możliwe informacje. Pomyśl, jak byś się czuł, gdybyś je miał. Niech twój zrelaksowany umysł oswoi się z tym doznaniem. Kładąc się spać, rozmyślaj o odpowiedzi. Jeżeli nie śpisz, a jeszcze jej nie poznałeś, zajmij się czymś innym. Istnieje prawdopodobieństwo, że gdy będziesz zajęty innymi sprawami, odpowiedź pojawi się w twojej głowie jak grzanka wyskakująca z tostera.

Szukaj w podświadomości najprostszych wskazówek. Pewien mężczyzna zgubił cenny pierścionek, pamiątkę rodzinną. Szukał go wszędzie, lecz nie mógł znaleźć. W nocy skontaktował się z podświadomością w sposób, jaki ci opisałem. Powiedział sobie przed zaśnięciem, że rozmawia z wyższą jaźnią; podjął decyzję, że w Nieskończoności nic nie ginie. Powiedział do swojej wyższej jaźni: „Ty wiesz o wszystkim. Jesteś najmądrzejsza. Jesteś wszechobecna. Wiesz, gdzie jest ten pierścionek. Teraz wskazujesz mi to miejsce". Oto modlitwa. Oto podjęcie decyzji. To nie są żadne brednie. Rano zerwał się z łóżka, słysząc w uszach dzwoniące słowa: „Zapytaj Roberta". Robert był jego synem. „A, tak" – odpowiedział. „Znalazłem go na podwórku, kiedy bawiliśmy się z chłopakami. Położyłem na biurku w moim pokoju. Nie myślałem, że jest coś wart, więc o nim nie wspominałem". On zna odpowiedź. Jeśli Go wezwiesz, podpowie ci ją; będzie z tobą w trudnych chwilach; wyniesie cię na Wysokości, ponieważ znasz Jego imię. W ciszy i ufności leży wasza siła. Napisano: „On troszczy się o ciebie". Bóg zna odpowiedź.

KRÓTKO MÓWIĄC

Najważniejszą cechą człowieka jest moc decydowania i dokonywania wyboru. Umiejętność inicjowania działań na podstawie tego wyboru dowodzi, że Bóg dał nam moc tworzenia.

Mówiąc „logiczny", mamy na myśli uzasadnioną, rozsądną, słuszną, opartą na racjonalnej zasadzie rządzącej wszechświatem, stanie faktycznym albo dającą się wywnioskować ocenę. To oczywiste, że powinieneś myśleć o rzeczach dobrych, skoro może to przynieść tylko pozytywne efekty. Nie ma sensu myśleć o rzeczach złych i oczekiwać dobrych, ponieważ nasiona czy myśli wydają swoje owoce. Masz boskie i kosmiczne prawo wybierać i podejmować decyzje. Możesz zdecydować, że będziesz zdrowy, szczęśliwy, będziesz cieszyć się dobrobytem i sukcesem, ponieważ panujesz nad własnym światem. Twoja podświadomość wykonuje rozkazy świadomości i wszystko, co nakażesz, stanie się prawdą. Kiedy odmawiasz podejmowania decyzji za siebie, w praktyce odrzucasz własną boskość i niczym niewolnik przyjmujesz pozycję niższości. Uznaj własną boskość. Jesteś tu po to, żeby wybrać. Wybierz te rzeczy, które są prawdziwe, piękne, właściwe, czyste i uczciwe oraz wartościowe. Wybierz takie myśli. Postanów, że zajmą honorowe miejsce w twoim umyśle, i trzymaj się tej decyzji.

Módl się o przewodnictwo i decyzję następującymi słowami: „Prowadzi mnie Nieskończona Inteligencja. W moim życiu realizowane są właściwe działania. Żyję w cieniu Górującej Obecności, poruszam się i funkcjonuję w Jej obrębie. Ona otwiera mi drzwi".

Jeżeli modlisz się o dobrobyt, sukces i osiągnięcia, a zazdrościsz ich innym, wtedy drogę do tego, co dobre, zamykają ci negacja, niechęć, zawiść, zazdrość i utrudniają twój rozwój. Przeszkadzają też w osiągnięciu majątku.

Czasem ludzie boją się podejmować decyzje ze względów religijnych, politycznych czy finansowych. Część wolałaby nawet dostać raka, gruźlicy czy artretyzmu, niż zerwać z kłamstwem. Wiele osób codziennie postanawia coś z tym zrobić, ale nie podejmuje żadnych działań. Masz teraz w sobie całą moc życia, która umożliwia ci natychmiastowe podjęcie decyzji. Życie w kłamstwie jest nielogiczne.

Powinieneś zdecydować, że będziesz wiódł pełne i szczęśliwe życie. Bóg nam wszystkiego obficie udziela do używania. Bóg uczynił cię bogatym, czemu więc jesteś ubogi? Bóg nas stworzył po to, żebyśmy wiedli życie obfite.

ROZDZIAŁ 5

CUDA ZDYSCYPLINOWANEJ WYOBRAŹNI

Wyobraźnia jest źródłem wszelkiego działania. Mówimy tu o wyobraźni zdyscyplinowanej, podlegającej kontroli i ukierunkowanej. Wyobrażając sobie coś, dajemy temu początek, odciskamy to w naszej podświadomości. Wszystko, co zostaje odciśnięte w podświadomości, zostaje też wyrażone na ekranie rzeczywistości jako forma, funkcja, doświadczenie i zdarzenie. Jeżeli pragniesz odnosić sukcesy, musisz sobie najpierw wyobrazić, że je odnosisz. Jeżeli pragniesz być bogaty, musisz najpierw wyobrazić sobie siebie jako człowieka majętnego.

Sprawowanie kontroli nad własną wyobraźnią jest jedną z wrodzonych zdolności rodzaju ludzkiego. Dzięki niej pomysły przybierają formę i można je zaobserwować na ekranie przestrzeni. Istota ludzka to istota duchowo przebudzona, która zna siłę wyobraźni podlegającej kontroli. Wraz z wiekiem zdobywamy mądrość i wiedzę na temat praw umysłu. Wiek to nie przemijanie kolejnych lat; to zaranie mądrości. Wyobraźnia jest potężnym instrumentem, którym posługują się naukowcy, artyści, fizycy, wynalazcy, architekci i mistycy. Kiedy świat mówi: „To niemożliwe. Nie da się tego zrobić", osoba z wyobraźnią odpowiada: „To już załatwione". Wyobraźnia może przenikać w głąb rzeczywistości i odkrywać tajemnice natury.

Wielki przemysłowiec opowiedział mi kiedyś, jak zaczynał swoją działalność od otwarcia małego sklepu. Przyznał: „Marzyłem o wielkiej korporacji z oddziałami w całym kraju". Systematycznie więc wyobrażał sobie olbrzymie budynki, biura, fabryki i sklepy, wiedząc, że przy pomocy alchemii umysłu utka materiał, w który odzieje swoje marzenia. Powiodło mu się i dzięki uniwersalnemu prawu przyciągania zaczął skupiać pomysły, personel, przyjaciół, pieniądze i wszystko, czego potrzebował, żeby zrealizować pragnienia. Niczym ziarno, które obumiera w ziemi, ale przekazuje swoją energię kolejnej formie siebie i dzięki subiektywnej mądrości pobiera z ziemi wszystko, czego potrzebuje, żeby zakiełkować. Kiedy przebija się na powierzchnię, proces fotosyntezy i promienie słońca zapewniają mu to, co niezbędne do rozwoju.

A zatem człowiek ten naprawdę wykorzystywał i rozwijał wyobraźnię, pielęgnując w umyśle określone obrazy, aż zyskały one formę. Podobał mi się zwłaszcza jeden z jego komentarzy: „Wyobrażanie sobie własnych sukcesów jest równie łatwe jak wyobrażanie sobie własnych porażek, ale znacznie bardziej interesujące".

Ludzie, którzy mają wizję, wyobrażenia i ideały, wiedzą, że istnieje Twórcza Moc reagująca na te mentalne obrazy, przekształcająca je w uczucia. To mądre stwierdzenie, iż to, co odbieramy zmysłami, zależy od naszych uczuć. Sędzia Thomas Troward, dziewiętnastowieczny psycholog, który pisał niezrównane podręczniki na temat praw umysłu, mówił: „Uczucie jest prawem;

prawo jest uczuciem. Uczucie jest fundamentem siły". Aby osiągnąć rezultaty, musimy naładować nasze psychiczne obrazy uczuciem.

Być może ty też masz marzenie, ideał, plan, cel, który chciałbyś osiągnąć, ale przyjaciele, koledzy z pracy i inni mówią ci, że to niewykonalne. Pewnie nawet myślisz: „Za kogo ty się uważasz? Nie uda ci się tego zrobić. Za mało wiesz. Nie masz odpowiednich kontaktów". Otóż to nieprawda. Twoim kontaktem jest Boża Obecność w tobie, która podsunęła ci pomysł. Jego realizację umożliwia boski porządek i boska miłość. Może w myślach drwisz z własnego planu czy ambicji. Pojawia się opór. Jeżeli chcesz go pokonać, oderwij się od dowodów zmysłowych i tego, jak sprawy się prezentują, i zacznij jasno i intensywnie myśleć o swoim celu. Kiedy twój umysł koncentruje się na nim, stosujesz twórcze prawo – i osiągniesz swój cel.

Nadaj swojemu ideałowi lub pragnieniu priorytet w świadomości. Wysławiaj je. Oddaj się im całym sercem. Wychwalaj je. Skup się na nich, obdarz je miłością i poświęć się im. Gdy utrzymasz taki wzniosły stan, pozbędziesz się podszytych strachem myśli. Stracą swoją moc i znikną z umysłu. Poprzez umiejętność wyobrażania sobie końcowego wyniku kontrolujesz wszelkie okoliczności. Jeżeli chcesz, żeby spełniło się twoje życzenie, pragnienie, pomysł czy plan, stwórz mentalny obraz ich realizacji. Bezustannie wyobrażaj sobie realność tego pragnienia. W ten sposób powołasz je do życia.

To, co sobie wyobrażasz jako prawdziwe, już istnieje w głębszym wymiarze twojego umysłu. Jeżeli pozostaniesz wierny swojemu ideałowi, pewnego dnia się ziści. Główny Architekt w tobie wyświetli na ekranie rzeczywistości to, co odciśniesz w podświadomości.

Pewien aktor przyznał się mi, że na początku kariery był dość przeciętny, dostawał niewielkie role. Ale potem poznał moc podświadomości. Co noc odgrywał w wyobraźni wymarzoną rolę. Odtwarzał ją przez piętnaście minut, wysławiając moc Ducha w sobie. Stworzył w głowie pewien wzorzec, a jako że natura podświadomości jest kompulsywna, dotarł na szczyty w swoim zawodzie. Tak, był marzycielem. I oglądał premierę stworzoną przez własny umysł. Wiedział, że wesprze go siła Wszechmogącego. Udało mu się. Twoja wyobraźnia cię wyprzedza. Idzie przed doświadczeniem i tym, co się wydarzy.

Odnosząca znaczące sukcesy młoda aktorka powiedziała mi, że co wieczór wyświetla sobie w myślach film, w którym odgrywa określoną rolę. Powtarza scenę przez pięć, sześć minut i przeżywa kilka razy w wyobraźni. Kładzie podwaliny pod swoje marzenia. Można budować zamki na piasku, ale trzeba dać im fundament. Film, który wyświetlała w ten sposób, przyniósł jej wymierne korzyści.

Robbie Wright, jeden z moich współpracowników radiowych, zdobył niedawno nagrodę na wyścigach dragsterów. Powiedział, że przygotował się psychicznie przed zawodami. Wyobraził sobie, że wygrał i odbiera gratulacje od brata i przyjaciół. Czuł, że wyścig kontroluje Najwyższa Moc. Poczuł, że coś się dzieje – to Nadnaturalna Moc reagowała na obraz zwycięstwa, triumfu i wygranej w jego umyśle.

Ktoś, kto ciągle ponosi klęski, ma w głowie obraz porażki. Wyobraźnię można wykorzystać na dwa sposoby. Podobnie jak każdą umiejętność. Człowiek, który cierpi na chroniczne schorzenie i bez przerwy narzeka, wyobraża sobie złe samopoczucie i słabość. Podświadomość urzeczywistni ten obraz choroby czy klęski. Istnieją dowody na to, że wiele osób, które ciągle ponoszą porażki, ma w głowie obraz przegranej, a podświadomość na niego reaguje.

Wyobrażaj sobie sukces. Urodziłeś się, żeby wygrywać i odnosić zwycięstwa. Alkoholicy wiedzą, że nie przestaną pić, jeżeli będą próbowali na siłę lub pod przymusem zrezygnować z alkoholu. Psychiczny przymus zaprowadzi cię donikąd. Kiedy jednak rozmyślają o trzeźwości i spokoju umysłu oraz wyobrażają sobie własne wyzwolenie i powrót do pracy, w której zajmują się tym, co lubią najbardziej, a przy tym uświadamiają sobie, że wspiera ich Wszechmocna Siła, wyzwalają się z nałogu.

Walt Whitman miał bogatą wyobraźnię. Oto jego słowa: „Kiedy w dolinach zaległa mgła, on patrzył na szczyty gór. Kiedy góra zniknęła w ciemnościach, on utkwił wzrok w gwiazdach". Wyobraźnia może wynieść cię na najwyższe szczyty albo strącić na samo dno. Unieś się ponad mgłę zwątpienia, strachu i niepokoju i zobacz wizję duchowej rzeczywistości.

To właśnie w wizji masz utkwiony wzrok, jesteś na niej skupiony, poświęcasz jej uwagę. Tam właśnie dojdziesz. Jeśli spojrzysz na szczyt góry i powiesz: „Dotrę tam", tak będzie. Ale jeżeli stwierdzisz: „Jestem stary, mogę poobcierać nogi, to męczące", nie zdobędziesz wierzchołka. Jeśli zaś masz jego wizję, osiągniesz ten cel.

Wiesz także, że będą cię prowadzić i wspierać w realizacji marzenia sprzyjające siły Niewidzialnej Obecności w tobie. Podczas podróży przez życie pamiętaj, nawet w najtrudniejszych chwilach, że masz w sobie święte miejsce – sanktuarium Boga – gdzie możesz poczuć więź z Tym, który Jest Wieczny i Jedyny, który żyje w naszych sercach. Poprzez potęgę wyobraźni możesz znaleźć kwiat miłości i piękna w sercu.

Wyobraźnia jest warsztatem Boga. Warsztat to miejsce, w którym surowce podlegają przemianie i wytwarza się z nich przydatne przedmioty i narzędzia. Nasza wyobraźnia jest takim warsztatem, w którym pomysły, opinie i koncepcje podlegają przemianie i z których powstają warunki, okoliczności oraz zdarzenia naszego życia. Stanie się to, co sobie wyobrażamy. To właśnie osiągniemy, zdobędziemy i przeżyjemy.

Kiedy się zastanowimy, zrozumiemy, że wszystko, co widzimy i uważamy za przydatne i praktyczne w życiu codziennym, jest wynikiem potęgi wyobraźni człowieka: ubrania, samochody, krzesła, budynki, domy, hotele, drogi i samoloty – to wszystko i jeszcze więcej narodziło się najpierw jako idea, owoc wyobraźni ludzkiego umysłu.

Jak wiesz, wszystkie wspaniałe obrazy i posągi są wytworem natchnionej wyobraźni. Twoja wyobraźnia rodzi obraz ideału, a to ideały decydują o postępie rodzaju ludzkiego, pozwalając mu wspinać się coraz wyżej i zbliżać do Boga. Gdzie widnieje piękna Madonna – na ekranie rzeczywistości czy na płótnie? Czy nie znajduje się w zdyscyplinowanym umyśle artysty?

Kiedy w Grecji panował złoty wiek (2600 lub więcej lat temu), jej mieszkańcy stosowali prawo umysłu i wyobraźni. Tak, znali potęgę zdyscyplinowanej, poddanej kontroli wyobraźni, warsztatu Nieskończoności. A jak się zachowywały ciężarne kobiety? Otaczały się pięknymi obrazami i rzeźbami, żeby przekazywać nie narodzonym jeszcze dzieciom mentalne przedstawienia zdrowia, piękna, symetrii, porządku i proporcji. Jako że matki przyglądały się pięknym posągom i przedmiotom, ich dzieci też były piękne. Proste, prawda? Oczywiście, że tak. Wszystkie wielkie życiowe prawdy są proste.

Istnieje baśń o perskim księciu, który miał garb i zatrudnił zdolnego rzeźbiarza, aby ten stworzył jego posąg, podobny do niego pod każdym względem. „Tylko – zastrzegł – moje plecy mają być proste jak strzała. Chcę widzieć siebie takim, jakim powinienem być i jakim chce mnie widzieć Bóg". Rzeźbiarz wykonał swoje zadanie, a książę polecił postawić posąg w odległym zakątku ogrodu. Dwa, trzy razy każdego dnia książę odwiedzał to miejsce i medytował przy swojej rzeźbie, patrząc na nią z tęsknotą, wiarą i pewnością, iż pewnego dnia jego plecy będą równie proste jak na przedstawieniu. Skupiał uwagę na nich, uniesionej głowie i pięknym łuku brwi. Mijały tygodnie, miesiące, a w końcu upłynęły dwa lata. Ludzie zaczęli zauważać: „Plecy księcia nie są już krzywe. Trzyma się prosto jak arystokrata". Jak mówi baśń, książę pojawił się w ogrodach i rzeczywiście tak było. Miał tak proste plecy jak u posągu. Piękne, prawda? Patrząc na posąg, budował w sobie wizję prostych pleców.

Kiedy wyobrażasz sobie, że jesteś już tym, kim chcesz być, zaczynają dziać się cuda. Wciąż na nowo odgrywaj swoją rolę. Utożsamisz się z nią. Jeżeli chcesz coś zdobyć, najpierw musisz o tym pomyśleć, stworzyć obraz rzeczywistości.

Kilka lat temu spotkałem mężczyznę, którego powołano do wojska. Lamentował, że jego plany zostania lekarzem legły w gruzach. Powiedziałem mu: „Wyobraź sobie siebie jako lekarza. Zobacz efekt końcowy. Masz dyplom dobrej szkoły medycznej poświadczający, że jesteś chirurgiem". W ciągu pięciu minut wyłożyłem mu prawa jego umysłu. Zrozumiał je jako student medycyny i zastosował się do nich. Jakiś czas później armia wysłała go na uczelnię medyczną. Dzisiaj jest lekarzem. Zobaczył efekt końcowy. A widząc koniec, poznasz sposób realizacji celu.

Dzięki archeologom, paleontologom i innym specjalistom od przeszłości wiemy, że prehistoryczny człowiek jaskiniowy rył na ścianach skalnych rysunki ryb i ptactwa, mamutów czy innych zwierząt, na które polował. Dlaczego to robił? Instynktownie wiedział, że jakaś Moc sprawi, że zwierzęta te pojawią się w rzeczywistości, żeby mógł je zjeść. Było to prymitywne, ale jak widzisz, intuicyjnie stosował się do praw umysłu i rzeczywiście tak właśnie się działo. Pojawiało się zwierzę i miał co jeść. Oto potęga wyobraźni. Kryje się ona w tobie. Ja zaś chciałbym opowiedzieć ci o czymś, co przeczytałem u doktora Cala Simontona, lekarza specjalizującego się w chorobach nowotworowych.

Twierdzi on, że dzięki technikom relaksacji nawet pacjenci uznawani za śmiertelnie chorych odzyskiwali zdrowie, jeżeli naprawdę tego chcieli. Oto, co mówi (podaję tu najważniejsze spostrzeżenia) na temat roli umysłu w terapii antynowotworowej:

> „Zapoczątkowałem ten proces [mówi o umyśle] z moim pierwszym pacjentem. Wyjaśniłem swój sposób

rozumowania, wykraczający poza leczenie medyczne. Poinformowałem go, że za pomocą wspólnej wizualizacji spróbujemy wpłynąć na chorobę, na raka. Pacjent miał sześćdziesiąt jeden lat i zaawansowany nowotwór gardła. Nastąpiła u niego znaczna utrata wagi, ledwie przełykał ślinę i nie mógł nic jeść. Najpierw wyjaśniłem mu, na czym polega jego choroba i jak działa radioterapia, a potem trzy razy dziennie w stanie relaksacji poleciłem mu ją sobie wyobrażać. Gdybym pokazał wam zdjęcie całkowicie zdrowego gardła, zobaczylibyście idealną strukturę komórek. Chodziło o to, żeby wciąż na nowo wyobrażać sobie ten obraz i uświadamiać, że jest w nas mechanizm obronny, który przywraca gardło do idealnego stanu. (...) Na moje polecenie pacjent trzy razy dziennie relaksował się i wyobrażał sobie chorobę, leczenie oraz sposób, w jaki jego organizm na nie reagował. Dzięki temu lepiej rozumiał chorobę i był bardziej zaangażowany w cały proces. Wyniki były naprawdę zdumiewające".

Mówi teraz o wspólnej wizualizacji, polegającej na tym, że lekarz wyobraża sobie idealne gardło i uczy pacjenta, jak robić to samo i uświadomić sobie, że Moc daje mu odpowiedź.

„Kiedy wyjaśniłem kolegom, co robię, zażartowali: «Po co w ogóle włączasz sprzęt?» Odpowiedziałem im: «Za mało jeszcze wiem». Terapia trwała półtora roku i po raku w gardle nie ma śladu. Pacjent ten cierpiał też na artretyzm i wykorzystał ten sam podstawowy proces psychiczny, żeby się go pozbyć. Innymi słowy, wyobrażał sobie, że jest w doskonałym zdrowiu i zajmuje się tym, czym zwykle by się zajmował. Co ty byś robił, gdybyś odzyskał zdrowie? Załóżmy, że jeździłbyś konno albo pływał. Ten sam mężczyzna od ponad dwudziestu lat był impotentem. Wystarczyło, że przez dziesięć dni relaksował się i wyobrażał sobie rozwiązanie. Teraz utrzymuje, że odbywa stosunek dwa, trzy razy w tygodniu. Kiedy zadzwonił do mnie i opowiedział mi, jak poradził sobie z tym problemem, poprosiłem go, żeby wyjaśnił mi, jak to zrobił, na wypadek gdybym kiedyś w życiu musiał skorzystać z tej metody".

Simonton był lekarzem w Travis Air Force Base. Opowiada o pierwszym przypadku, jaki tam leczył. Pacjentem był nawigator bazy. Nie palił, ale cierpiał na raka podniebienia oraz jeszcze rozleglejszy nowotwór w tylnej części gardła. W wypadku raka podniebienia miał od 20 do 50 procent szans na wyzdrowienie. Jeśli chodzi o raka gardła, wskaźnik ten wynosił od 5 do 40 procent. Ostatecznie dawano mu jedynie 5 do 10 procent szans, ponieważ dwa rodzaje raka rozwijające się w tym samym czasie zdecydowanie pogarszają sytuację. Simonton mówi:

„Chciałbym podkreślić, że był pacjentem o wyjątkowo pozytywnym nastawieniu, bardzo zaangażowanym w leczenie. Po tygodniu kuracji guz zaczął się kurczyć. Po czterech tygodniach przestał się rozrastać na owrzodzonym obszarze, czyli tutaj również zachodziła bardzo radykalna reakcja. Nigdy nie spotkałem się z tak gwałtowną reakcją w przypadku dwóch oddzielnych guzów w tak krótkim czasie. Po miesiącu było to już ładnie gojące się, małe owrzodzenie, a mniej więcej po dziesięciu tygodniach podniebienie wyglądało w zasadzie normalnie. Najpiękniejsze było to, że zmiana w gardle się cofnęła, podobnie jak ta w ustach, i przy rutynowym badaniu nie można było stwierdzić, gdzie umiejscowiony był guz. Po trzech miesiącach guzy zniknęły całkowicie, co umożliwiło pacjentowi powrót do latania i wykonywania zawodu".

Nawet osoby uważane za śmiertelnie chore na raka zdrowiały dzięki relaksacji i medytacji. Simonton wspomina jednak, że muszą one chcieć wydobrzeć. Wyobraź sobie, że niektórzy ludzie wcale tego nie chcą. Dobrze wiesz, że niektórzy wolą być chorzy.

To bardzo interesujące, dlatego uznałem, że ci o tym opowiem, aby pokazać potęgę wyobraźni. Oczywiście niektórzy ludzie wykorzystują wyobraźnię w niewłaściwy sposób. Na przykład biznesmen, który odnosi sukcesy, wyobraża sobie puste półki, bankructwo, przytułek dla ubogich i tym podobne. Jeżeli nie przestanie, oczywiście może splajtować. Ale dobrze mu się wiedzie. To, co sobie wyobraża, nie istnieje. Wyświetla sobie tylko film o bankructwie i pustych półkach, braku klientów i tak dalej. Jeżeli będziesz tak postępował, ten film stanie się rzeczywistością.

To jasne, że możesz sobie wyobrazić chorobę, porażkę i niewłaściwie użyć każdej mocy. Ale to niemądre. Posłużmy się metaforą płaszcza jako psychologicznego okrycia. Można nosić płaszcz strachu albo wiary czy pewności siebie, miłości albo życzliwości. Możesz nosić wspaniały płaszcz, prawda? Ubierasz się stosownie do okoliczności. W innym stroju uprawiasz sport, a w innym idziesz do pracy, w bardziej eleganckim zaś bierzesz udział w bankiecie, idziesz do opery i tak dalej. To ubrania rzeczywiste. Ale nosisz też stroje mentalne, będące stanami twojego umysłu, nastrojami i uczuciami. Masz zdolność nadania formy każdej idei.

Możesz sobie wyobrazić wszystko. Możesz sobie wyobrażać rzeczy piękne i wartościowe. Możesz sobie wyobrazić, że twój biedny przyjaciel żyje w luksusie. Widzieć radość, zmianę i szeroki uśmiech na jego twarzy. Słyszysz, jak mówi ci to, co chcesz usłyszeć. Widzisz go dokładnie takim, jakim chcesz go widzieć. Innymi słowy, jest promienny, szczęśliwy, cieszy się dobrobytem i odnosi sukcesy. Twoja wyobraźnia może ubrać w formę każdą myśl i pragnienie. Możesz wyobrazić sobie obfitość w miejsce niedostatku, pokój w miejsce niezgody, a zdrowie w miejsce choroby.

Korzystanie z wyobraźni to twoja podstawowa zdolność, ważniejsza od wszystkich innych mocy czy właściwości umysłu. Masz wiele zdolności. Jeżeli twoja wyobraźnia jest zdyscyplinowana, umożliwia pokonanie czasu i przestrzeni oraz wszelkich ograniczeń. Jeżeli będziesz ją karmił szlachetnymi, boskimi pojęciami i myślami, przekonasz się, że to najskuteczniejsza ze wszystkich duchowych zdolności. Kontroluje cały świat konceptualny. Nawet w najgorszym więzieniu można sobie wyobrazić wolność, prawda? Wyobrazić sobie, że znów jest się z bliskimi i robi się to, co się najbardziej lubi. A zatem więziły cię strach, choroba, niedostatek czy inne ograniczenia. Przywołaj teraz w myślach wolność i utrzymaj ten obraz w głowie dopóty, dopóki się nie ziści. Po okresie dojrzewania w ciemności myśl zostaje zamanifestowana, a modlitwa wysłuchana.

Pewien mężczyzna doznaje kontuzji podczas gry w piłkę. Ma naderwane ścięgno i zostaje zabrany do szpitala. Czy nie myśli o tym, jak znów kopie piłkę na boisku? Gdyby tego nie robił, nigdy by z tego szpitala nie wyszedł. Ale opuszcza go, ponieważ mówi sobie: „Będę tutaj tylko cztery czy pięć dni, najwyżej tydzień" – i w wyobraźni znów jest na murawie piłkarskiej. Dobrze wiesz, że to prawda, i dobrze wiesz, że gdyby nie wyobraził sobie siebie z powrotem na boisku, nigdy by nie wyszedł ze szpitala.

Zapewniam cię, że istnieją jednak ludzie, którzy nie chcą wydobrzeć. Rozkoszują się własnym nieszczęściem, jak je nazywają. W ten sposób zwracają na siebie uwagę. Oczywiście powinno ci zależeć na tym, żeby twoja sytuacja się poprawiła. Intencją Boga jest, abyś optymalnie wyrażał siebie i optymalnie wykorzystywał swoje zdolności. Owszem, na tym świecie jest wiele osób, które nie pragną uzdrowienia. Naprawdę. Rozkoszują się swoim nieszczęściem. Mówią o nim. Mówią: „Mój reumatyzm", i delikatnie klepią się po nodze. Mówią: „Mój artretyzm", „Moja migrena" i tak dalej.

Rozważmy przez chwilę przykład zdyscyplinowanego, utalentowanego architekta. Może on zbudować w głowie piękne nowoczesne miasto XXI wieku, z autostradami, basenami, parkami... Może stworzyć w głowie najpiękniejszy pałac, jaki ludzkie oko widziało. Będzie widział ukończone budynki, zanim przekaże swoje plany budowniczym. Gdzie one są? W jego wyobraźni.

Wyjaśniłem ci już, że wyobrażać sobie znaczy dawać czemuś początek. Cokolwiek sobie wyobrazisz, możesz powołać to do życia. Chodzi o to, żeby zapłodnić podświadomość myślą, ideałem. „Albowiem od stworzenia świata niewidzialne Jego przymioty (...) stają się widzialne (...)". Jak mówili starożytni, żeby dusza mogła dostrzec niewidzialne rzeczy w twoim umyśle. Gdzie jest twój wynalazek? Gdzie jest nowa sztuka? Gdzie jest teraz twój tajemny wynalazek? Czyż nie w twoim umyśle? Jest prawdziwy. Ma formę, kształt i materię w innym wymiarze umysłu. Uwierz, że już to masz, a będzie twoje.

Dzięki wyobraźni możesz usłyszeć głos matki, chociaż dzieli ją od ciebie tysiąc kilometrów. W wymiarze psychicznym i duchowym jest tuż przy tobie. I mówi ci to, co pragnąłeś usłyszeć. Ostatecznie wszyscy jesteśmy istotami wyposażonymi w psychikę i wymiar duchowy. Oczywiście, że twoja matka jest tutaj. Mówi ci to, co pragnąłeś usłyszeć. A co pragnąłeś usłyszeć? Opowiada ci o boskim cudzie w jej życiu, dając ci swoją energię i witalność, zarażając entuzjazmem. Mówi ci to, co pragnąłeś usłyszeć. Widzisz ją jasno i wyraźnie, jakby tu była. Oto wspaniała moc, jaką posiadasz. Wiesz dobrze, że potrafisz to zrobić. Możesz rozwijać ją i pielęgnować, żeby cieszyć się sukcesami i dobrobytem.

Załóżmy, że twoja matka leży chora w szpitalu. Nie wyobrażasz jej tam sobie. Znasz Prawdę. Twoje wyobrażenie może się ziścić. To byłoby niebezpieczne i bardzo głupie. Jeżeli znasz prawa umysłu, wiesz, że przepływa przez nią moc Boga i uzdrawia ją Boża miłość. Boża miłość ją prowadzi i strzeże jej. Boża miłość rozpuszcza wszystko, co jest jej obce. Boża miłość prowadzi lekarzy i pielęgniarki oraz wszystkich, którzy się nią zajmują. Tak powinna brzmieć twoja afirmacja. Twoja afirmacja musi się jednak zgadzać z obrazem w twojej wyobraźni. A obraz ten musi się zgadzać z afirmacją.

Nie widzisz jej więc w szpitalu. Stoi przed tobą. Opowiada ci o tym, że zdarzył się boski cud, że czuje się wspaniale, że została dotknięta przez Wszechmogącego. „Ty mnie dotknąłeś, czuję się silna". Taką chcesz ją widzieć. Wtedy naprawdę się modlisz, naprawdę rozumiesz prawa umysłu i jesteś dobrym praktykującym.

Jeśli jednak afirmujesz jedno, a wyobrażasz sobie drugie, to jest to hipokryzja i nie osiągniesz żadnych wyników, ponieważ obraz w wyobraźni musi się zgadzać z afirmacją. Nie ma nic prostszego. Często mówię, że dziewięćdziesiąt dziewięć procent ludzi nie wie, jak się modlić. O tak, odmawiają wspaniałe modlitwy, ale widzą ojca, matkę, syna w więzieniu, szpitalu albo chorego.

Słyszałeś, jak kierownik sprzedaży mówi, że musiał zwolnić Johna, ponieważ ten miał złe nastawienie? Właśnie, twoje nastawienie. Zmiana nastawienia zmienia wszystko. Świat biznesu zna wartość odpowiedniego nastawienia.

Twoje nastawienie to twoje psychiczne podejście do ludzi, okoliczności, warunków, rzeczy i przestrzeni. Jak wyglądają twoje relacje ze współpracownikami? Czy jesteś przyjacielski w stosunku do ludzi, zwierząt i całego wszechświata? Czy uważasz, że wszechświat jest wrogi? Czy świat jest ci coś winien dlatego, że w nim żyjesz? Mówiąc krótko: jakie masz nastawienie? Uświadom sobie, że twoje nastawienie zależy od tego, czy Bóg cię prowadzi, czy podejmujesz właściwe działania, promieniujesz miłością, spokojem i życzliwością wobec wszystkich. Zmieniając je, zmieniasz cały swój wszechświat; wszystkie etapy twojego życia magicznie stapiają się w jeden obraz i stają się odbiciem twojej postawy.

Zwróć uwagę, co czujesz, kiedy wyobrażasz sobie, że

ktoś jest podły, nieuczciwy i zawistny. A teraz odwróć sytuację. Zacznij sobie wyobrażać tę samą dziewczynę albo chłopca jako uczciwego, szczerego, kochającego i dobrego. Zauważ, jaką to w tobie wywołuje reakcję. Czy w związku z tym nie jesteś mistrzem własnego nastawienia? Prawda jest taka, że twój rzeczywisty pogląd na Boga określa całe twoje nastawienie do życia. Załóżmy, że nauczyciel twierdzi, iż twój syn – jesteś w tym przykładzie matką – ma problemy w szkole, jest opóźniony w nauce. Nie jest dobrym uczniem. Co zrobisz? Powiedzmy, że znasz prawa umysłu i sposoby, na jakie działa Duch. Siadasz w fotelu albo na kanapie, odprężasz się, skupiasz uwagę? Najpierw musisz się zrelaksować. Rozluźnij ciało, a umysł też się uspokoi. Mów, na przykład, że twoje palce u nóg są odprężone, twoje stopy są odprężone, twoje mięśnie brzucha są odprężone, twoje serce i płuca są odprężone, twój kręgosłup jest odprężony, twoja szyja jest odprężona, twoje dłonie i ramiona są odprężone, twój mózg jest odprężony, twoje oczy są odprężone, cała twoja istota od stóp do głów jest całkowicie odprężona.

Kiedy jesteś odprężona, ciało musi cię słuchać; a wtedy uwierzysz i twoja modlitwa zawsze będzie wysłuchana. Jeśli się nie odprężysz, nie uzyskasz żadnych rezultatów. Zrelaksuj się więc i uwierz. Kiedy odprężysz ciało, a co za tym idzie – i umysł, zacznie działać Moc Wszechmogącego. Twój umysł uspokaja się i wycisza. Jak więc postąpiłabyś z tym małym chłopcem? Otóż wyobraź sobie Jimmy'ego, który stoi przed tobą i oznajmia ci: „Mamo, dostaję same piątki. Nauczyciel mnie pochwalił". I wskrzesiłabyś w chłopcu Nieskończoną Inteligencję. Mądrość Boga namaszcza umysł. Chłopiec jest szczęśliwy, radosny i wolny. Bóg mieszka w nim, chodzi i mówi przez niego. Zobaczyłabyś światło w jego oczach. Syn mówi matce to, co ona chce usłyszeć: „Nauczyciel mnie chwali. Świetnie sobie radzę ze wszystkimi przedmiotami".

Wyświetliłabyś sobie ten film wiele razy. Wskrzesiłabyś w chłopcu mądrość i inteligencję Boga, które są w nim uśpione. Chłopiec ma je w sobie. A matka może je obudzić. Oczywiście, że może. Co to jest? Zdyscyplinowana wyobraźnia. Chłopiec powie ci obiektywnie to, co mówił ci subiektywnie w tym biernym, receptywnym stanie psychicznym.

To proste jak słońce. Mówimy o zdyscyplinowanej, pozostającej pod kontrolą, ukierunkowanej wyobraźni. Mówimy o prawach umysłu. To naprawdę działa! Wie o tym współczesna nauka. Twój główny pogląd na Boga jest twoim poglądem na życie, gdyż Bóg jest życiem. Jeżeli zgodnie z twoją wiodącą myślą czy nastawieniem Bóg to Duchowa Moc w tobie, która reaguje na twoje myśli, a twoje nawykowe wyobrażenia czy też myślenie są konstruktywne i harmonijne, Moc ta prowadzi cię i przynosi ci korzyści w twoich działaniach. To nastawienie będzie obejmowało wszystko. Będziesz postrzegał świat optymistycznie. Będziesz miał pozytywne podejście i z radością będziesz oczekiwał najlepszego.

Dobrym przykładem tego, jak wyobraźnia człowieka stworzyła jedno z najlepiej prosperujących przedsięwzięć, jest historia Howarda Schultza, człowieka od Starbucksa. Tylko ktoś z wizją, hartem ducha i niezachwianą pewnością siebie jest w stanie sprawić, żeby nowy pomysł się powiódł.

Schultz został kierownikiem sprzedaży detalicznej

w Starbucksie, który wtedy był niewielkim dostawcą kawy z kilkoma punktami handlowymi w Seattle. Schultz miał dwadzieścia dziewięć lat i był tuż po ślubie. Wraz z żoną przeprowadzili się z Nowego Jorku, żeby mógł podjąć tę pracę.

Mniej więcej rok później Schultz pojechał na zakupy do Włoch. Spacerując po Mediolanie, zauważył znaczenie kawy w kulturze włoskiej. Dzień pracy zaczyna się tu zwykle od wizyty w barze i filiżanki tego aromatycznego napoju. Po pracy przyjaciele i współpracownicy spotykają się tam ponownie, żeby odetchnąć przed powrotem do domu. Bar kawowy to centrum włoskiego życia towarzyskiego. Schultz wyobraził sobie przeniesienie takiego miejsca do Ameryki. Nikt wcześniej tego nie próbował. On jednak był przekonany, że to się może powieść ze względu na wysoką jakość kawy Starbucksa.

Wyobraził więc sobie setki takich barów w całej Ameryce. Biznesmeni wpadaliby tam po drodze do pracy i po jej zakończeniu, żeby się odprężyć. Kupujący braliby kawę na wynos. Młodzi ludzie umawialiby się na randki przy kawie, a nie przy koktajlach. Rodziny wstępowałyby po napoje przed pójściem do kina lub po seansie.

Stało się to obsesją Schultza. Był zdecydowany tworzyć ogólnokrajową sieć kawiarni wzorowanych na włoskich barach kawowych, ale właściciele Starbucksa byli temu niechętni. Prowadzili hurtową sprzedaż kawy ziarnistej; restauracje stanowiły niewielką część ich działalności. Pragnąc zrealizować swój cel, Schultz odszedł ze Starbucksa i założył nową firmę. W roku 1986 otworzył w Seattle pierwszy bar kawowy. Odniósł natychmiastowy sukces. Drugi też otworzył w Seattle, a trzeci w Vancouver. Rok później kupił Starbucks Company i przyjął ich nazwę dla swojego przedsięwzięcia.

Schultz wierzy, że jakość Starbucksa sprawi, iż Amerykanie zaczną kiedyś żyć inaczej. Jeżeli postawi na swoim, filiżanka jego kawy stanie się integralną częścią amerykańskiej kultury. Jego pomysł przyniósł mu zyski. Od 1988 roku sprzedaż firmy wzrosła dziewięciokrotnie.

Przez trzy lata z rzędu Starbucks przynosił straty. Tylko w roku 1989 wyniosły one ponad milion dolarów. Ale Schultz nigdy się nie poddał. Był głęboko przekonany, że to właściwy sposób rozwijania firmy i że straty niebawem przemienią się w zyski. Kiedy lokale w Seattle zaczęły zarabiać, marka powoli zaczęła się rozprzestrzeniać na inne miasta – Vancouver, Portland, Los Angeles, Denver, Chicago, a potem miasta na wschodzie i za granicą. Nazwa Starbucks stała się znana we wszystkich krajach. Jest przykładem skuteczności amerykańskiego marketingu i uczyniła Howarda Schultza jednym z najbogatszych ludzi na świecie.

Wiele osób ma ponure, pesymistyczne spojrzenie na życie. Są zgorzkniali, cyniczni i zrzędliwi. Ta główna postawa psychiczna wpływa na ich wszystkie reakcje. Nawet gdy ty albo twoja rodzina przeżywacie coś wspaniałego, twoja radość zwykle trwa krótko, jeżeli bez przerwy masz chandrę.

Szesnastoletni chłopak chodzący do szkoły średniej powiedział mi: „Dostaję bardzo słabe oceny. Mam kiepską pamięć. Nie wiem, o co chodzi". Jego jedynym problemem było podejście. Zmienił nastawienie i uświadomił sobie, że musi się uczyć, jeśli chce zdobyć na tyle dobre stopnie, żeby dostać się na studia i zostać prawnikiem. Zaczął się modlić metodą naukową.

Jest to jedna z najkrótszych dróg prowadzących do zmiany mentalności. W modlitwie naukowej mamy do czynienia z zasadą, która reaguje na myśl. Ten młody człowiek uświadomił sobie, że tkwi w nim Moc Duchowa, która jest Jedyną Przyczyną i Mocą. Co więcej, zaczął utrzymywać, że ma doskonałą pamięć, że Nieskończona Inteligencja bezustannie odkrywa przed nim wszystko, co musi wiedzieć, zawsze i wszędzie. Zaczął się życzliwie odnosić do nauczycieli i kolegów ze szkoły, a to ma bardzo duże znaczenie. Cieszy się teraz największą swobodą od lat. Bez przerwy wyobraża sobie, jak nauczyciele i matka gratulują mu wspaniałych osiągnięć, doskonałych wypracowań. Zmienił stosunek do nauki, wyobrażając sobie upragnione wyniki. Jeżeli regularnie będziesz sobie wyobrażał, że odnosisz sukcesy i robisz to, co najbardziej lubisz – i nie przeczył temu, co afirmujesz – zwyciężysz. Musisz zwyciężyć. Wesprze cię prawo umysłu.

Mówiliśmy już wcześniej, że nastawienie psychiczne jest warunkowane przez wyobraźnię. Wspomnieliśmy, że można używać jej na dwa sposoby. Oczywiście, że tak jest. Możesz wykorzystywać myśli na dwa sposoby, jak każdą inną siłę natury. Kwasem azotowym można kogoś poparzyć albo namalować Madonnę na szybie. W wodzie można utopić dziecko albo ugasić nią pragnienie. W wodzie nie ma nic złego. Wiatr, który skieruje statek na skały, doprowadzi go też do bezpiecznej przystani, jeżeli zna się zasady nawigacji. Nie ma nic złego w prawach rządzących chemią. Są niezmienne. Można w cudowny sposób połączyć ze sobą składniki i leczyć choroby, ale można też pójść do laboratorium i znając prawa przyciągania, odpychania czy masy atomowej, wysadzić je w powietrze.

Możesz sobie wyobrażać, że dzisiejszy dzień będzie fatalny. Twój interes przyniesie niewielkie zyski. Pada, więc do sklepu nie przyjdą żadni klienci. Albo nie będą mieli pieniędzy. A wtedy doświadczysz konsekwencji swoich negatywnych wyobrażeń.

Zadzwoniła do mnie kobieta, która usiłowała sprzedać dom odziedziczony po ojcu. Była to rezydencja warta pół miliona dolarów. „Jestem wdową. Jestem zupełnie sama i chcę sprzedać ten dom. Ale ludzie nie mają dzisiaj takich pieniędzy. Oglądają go i nigdy nie wracają". Powiedziałem jej: „Słuchaj, co powinnaś zrobić. Nie bądź niemądra. Przejdź się po tej rezydencji. Udawaj, że pokazujesz ją kupcowi. Tak, wyimaginowanemu kupcowi. Pokazujesz mu cały dom razem z garażem, a on mówi: «Podoba mi się. Kupuję go» – i wypisuje czek. Wszystko dzieje się w twojej wyobraźni, to prawda. Jesteś szczęśliwa i idziesz zrealizować czek do banku. Pracownik banku mówi: «Gratuluję, sprzedała pani dom». Wszystko jest w twojej głowie" – dodałem. „Pokazujesz kupującemu dom, a on jest usatysfakcjonowany, więc mówi: «Kupuję go». Odgrywasz to w wyobraźni, pozwalasz tej sytuacji zaistnieć, ponieważ sprzedajesz dom w myślach. Jeśli nie sprzedasz go w myślach, nigdy go nie sprzedasz, gdyż wszystkie transakcje odbywają się w głowie. Zdobyć i stracić można tylko w umyśle". To oczywiste. Wszystkie transakcje odbywają się w głowie. To jasne jak słońce.

Czasem trudno mi pojąć rozumowanie innych. To

takie proste sprawy! Tak niesamowicie proste! Siedmioletnie dziecko jest w stanie je pojąć. Jeżeli więc nie możesz tego przekazać siedmiolatkowi, to znaczy, że sam ich nie rozumiesz.

Nie możesz więc planować sprzedaży domu, jeżeli nie ma na niego nabywcy, który dysponowałby wystarczającą kwotą. Jeśli jednak zaczniesz myśleć: „Kto w dzisiejszych czasach ma pół miliona dolarów? Ludzie mają mało pieniędzy. Raty kredytu hipotecznego są wysokie" i tak dalej, wtedy dałeś się pokonać jeszcze przed startem. Wiele osób ma miliony dolarów. Jest wielu milionerów.

Nie uda ci się sprzedać tego domu, jeżeli nikt go nie zechce. Poza tym Nieskończona Inteligencja wie, gdzie znaleźć taką osobę. Teraz wypowiedz te proste słowa: „Nieskończona Inteligencja przyciąga do mnie kupującego, który chce ten dom, który go doceni, któremu dobrze się będzie w nim mieszkało i który ma pieniądze". Wtedy pozbędziesz się osób bez grosza, które chcą go jedynie obejrzeć. Nie jesteś przewodnikiem wycieczek. Zażycz sobie więc, żeby dom przychodziły oglądać tylko osoby bogate. Następnie wyobrażasz sobie, że oprowadzasz po domu potencjalnego kupca, któremu rezydencja się podoba. Pokazujesz mu wszystko, co chcesz lub powinnaś pokazać. I sprzedajesz posiadłość. Wtedy tak właśnie się stanie. To najszybszy sposób, żeby tego dokonać.

Gdy pewnego razu sędzia Troward szedł ulicami Londynu, wydało mu się, że widzi węża. Strach go niemal sparaliżował. Ale to było tylko coś, co wyglądało jak wąż. Wiesz, że w Londynie nie ma węży. Psychiczna i emocjonalna reakcja Trowarda była jednak taka sama jak w wypadku spotkania z prawdziwym gadem. A co ty sobie wyobrazisz? Cóż, Biblia naucza, żebyś wyobrażał sobie rzeczy prawdziwe, sprawiedliwe, piękne, czyste, uczciwe i wartościowe. Rozmyślaj o nich i wyobrażaj je sobie. Jak wyobrażasz sobie własne życie? Czy będzie szczęśliwe? Czy długie i pełne frustracji?

Kształtujesz swój zewnętrzny świat doświadczeń zgodnie z nawykowym myśleniem. Wyobrażaj sobie warunki i okoliczności, które niosą ze sobą godność, wzniosłość, przyjemność i satysfakcję. Wyobraź sobie, że mąż mówi ci to, co chcesz usłyszeć. Usiądź spokojnie, zamknij oczy i obudź się. Rip Van Winkle* spał tylko dwadzieścia lat. Usiądź spokojnie, skup się i odpręż. Jeżeli się nie odprężysz, twoja modlitwa nie przyniesie efektów. Jeśli jednak to zrobisz, zawsze zostanie wysłuchana. Jeżeli się nie odprężysz, nie uwierzysz. To takie proste. Przestań się więc oszukiwać. Zrelaksuj się, odpuść i niech twój mąż mówi ci to, co chcesz usłyszeć. Mówi: „Kocham cię, kochanie. Uważam, że jesteś cudowna". Mówi, że dostał awans, że robi to, co najbardziej lubi. Mówi ci to, co chcesz usłyszeć. Jak bardzo cię kocha, jak bardzo mu na tobie zależy, że dostał awans, jakie ma cudowne życie i jak się cieszy z nowych obowiązków. Mówi ci to, co chcesz usłyszeć. Usłysz to! I nie zaprzeczaj temu, co afirmujesz. Wtedy powie ci obiektywnie to, co usłyszałaś od niego subiektywnie, ponieważ słuchasz, jak mówi ci to, co powinien, zgodnie ze Złotą Zasadą i prawem miłości.

---

* Postać z opowiadania Washingtona Irvinga, uśpiona przez duchy w górach Catskill w czasach kolonialnych, która budzi się po dwudziestu latach w niepodległej Ameryce.

Niech on lub ona zawsze mówią ci to, co powinni, zgodnie z prawem miłości i Złotą Zasadą. Wtedy nie możesz się mylić, prawda?

Dostaję listy od mężczyzn i kobiet z różnych stanów. Czasem nie mogę uwierzyć w to, co piszą: „Chciałbym, żeby ta kobieta za mnie wyszła. Nie zwraca na mnie uwagi. Czy powie mi pan, jak się modlić i jak ją zdobyć?" To nie jest modlitwa. Piszę mu, że nie wyobrażam sobie, żeby mężczyzna przy zdrowych zmysłach pragnął kobiety, która go nie chce. To im właśnie mówię. Jeżeli jesteś kobietą, to nie wyobrażam sobie, że mogłabyś pragnąć mężczyzny, który cię nie chce. Według mnie to szaleństwo.

Miłość musi być odwzajemniona. Jeżeli jesteś zakochany, w związku działa naturalne prawo wzajemności. Nie ma tu żadnych niejasności. Pewna kobieta powiedziała mi: „Jestem szaleńczo zakochana w Johnie Jonesie". Pytam ją: „A jak cię traktuje John Jones? Co mówi? Czy ci się oświadczył? Dał ci pierścionek? Powiedział ci, że pobierzecie się dziesiątego listopada, czy coś w tym stylu?" „Och, nie. Ale uśmiechnął się do mnie i jest dla mnie miły". Wielkie nieba!

Dlatego często mówię, że Rip Van Winkle spał tylko dwadzieścia lat. Jeżeli jesteś w kimś zakochany, ta osoba musi być zakochana w tobie. To prawo wzajemności w związku. Miłość to stan zjednoczenia. Musimy kochać wszystkich. Innymi słowy, musimy promieniować miłością, spokojem i życzliwością, uprzejmością i łagodnością. I życzyć innym wszystkich błogosławieństw życia. Jeżeli tego nie zrobisz, będziesz miał problemy. I to duże. W tym sensie musimy więc kochać wszystkich. Musimy życzyć wszystkim tego, czego życzymy sobie. Nie można jednak zmuszać drugiej osoby do tego, żeby cię pokochała, poślubiła i tak dalej. To czarna magia; przynosi skutki odwrotne do zamierzonych. To szaleństwo! Tylko tak można to określić. Czyste szaleństwo!

Jeżeli wyobrazisz sobie siebie albo życie jako zimne, okrutne, ciężkie, gorzkie, wtedy trudy i ból będą nieuniknione. Sprawiasz, że nie jesteś szczęśliwy, bo tak sobie wyobrażasz swoje życie. Wyobraź sobie siebie na polu golfowym. Jesteś wolny, zrelaksowany, pełen entuzjazmu i energii. Twoja radość wynika z pokonania wszelkich przeszkód. Dreszczyk bierze się stąd, że przezwyciężyłeś wszelkie trudności.

A teraz przyjrzyjmy się innej scenie. Wyobraź sobie, że idziesz do zakładu pogrzebowego. Zwróć uwagę na swoją odmienną reakcję emocjonalną w tej sytuacji. Jeżeli znasz prawa umysłu, nie żyjesz w mrocznym okresie, nie zostałeś zahipnotyzowany ani nie zrobiono ci prania mózgu, możesz w kaplicy pogrzebowej cieszyć się nowym życiem tego człowieka. Możesz sobie wyobrazić bliską osobę w otoczeniu przyjaciół w nieopisanie pięknej scenerii nowego wymiaru jej życia. Możesz sobie wyobrazić boską rzekę spokoju płynącą przez umysły i serca wszystkich zgromadzonych. Możesz wręcz w myślach wstąpić do nieba, niezależnie od tego, gdzie się znajdujesz. To potęga wyobraźni. Możesz ich wszystkich tam wynieść, ponieważ to nowe narodziny w Bogu.

Na niektórych dzisiejszych pogrzebach ciało zmarłego nie jest obecne. Córka czy syn pytają mnie: „Czy odprawisz mszę żałobną za mojego ojca, matkę, podczas której wszyscy zbierzemy się i pomedytujemy nad ich radosnymi ponownymi narodzinami w Bogu?" To bardzo rozsądne. To cudowne, kiedy widzimy ludzi uświadamiających sobie te prawdy dzisiaj. Nikt nigdzie nie jest pochowany. A jeżeli myślisz, że ktoś jest gdzieś pochowany, utożsamiasz się z tym, że coś zostało przerwane, skończyło się, ma granice. Budujesz cmentarz we własnej głowie. Znasz przecież przerażające, negatywne skutki takiego podejścia, prawda?

Razem z moim krewnym, który jest nauczycielem, zwiedzałem okrągłe wieże w Irlandii. Przez godzinę nic nie mówił. Zamyślony, chłonął otaczającą go rzeczywistość. Zapytałem go, nad czym medytuje. Oto, co mi odpowiedział:

Zwrócił uwagę, że rozwijamy się i wzrastamy tylko dzięki temu, że skupiamy się na wielkich i wspaniałych sprawach tego świata. Zastanawiał się nad wiekiem kamieni, z których te wieże są zbudowane. Potem jego wyobraźnia powędrowała do kamieniołomów, gdzie nadano kamieniom pierwszy kształt. W wyobraźni odarł je z materii. Wewnętrznym okiem zobaczył strukturę, budowę geologiczną i skład, który zredukował do stanu bez formy. I wreszcie wyobraził sobie jedność tych kamieni ze wszystkimi kamieniami, całym życiem i całym światem. Widzisz, istnieje tylko jedna materia. Podczas tej boskiej wizualizacji uświadomił sobie, że patrząc na okrągłą wieżę, można odtworzyć historię Irlandii. To szczera prawda. Można to zrobić. Istnieje tylko jedna materia, jedno prawo, jedno życie, jedna prawda. W kamieniach okrągłej wieży kryje się pamięć człowieka. Dlaczego? Gdyż jest subiektywna. Nie jest twarda i trwała. Jest żywa. Widzisz, kamień żyje. We wszechświecie nie ma nic martwego. Nazywasz kamień materią nieożywioną – to absurd! Kamień żyje! Wyobraźnia pozwoliła temu nauczycielowi zobaczyć niewidzialne i usłyszeć głosy niewidzialnych dusz, żyjących w tych budowlach. Całe to miejsce ożyło w jego umyśle. Dzięki tej mocy mógł cofnąć się w czasie. Zaczął snuć w głowie opowieść o zdarzeniach, jakie zaszły w miejscu formowania się kamieni; o tym, kto je tu przyniósł, jakie było przeznaczenie budowli i jej historia.

Powiedział mi: „Mogę niemal dotknąć schodów, które zniknęły tysiące lat temu". Skąd bierze się ta opowieść? Skąd bierze się poezja? Skąd wywodzi się historia rodzaju ludzkiego? Wszystkie rzeczy przenika subiektywny umysł. Jest we wszystkim, jest materią, z której są stworzone. Skarbiec wieczności kryje się w kamieniach, składających się na budowlę. Nie ma nic nieożywionego. Wszystko to są różnorodne przejawy życia. Dzięki potędze wyobraźni naprawdę możesz odkryć sekrety natury. Przekonasz się, że dotrzesz do głębi podświadomości, powołując do życia pozornie nieistniejące rzeczy. Wtedy niewidzialne staje się widzialne.

W istocie, wszystkie religie rodzą się w ludzkiej wyobraźni. Czyż nie ze świata wyobraźni wywodzą się telewizja, radio, radar, odrzutowce i wszystkie inne nowoczesne wynalazki? Twoja wyobraźnia jest skarbnicą nieskończoności, przekazującą ci wszystkie cenne klejnoty, muzykę, sztukę, poezję i wynalazki. Przyglądając się starożytnym ruinom czy świątyni albo piramidzie, możesz odtworzyć wydarzenia z przeszłości. W ruinach przykościelnych cmentarzy można też zobaczyć nowoczesne, piękne i dumne miasto.

Możesz tkwić w więzieniu niedostatku, nieszczęścia czy za kamiennymi kratami, ale w wyobraźni znajdziesz przekraczającą wszelkie granice wolność. Widzę Szekspira, który słucha starych opowieści, baśni i legend. Potrafię sobie również wyobrazić, jak siedzi i w myślach wybiera postaci do swojej sztuki, a następnie tworzy je po kolei, dając im włosy, skórę, mięśnie, kości, ożywiając do tego stopnia, że kiedy czytamy jego sztuki, wydaje się nam, że czytamy o sobie. A zatem historie Szekspira są historiami o tobie. Wszyscy bohaterowie są w tobie i wszyscy bohaterowie Szekspira są w tobie.

Wykorzystaj wyobraźnię, zajmując się sprawami Ojca. Sprawą twojego Ojca jest wydobycie na jaw twojej mądrości, umiejętności i wiedzy oraz zdolności dla dobra innych i twojego. Zajmujesz się sprawami Ojca, kiedy prowadzisz nieduży sklep, a w wyobraźni jest on większy, oferuje twoim braciom i siostrom szerszy zakres usług. Jeśli piszesz opowiadania, też możesz się zajmować sprawami Ojca. Wymyśl historię o Złotej Zasadzie i zasadzie miłości, gdyż wiara opiera się na miłości. A wiarą można przenosić góry; jeśli jednak nie masz miłości, nie zajdziesz za daleko. Miłość jest życzliwością, jest uprzejmością, łagodnością, jest życzliwością wobec wszystkich, aby doświadczyli wszelkich błogosławieństw życia.

Nadaj kształt pisanej historii i jej bohaterom w swoim uduchowionym, wysoce artystycznym umyśle. Twoje słowa zafascynują czytelników. Tak, kryje się w tobie potęga wyobraźni. Cudownie by było, gdybyśmy wszyscy od czasu do czasu na nowo sformułowali swoje poglądy, sprawdzili przekonania i opinie. Zapytaj siebie: „Dlaczego w to wierzę?", „Skąd wzięła się we mnie ta opinia?" Może wiele twoich poglądów, teorii i przekonań, które sobie przyswoiłeś, nie weryfikując ich prawdziwości ani dokładności, jest błędnych.

A zatem archeolodzy i paleontolodzy badający grobowce starożytnego Egiptu posługują się wyobraźnią, żeby zrekonstruować starożytne ruiny. Oczywiście, że tak postępują. Martwa przeszłość ożywa i znów można ją usłyszeć. Patrząc na starożytne ruiny i hieroglify, naukowcy badają czas, w którym nie było jeszcze języka. Komunikowano się wtedy za pomocą chrząknięć i mruknięć oraz gestów. Wyobraźnia naukowców umożliwia im przykrycie starożytnych świątyń dachami i otoczenie ich ogrodami, sadzawkami i fontannami. Skamieniałe szczątki dostają oczy, ścięgna, mięśnie i znów chodzą i mówią. Przeszłość staje się ożywioną teraźniejszością. Przekonujemy się, że wyobraźnia jest wolna od ograniczeń czasu i przestrzeni.

Dzięki niej można cieszyć się towarzystwem najbardziej inspirujących postaci w historii. Bóg otrze łzy z twoich oczu. Możesz odnieść sukces we wszystkich swoich poczynaniach. Możesz przezwyciężyć przeciwności losu, ubóstwo i porażkę. Nie masz innego wyjścia, jak tylko odnieść sukces i zdobyć bogactwo.

KRÓTKO MÓWIĄC

Jeżeli chcesz odnosić sukcesy, najpierw musisz je sobie wyobrazić. Jeżeli chcesz być bogaty, najpierw musisz sobie wyobrazić swoje bogactwo.

Kiedy świat twierdzi: „To niemożliwe. Nie da się

tego zrobić", człowiek z wyobraźnią odpowiada: „To już załatwione". Wyobraźnia może przenikać głębię rzeczywistości i odkrywać tajemnice natury.

Dzięki umiejętności wyobrażenia sobie końcowego rezultatu masz kontrolę nad wszelkimi okolicznościami. Jeżeli chcesz zrealizować jakieś życzenie, pragnienie, pomysł czy plan, stwórz w głowie mentalny obraz tej sytuacji. Nieustannie wyobrażaj sobie realność swojego pragnienia. W ten sposób sprawisz, że stanie się prawdą.

Wyobraźnia potrafi nadać kształt każdej myśli czy pragnieniu. Możesz wyobrazić sobie obfitość zamiast niedostatku, pokój zamiast niezgody i zdrowie zamiast choroby.

Możesz powołać do życia wszystko, co sobie wymyślisz. Chodzi o to, żeby odcisnąć w podświadomości wyobrażenie tego, ideał. Dusza widzi w twoim umyśle to, co niewidzialne. Gdzie jest sukces, którego tak głęboko pragniesz? Czyż nie w twojej głowie? Jest realny. Ma formę, kształt i treść w innym wymiarze umysłu. Uwierz, że już to masz, a będzie twoje.

Dzięki wyobraźni można cieszyć się towarzystwem najbardziej inspirujących postaci w historii. Bóg otrze łzy z twoich oczu. Możesz odnieść sukces we wszystkich swoich poczynaniach. Możesz przezwyciężyć przeciwności losu, ubóstwo i porażkę. Nie masz innego wyjścia, jak tylko odnieść sukces i zdobyć bogactwo.

ROZDZIAŁ 6

WSZYSTKO KOSZTUJE

Jednej rzeczy nie możesz mieć: czegoś za nic. Znane powiedzenie brzmi: „Wszystko kosztuje". Jakiś czas temu byłem w sklepie, w którym oferowano w prezencie paczkę golarek przy zakupie dwóch opakowań kremu do golenia. Jak dobrze wiesz, trudno, żeby ktoś rozdawał golarki za darmo. Są uwzględnione w cenie towaru, a przynajmniej w ogólnych kosztach prowadzenia biznesu. Nie ma nic za darmo. Jeżeli chcesz być bogaty, musisz za to zapłacić. Jeżeli pragniesz sukcesu, pamiętaj, że on też ma swoją cenę.

Do wszystkich swoich pragnień musisz podchodzić z uwagą, oddaniem i lojalnością. Wtedy oczywiście otrzymasz odpowiedź. Ceną jest rozpoznanie, ceną jest wiara, przekonanie. Zawsze trzeba za wszystko płacić. Nie ma absolutnie nic za darmo.

Ludzie mówią, że zbawienie jest za darmo. Nieprawda. Jesteście zbawieni Łaską poprzez wiarę. Łaska oznacza po prostu, że miłość, światło i chwała Nieskończonego odpowiada każdemu, kto Ją wezwie. „Będzie Mnie wzywał, a Ja go wysłucham i będę z nim w utrapieniu; wyzwolę go i sławą obdarzę, bo poznał Moje imię". Łaska oznacza po prostu odpowiedź Najwyższej Inteligencji na świadome myślenie i działanie. Jest dostępna dla każdego. Nie przysługuje tylko wybranym osobom z uwagi na ich wierzenia, poglądy czy dogmaty.

Reagowanie leży w naturze Nieskończonej Inteligencji. Odpowie ona każdemu. Ucząc się chodzić, pływać czy tańczyć, bez końca powtarzałeś pewien wzorzec myślowy; teraz mówisz, że to twoja druga natura. Druga natura to odpowiedź podświadomości na świadome myślenie i działanie. Tak samo jest z jazdą samochodem: nie prowadzisz auta z wielkim przejęciem ani nie zaciskasz rąk na kierownicy – wręcz przeciwnie, ledwie jej dotykasz. Tak naprawdę samochód prowadzi twoja podświadomość. Innymi słowy, to wysiłek bez wysiłku. To wysiłek bez napięcia czy stresu.

Zapłaciłeś za to, prawda? W formie uwagi, oddania i lojalności wobec zasady, w formie wytrwałości i determinacji. Teraz mógłbyś prowadzić samochód, jeździć na rowerze, pływać czy grać na instrumencie z zamkniętymi oczami. Wiele razy ćwiczyłeś palce, powtarzając wzorzec myślowy. Teraz grasz automatycznie. To twoje podświadome działanie.

Płacimy więc za wszystko: za uznanie, akceptację i przekonanie. Podejdź do dowolnej sprawy z uwagą, oddaniem i lojalnością, a ona wyjawi ci swoje sekrety. Jeżeli nie poświęcisz jej uwagi – czy chodzi o chemię, fizykę, matematykę, pracę czy interesy – pozostanie dla ciebie niewiadomą.

Pani Menier była wspaniałą nauczycielką. Mieszkała w Lucerne Hotel w Nowym Jorku, gdzie i ja zatrzymywałem się, odwiedzając to miasto, i czasem ze sobą rozmawialiśmy. Miała przyjaciółkę, która pożyczała od niej książki i przyjmowała jej stare ubrania. Pewnego razu powiedziałem jej: „Dlaczego ta kobieta nie słucha tego, czego pani uczy? Nie musi nosić pani starych ubrań". „Cóż", odpowiedziała, „nie jest gotowa, żeby za to zapłacić. Nie jest gotowa poświęcić uwagi. Nie jest gotowa zastosować tych prawd. Woli stare ubrania niż mądrość".

Myślę, że pani Menier miała rację. Ta kobieta wolała stare ubrania, używane parasolki i tak dalej niż prawa umysłu i ducha. Musiała jedynie poświęcić uwagę, okazać wielkim prawdom oddanie i zainteresowanie. Nie zapłaciła ceny; nie chciała jej zapłacić. Dotyczy to wielu osób. Pani Menier współczuła tej kobiecie i nadal oddawała jej stare ubrania, chociaż oczywiście w niczym to tej kobiecie nie pomagało.

Kilka lat temu na letnim seminarium „Siły twojej podświadomości", jakie odbywało się w Denver, pewna kobieta powiedziała mi: „Mogłabym mieć wszystko, czego zapragnę, gdybym tylko potrafiła uwierzyć, że już to mam". Wyjaśniłem jej, że jedyną rzeczą, której nie może mieć w życiu, jest coś za nic. Trzeba zapłacić cenę. Od dziesięciu lat bezskutecznie modliła się o pokonanie choroby skóry. Stosowała różne emulsje i leki do użytku zewnętrznego, ale nie przynosiły znaczącej ulgi. Nigdy jednak nie zgodziła się na zapłacenie ceny. A ceną za uzdrowienie jest wiara w Nieskończoną Uzdrawiającą Obecność. „Według wiary waszej niech wam się stanie".

Wiara nie kryje się pod postacią kredo, dogmatu, Kościoła czy osoby. Jeśli na przykład wierzysz w chemię czy fizykę, czy nie zgłębiasz ich praw: przyciągania, odpychania i tak dalej? Oczywiście, że tak. I tworzysz wspaniałe związki, które dają ludzkości niezliczone korzyści. Twoja wiara rośnie, gdy skupiasz się na wielkich prawach chemii, które były, są i zawsze będą takie same.

A zatem wiara jest uwagą, oddaniem i lojalnością wobec Jedynej Siły Twórczej. Masz ją, kiedy wiesz, że myśli są rzeczami, że przyciągasz to, co czujesz, że stanie się to, co sobie wyobrażasz. Masz wiarę, kiedy wiesz, że każda myśl, którą uznasz za prawdziwą, wnika do podświadomości i przejawia się jako forma, funkcja, doświadczenie czy zdarzenie. To oznaczałoby, że wierzysz, iż Nieskończona Inteligencja reaguje na twoją myśl. Odpowiada ci, kiedy Ją wzywasz. Wierzysz w to szczerze i głęboko.

Na przykład ludzie, którzy zgubili się w dżungli, wierzyli, że zostanie im wskazana droga wyjścia. Nie mieli kompasu ani sekstansu, nic nie wiedzieli o gwiazdach, nie znali położenia Gwiazdy Polarnej ani żadnej innej. Ale część z nich usiadła i powiedziała: „Pan jest moim pasterzem, nie brak mi niczego. Zaprowadzi mnie z powrotem do mojego zastępu. Zaprowadzi mnie w bezpieczne miejsce. Prowadzi mnie w tej chwili". Poszli za wskazówką (uczuciem), która pojawia się, gdy wzywa się Najwyższą Inteligencję. I doprowadziło ich to do rzeki. Szli wzdłuż niej i zostali ocaleni.

Oto Zasada Przewodnia. Zapłacili za to, prawda? Rozpoznali Ją, skupili na niej uwagę i zawołali. Jeżeli Jej nie wezwiesz i nie rozpoznasz, to jakby jej nie było. Nieskończona Inteligencja nie zadziała bowiem inaczej jak poprzez ciebie. Cena, jaką musiała zapłacić wspomniana kobieta, to uznanie potęgi Nieskończoności, akceptacja Uzdrawiającej Obecności i przekonanie, że proces uzdrawiania już trwa. Przekazywała władzę na zewnątrz, mówiąc: „Moja skóra jest wrażliwa na słońce. Mam alergię na zimno. Jestem przekonana, że egzema na moim ręku jest dziedziczna. Moja matka cierpiała na podobną dolegliwość. Winne są temu moje geny i chromosomy". Miała podzielony, rozdwojony umysł. Nigdy nie zaakceptowała ceny, czyli nie poświęciła uwagi Nieskończonej Uzdrawiającej Obecności i prawu Jej podświadomości, nie zaufała Uzdrawiającej Obecności i nie uwierzyła w Nią, dlatego ta nie odpowiedziała jej i nie zadziałała.

W końcu kobieta zaczęła odmawiać następującą modlitwę:

> „Nieskończona Uzdrawiająca Obecność we mnie, która stworzyła moje ciało i wszystkie jego organy, zna wszystkie procesy i funkcje mojego organizmu. Oświadczam, czuję i wiem z całą pewnością, że Nieskończona wspaniałość i chwała Nieskończoności manifestują się w moim umyśle i ciele. Przenikają mnie teraz pełnia, witalność i życie Nieskończoności, a każdy atom mojej istoty zostaje odmieniony przez Nieskończoną Uzdrawiającą Obecność. Przebaczam wszystkim w pełni i z własnej woli i przekazuję miłość, prawdę i piękno wszystkim moim krewnym. Wiem, że wszystkim przebaczyłam, ponieważ myśląc o nich, nie czuję żadnej urazy. Składam dzięki za uzdrowienie, które dzieje się w tej chwili, i wiem, że kiedy wzywam, otrzymuję odpowiedź".

Powtarzała tę modlitwę powoli, cicho i w skupieniu kilka razy dziennie. Zanim wyjechałem z Denver, powiedziała mi, że cała jej istota uległa niezwykłej przemianie – psychicznej i fizycznej – i że na jej oczach nastąpiło całkowite uzdrowienie. Musiała zapłacić cenę, zgłębiając swój umysł i przygotowując go na przyjęcie daru uzdrowienia. Jej umysł był więc podzielony w swoim posłuszeństwie. Oddawała władzę dietom, klimatowi, dziedziczności i innym czynnikom.

Zaczęła rozumieć, że to nie myśliciel o naukowym podejściu daje początek światu zjawisk i wszelkim zewnętrznym rzeczom. Początek wszystkiemu daje Duch w nas – Boża Obecność. Bóg jest początkiem wszystkiego, jest wszechpotężny, największy i wszechmocny. Nic Mu się nie przeciwstawi, nic nie stanowi dla Niego wyzwania ani Go nie osłabi. W chwili gdy uznajesz istnienie innej siły, w twoim umyśle następuje rozłam. Podświadomość nie reaguje na twój podzielony i pomieszany umysł. Gdy wciśniesz w windzie kilka guzików, nie pojedziesz ani wyżej, ani niżej, tylko będziesz tkwił w miejscu.

Wiara rodzi się ze zrozumienia praw umysłu i sumiennego ich stosowania we wszystkich poczynaniach. Możesz wzrastać w wierze w taki sam sposób, jak wcześniej opisywałem w odniesieniu do chemika czy fizyka. Dzięki temu badacz tworzy cudowne związki, niosące ludziom ulgę w cierpieniu i łagodzące trudy życia. Naukowcy mają coraz głębszą wiarę, ponieważ nieustannie badają prawa natury i osiągają wspaniałe wyniki. Rolnicy muszą zasiać ziarno, żeby zebrać plony. Muszą zdecydować, czy posieją pszenicę, owies czy jęczmień. Dokonują wyboru i obsiewają ziemię. Muszą coś dać, żeby coś dostać. Muszą oddać coś ziemi.

Jeżeli chcesz coś dostać, najpierw musisz dać coś swojemu umysłowi. Zanim otrzymasz bogactwo, musisz odcisnąć w podświadomości jego pojęcie.

Wszystko, co zostało wyryte w podświadomości, pojawi się na ekranie rzeczywistości. Widzisz, wszystko, co masz, otrzymałeś tylko dzięki podświadomości. Musisz więc stworzyć mentalny odpowiednik tego, czego pragniesz.

Osiągasz to, skupiając się na zdrowiu, bogactwie, spokoju, harmonii i innych sprawach, jakich pragniesz w życiu. Nieskończoność jest w tobie. Otrzymałeś dar. Bóg jest darczyńcą i darem. Ty jesteś odbiorcą. Co możesz dać Bogu? Nic. Bóg jest Nieskończoną Obecnością i Mocą we wszystkim, nad wszystkim i wszędzie, Prawem Życia, Prekursorem, Ojcem wszystkiego. Co, na Boga, mógłbyś dać Nieskończoności? Jest wszystkim dla rodzaju ludzkiego. Jest wszystkim. Jest źdźbłem trawy. Jest jabłkiem. Jest powietrzem. Jest nasionem. Jest wszystkim. Cały świat już istniał, kiedy się urodziłeś.

Jedyne, co możesz dać Bogu, Duchowi Żywemu w tobie, to uznanie, cześć, lojalność i oddanie. Bóg obiecuje nam tylko to: „Będzie Mnie wzywał, a Ja go wysłucham i będę z Nim w utrapieniu; wyniosę go wysoko, albowiem zna Moje imię". Jego imię mówi wszystko. W Jego naturze jest, żeby ci odpowiedzieć. Biblia mówi: „Zanim zawołają, Ja im odpowiem; oni jeszcze mówić będą, a Ja już wysłucham". A zatem odpowiedź już jest w tobie – odpowiedź na każdy problem pod słońcem. Intuicja jest w tobie. Można uczyć się z własnego wnętrza. Masz w sobie dar telepatii i jasnowidzenia; masz w sobie wszystkie te zdolności.

Możesz się zmienić. Zmień umysł, a zmienisz ciało i wszystko inne. Zmień swoje myśli na zawsze. Wszystko, czego pragnie każdy człowiek, już jest dzięki Bożej Obecności, która żyje, porusza się i istnieje w tobie. Bóg żyje, porusza się i istnieje w tobie. Bóg jest Prawem Życia, Prekursorem, Wszechmogącym Duchem Żywym w tobie. Albowiem Bóg jest Duchem. Ci, którzy Go czczą, czczą Go w Duchu i w prawdzie. Sam fakt, iż czegoś pragniesz, jest dowodem na to, iż coś takiego istnieje. Twoje pragnienie wywołuje reakcję Najwyższej Inteligencji w tobie. Przedwieczny Bóg wie, czego potrzebujesz, zanim jeszcze o to poprosisz. Ta potrzeba już jest spełniona; dar został dany, albowiem Bóg jest darczyńcą i darem, a ty odbiorcą. Kiedy umysł jest gotowy, wszystko może się zdarzyć.

Bogactwo i dobrobyt są dostępne już teraz; podobnie jak zdrowie i spokój. Uzdrawiająca Obecność jest w tobie. Miłość jest dostępna, radość jest dostępna i siła jest dostępna. Czy będziesz czekał, aż moc Wszechmogącego popłynie przez ciebie? Jest w tobie teraz. Powiedz: „Potęga Wszechmogącego płynie przeze mnie". Czy będziesz czekał na spokój? Pewnego dnia go osiągniesz. Boski spokój jest w tobie, a rzeka spokoju płynie teraz przez ciebie. A zatem dar już tu jest. Bóg jest darczyńcą i darem. Bóg mieszka w tobie. A zatem, kiedy umysł jest gotowy, wszystko może się zdarzyć. Przyjmij spokój i pewność siebie, które są już dostępne. Przyjmij inspirację, przewodnictwo i sukces, które są już dostępne.

Musisz otworzyć oczy. Musisz otworzyć serce i przyjąć dar. Jeśli masz zajęte obie ręce, musisz coś odrzucić, żeby coś podnieść, prawda? Musisz pozbyć się błędnych przekonań i przyjąć prawdę, gdyż wszystko może się zdarzyć, kiedy umysł jest gotowy. Przygotuj umysł na przyjęcie daru. Jest w tobie uzdrawiająca moc Boga. Goi ona skaleczenie na twoim palcu. Jest tutaj.

Kiedy chirurg wycina guz, mówi: „Natura cię uzdrowi". Usuwa przeszkodę.

A zatem odpowiedź otrzymasz zawsze. Może już ci się to zdarzyło, już próbowałeś rozwiązać jakiś problem. Łamałeś sobie nad czymś głowę. Prosiłeś innych o pomoc. Sprawdzałeś we wszystkich książkach. Podobnie jak naukowiec, chemik, farmaceuta czy farmakolog prowadzący badania, lekarz, chirurg czy dyrektor handlowy starałeś się znaleźć rozwiązanie. Zmagasz się z jakimś problemem. Szukasz odpowiedzi, aż opadasz z sił. W pewnym sensie się poddajesz i przekazujesz problem głębszym pokładom umysłu. Może kładziesz się spać. Czasem odpowiedź przychodzi we śnie, w nocnej wizji. Czasem pojawia się, kiedy budzisz się rano. Wyskakuje w głowie niczym grzanka z tostera.

To się dzieje bez przerwy. Zapłaciłeś cenę w postaci uwagi, oddania, lojalności i uznania dla Najwyższej Inteligencji, jedynej, która zna odpowiedź. Kiedy rezygnujesz, poddajesz się, przekazujesz to dalej ze słowami: „Jest we mnie coś, co zna odpowiedź" – i wtedy pojawia się rozwiązanie. Zaangażowałeś Najwyższą Inteligencję oraz Nieskończoną Obecność i Moc, które ci odpowiedziały. Poświęciłeś Im uwagę i otrzymałeś wskazówkę.

Einstein kochał matematykę, a ta odkrywała przed nim swoje tajemnice. Pochłaniał go i fascynował wszechświat i jego prawa. W jego świadomym umyśle niczym błyskawica pojawiła się jednolita teoria pola. Poświęcił uwagę, zaangażowanie i wysiłek czasowi, przestrzeni i czwartemu wymiarowi; a jego podświadomość odpowiedziała mu, ujawniając przed nim sekrety tych dziedzin.

Edison eksperymentował z elektrycznością, analizował ją i wyjaśniał jej działanie. Czuł silne pragnienie, żeby rozświetlić świat i służyć rodzajowi ludzkiemu; a elektryczność zdradziła mu swoje sekrety. Zapłacił za to – ceną była wytrwałość, niezłomność, pewność siebie, przekonanie, że odpowiedź nadejdzie. Owszem poświęcił też temu uwagę i zaangażowanie. Darzył miłością zasadę działania elektryczności i oczywiście przyczynił się do odkrycia olbrzymiej liczby wynalazków, ponieważ zapłacił za to uwagą, wytrwałością i całkowitym oddaniem swojemu projektowi, wiedząc w głębi serca i duszy, że istnieje subiektywna inteligencja, która mu odpowie. Nie poddawał się i jego głębszy umysł nigdy go nie zawiódł.

Oto kolejny przykład tego, jak wiara w myśl pozwoliła zarobić miliony jednemu człowiekowi, a wielu innym powiększyć majątek. Sir John Templeton głęboko wierzy w swój talent do wyszukiwania bezpiecznych i intratnych inwestycji. Ma osiemdziesiąt kilka lat i resztę swojego życia oraz miliony dolarów postanowił poświęcić na poszukiwanie synergii pomiędzy nauką i wiarą. Jest obywatelem brytyjskim od 1963 roku, kiedy to postanowił zamieszkać na należących do Anglii Bahamach. Za swoje przedsięwzięcia finansowe i filantropijne został uhonorowany przez królową tytułem szlacheckim. Zapytany o swój sukces odpowiada: „Po prostu posługuję się zdrowym rozsądkiem, kiedy inwestuję cudze pieniądze i kiedy staram się zrozumieć duchowe reguły rządzące wszechświatem".

Templeton uważa, że świat został stworzony przez Boga i oparty na podstawowych zasadach moralnych. Jeżeli się ich przestrzega, przynoszą duchową siłę oraz sukces materialny. Duchowość uznaje za naukę stosowaną, której można się uczyć i którą można zgłębiać jak mechanikę czy inżynierię.

Uważa, że dowody na istnienie podstawowych duchowych zasad życia, jak wpływ modlitwy na proces uzdrawiania, wciąż jeszcze nie zostały odkryte, ale jest przekonany, że są. Finansuje więc badania w tej dziedzinie na Uniwersytecie Harvarda.

Krytycznie ocenia naukowców i przywódców religijnych, którzy prawdy szukają tylko w tradycyjnych koncepcjach i świętych księgach, a nie w nauce i przyszłości. Jest głęboko przekonany, że teologia powinna się rozwijać tak jak nauka. „Darzę uznaniem wszystkie religie, ale żaden człowiek nie poznał jeszcze nawet jednego procentu z całej pełni Boga", powiedział.

Jego poszukiwanie odpowiedzi w kwestiach duchowych nie jest nowym hobby. W młodości myślał, że zostanie misjonarzem. Zanim dotarł do college'u, zdał sobie sprawę, że ma wyjątkowy talent. Szybko zauważył, że zwykle lepiej od innych inwestuje pieniądze. „Stwierdziłem, że ludzie inwestują, słuchając emocji i ignorancji, a nie zdrowego rozsądku".

W latach czterdziestych założył grupę inwestycyjnych funduszy wzajemnych, żeby móc obracać cudzymi pieniędzmi. W tamtych czasach było to względnie nowe zjawisko. Templeton udoskonalił je i dzięki niemu obecnie jest to jedno z najważniejszych narzędzi inwestycyjnych.

Wspomina, że w pierwszym dorocznym spotkaniu Templeton Growth Fund oprócz niego udział wzięli jeden pracownik, zatrudniony w niepełnym wymiarze godzin, oraz jeden udziałowiec. „Dla oszczędności spotkanie zorganizowaliśmy w jadalni emerytowanego kierownika General Foods".

Obecnie fundusze Templetona zatrudniają sześćset osób na całym świecie, a ich środki wynoszą 36 miliardów dolarów. Templeton zwraca uwagę, że od czasu, kiedy rozpoczął swoją działalność, suma, jaką Amerykanie zainwestowali w fundusze wzajemne, wzrosła tysiąc razy. 10 000 dolarów zainwestowanych w Templeton Growth czterdzieści lat temu obecnie przynosi kilka milionów dolarów.

W 1992 roku Templeton odszedł na emeryturę i sprzedał swoje udziały w firmie (według szacunków warte 400 milionów dolarów). Pomógł zarobić pieniądze ponad milionowi osób. W czasie rozwijania działalności biznesowej nie zaniedbywał spraw duchowych. Szukał naukowców i teologów, którzy mieliby zgłębiać związki nauki i religii. W roku 1972 ustanowił Templeton Prize for Progress in Religion, przyznawaną osobom, które czynią z religii „aktywną siłę moralną". Laureat otrzymuje ponad milion dolarów. Templeton zawsze płaci więcej, niż wynosi Nagroda Nobla, żeby podkreślić, iż religia jest co najmniej tak ważna jak sztuka i nauka. Tworząc to wyróżnienie, Templeton powiedział: „Najwspanialsze realia wszechświata są duchowe, ale ludzie często są tak pochłonięci najbliższym, materialnym otoczeniem, że nie uświadamiają sobie istnienia daleko większego, o wiele potężniejszego wymiaru". Nagroda ma zwracać więc uwagę na postępy w odkrywaniu wiedzy o Bogu i pojmowaniu znaczenia i celu życia.

„Niektóre z najbardziej twórczych, inspirujących spostrzeżeń naszej ery obejmują duchowość", powiedział Templeton. „Nielogiczne jest ignorowanie odkryć w dziedzinie duchowej na korzyść odkryć w dziedzinie nauk fizycznych". Laureatami jego nagrody byli między innymi Matka Teresa i Billy Graham. W swojej książce *The Humble Approach* Templeton napisał: „Kluczem do postępu w religii czy nauce jest pokora. Pokora jest drogą ku wiedzy. Jeżeli chcemy się dowiedzieć więcej, najpierw musimy uświadomić sobie, jak niewiele wiemy obecnie. Im więcej się dowiadujemy, tym więcej wiemy o tym, czego nie wiemy. To nadaje życiu smak..."

W artykule, który napisał do pierwszego numeru czasopisma „Positive Living", zwrócił uwagę na rolę modlitwy w jego sukcesie: „Przez trzydzieści lat wszystkie spotkania szczebla dyrektorskiego Templeton Growth Fund, Ltd. zaczynały się modlitwą i przez te trzydzieści lat żaden rządowy fundusz otwarty nie uzyskał wyników bliskich zyskom naszych udziałowców". Templeton nie zgadza się z tymi, którzy przekonują, że odnosiłby sukcesy, nawet gdyby się nie modlił. „Moje życie w modlitwie", stwierdza, „zapewniło mi jasność umysłu i głęboki wgląd, które były czynnikami decydującymi o moim sukcesie". „Nie modlę się z moimi partnerami biznesowymi o to, żeby wzrosła cena konkretnych akcji, które kupiliśmy, ponieważ to by nic nie dało. Modlimy się po prostu o to, żeby podejmować mądre decyzje". Templeton dodaje również: „Jeżeli postarasz się być w harmonii z Bogiem poprzez modlitwę, masz o wiele większe szanse, że wszystko, co zrobisz w życiu, wyjdzie ci na dobre, nie wyłączając wyboru akcji. Moja osobista metoda zapewniania sobie harmonijnych relacji z Bogiem, by podejmować dobre decyzje odnośnie do inwestycji, polega na prostej modlitwie

«Niech się stanie». Pomaga mi ona oczyścić umysł ze wszystkich uprzedzeń i jeszcze bardziej otworzyć się na Bożą pomoc".

„Jeżeli z całego serca pragniesz pomagać innym, nie powstrzymasz korzyści, które otrzymasz w zamian pod postacią przyjaźni, miłości, uznania. Szczęście przychodzi do tych, którzy dają szczęście innym. Nie można znaleźć szczęścia, szukając go, tylko starając się je dawać".

Potępianie i krytykowanie samego siebie to dwie najbardziej niszczące emocje, zatruwające psychikę, odbierające witalność, siłę i równowagę, powodujące ogólne osłabienie organizmu. Miłość to prawo zdrowia, harmonii, pokoju i obfitości w działaniu. Miłość oznacza, że tego, czego życzysz sobie, musisz też życzyć innym. Kiedy kochasz innych, wysyłasz im spokój i życzliwość, ciesząc się ich sukcesami i szczęściem.

Zasugerowałem pewnemu muzykowi, że jeżeli pragnie stać się wybitny w swojej dziedzinie, powinien odmawiać następującą modlitwę: „Bóg jest wielkim muzykiem. Ja jestem instrumentem i narzędziem Boga. Boża Obecność przepływa przeze mnie jako harmonia, radość i spokój. Nieskończona Obecność i Moc odgrywają na mnie wieczną melodię miłości, a kiedy ja gram, gram melodię Tego, Który Jest Wieczny. Moja inspiracja spływa z góry wraz z majestatycznymi kadencjami, odkrywającymi wieczną boską harmonię". W ciągu kilku lat odniósł ogromny sukces. Ceną, jaką musiał zapłacić, była uwaga, cześć i oddanie Wiecznej Istocie, od której płyną wszelkie błogosławieństwa.

Osoba, która nie wiąże końca z końcem, musi zapłacić cenę. Ceną nie jest ciężka praca i ślęczenie po nocach; ceną jest wprowadzenie do świadomości pojęcia bogactwa. Wszystkie rzeczy posiadasz dzięki świadomości. Możesz pracować czternaście albo piętnaście godzin na dobę, ale jeżeli twój umysł nie jest wydajny, twój wysiłek pójdzie na marne. Czy masz wydajny umysł? Mądrość to świadomość Obecności i Mocy Boga w tobie. Zrozumieć znaczy posłużyć się tą Inteligencją i tą Mądrością do rozwiązywania codziennych problemów. Królestwo Boże jest w tobie. Królestwo inteligencji, mądrości, siły i piękna jest w tobie, albowiem Boża Obecność jest w tobie i tu, gdzie jesteś, jest też Bóg w swej pełni.

Możesz pracować czternaście godzin na dobę, ale jeśli twój umysł nie jest spokojny, nie ma w tobie łagodności, uprzejmości i życzliwości, twoja praca pójdzie na marne, gdyż wiara opiera się na miłości. Możesz pokładać głęboką wiarę w swojej dziedzinie, na przykład inżynierii, nauce, sztuce, przemyśle czy biznesie, ale jeżeli brak ci uprzejmości, łagodności i życzliwości oraz dobrych uczuć, potkniesz się i upadniesz, prawda?

W twoim głębszym umyśle mieści się nieograniczona mądrość i wszystkie moce Nieskończoności. Masz dostęp do nieskończonej liczby boskich pomysłów. Musisz jedynie połączyć się z Nieskończonym Duchem i zacząć się radować tym, że ujawnia przed tobą to, co powinieneś wiedzieć. Albowiem Bóg jest Duchem, a ci, którzy oddają Mu cześć, oddają Mu cześć w Duchu i w Prawdzie. Oddając cześć, podchodzimy do Jedynej Obecności i Mocy w nas z pełną uwagą, lojalnością i oddaniem.

Kiedy więc uświadomisz sobie, że istnieje tylko Jedna Moc, działająca jako jedność, jako harmonia, nie ma już przyczyny dla zła, ponieważ przyznałeś Jedynej Obecności i Jedynej Mocy najważniejsze miejsce w swoim umyśle. Królestwo Boże jest tutaj. Oznacza to Nieskończoną Inteligencję.

Richard D., członek mojej kongregacji, poniósł dotkliwe straty finansowe. Modlił się o wskazówki i poprosił, żeby Twórcza Inteligencja wyjawiła mu, jakie kroki powinien podjąć, żeby poprawić swoją sytuację życiową. Zawładnęło nim silne pragnienie, żeby pojechać na pustynię. Kiedy tam rozmyślał, przyszedł mu do głowy pewien pomysł. Podzielił się nim ze starym znajomym, który prowadził dobrze prosperującą agencję nieruchomości w Los Angeles. Opowiedział mu o ogromnym potencjale, jaki zobaczył na tym pustynnym obszarze. Wyobraził sobie, jak ludzie wyjeżdżają z Los Angeles i ze wschodu, żeby mieszkać tam, gdzie na razie jest tylko pustynia. Oczami wyobraźni zobaczył, jak na tej pustyni powstają domy, szpitale, szkoły i cała reszta. Znajomy zatrudnił go na stanowisku sprzedawcy do promocji projektu zagospodarowania tego pustynnego terenu. Odniósł sukces, został partnerem w agencji i multimilionerem z sektora nieruchomości.

Masz w sobie intuicję. Richard dowiedział się, co ma robić, zagłębiwszy się w siebie. Ceną, jaką zapłacił, było rozpoznanie wskazówki, która przyszła mu do głowy, i podążenie za nią. Sam fakt, iż pragniesz odpowiedzi, oznacza, że istnieje już ona w świecie mentalnym i duchowym. Tak, jest obecna jako myśl. Istnieje jako zasada, archetyp, wzorzec. Albowiem wszystko pochodzi od niewidzialnego. Ty i cały świat zrodziliście się z tego, co było niewidzialne. Uświadom sobie ponownie, że żyjesz, poruszasz się i istniejesz w Nim. Bóg żyje, porusza się i istnieje w tobie.

Bóg jest darczyńcą i darem. Musisz umieć przyjmować. Przyjmij dar. Wiele osób tego nie umie. Mówią: „Dobre rzeczy nie są dla mnie. Należą się pani Jones, która mieszka na mojej ulicy". Otóż wszystko zostało ci dane. Sam Bóg mieszka w tobie. Cały świat jest twój. Słońce świeci na sprawiedliwych i niesprawiedliwych; deszcz pada na dobrych i złych. Matematycy twierdzą, że w tropikach z drzew spada tyle owoców, że można by nimi nakarmić wszystkich ludzi. Gniją na ziemi. Idź na pustynię i nawodnij ją – wyhodujesz na niej wszystko. Możesz wpaść na pomysł wart fortunę, na odkrywczą myśl. Tak! I na pewno na niego wpadniesz. Musisz jednak zapłacić cenę: rozpoznać go.

Niezależnie od tego, czy jesteś stenotypistą, przedstawicielem handlowym, menedżerem, chemikiem albo lekarzem, możesz powiedzieć: „Nieskończony Duch we mnie pokazuje mi, jak mogę lepiej służyć innym. Rodzą się we mnie twórcze idee Boga, pokazując mi nowe, lepsze sposoby osiągania wspaniałych rzeczy i służenia ludzkości". Wpadniesz na nowe, oryginalne pomysły. Jeżeli będziesz się tak modlił, doświadczysz cudów. Pamiętaj jednak, że musisz uznać Jego obecność. Musisz Go wezwać. Musisz wierzyć w Niego, a nie w rzeczy pozbawione sensu.

Kilka lat temu odwiedziłem kanadyjski Jasper Park Lodge w Albercie. To bardzo piękne miejsce. Wszyscy kelnerzy, kelnerki i cały personel ma wykształcenie wyższe. I właśnie jedna z kelnerek miała bardzo złożony problem. Poradziłem jej, żeby wieczorem, przed pójściem spać, przekazała prośbę swojemu głębszemu umysłowi: „Musisz zgodzić się, że tylko To zna odpowiedź. Zwróć się do Tego z wiarą i zrozumieniem. Gdy tak zrobisz, odpowie ci. Musisz zapłacić taką cenę". Ceną jest wiara i akceptacja, zgoda na to, że To istnieje. Kiedy odkręcasz kran, oczekujesz, że popłynie z niego woda, prawda? Płacisz cenę. Wierzysz, że woda popłynie. Potem odkręcasz kurek. Przemówiła do swojego głębszego umysłu w następujący sposób: „Odkryj przede mną odpowiedź. Wiem, że tylko ty znasz odpowiedź". Tą modlitwą ukołysała się do snu.

Następnego dnia dostała telegram z Ontario, który rozwiązywał jej problem. Musiała zapłacić cenę, myśląc o odpowiedzi, wiedząc, że ona istnieje. Poświęciła uwagę głębszemu umysłowi i rano otrzymała odpowiedź.

Jeżeli odpowiedź ma przyjść, musisz podjąć działanie. Tak, Boża Obecność od zawsze rządzi wszechświatem. Prowadzi planety po ich orbitach, sprawia, że świeci słońce. Ożywia twoje ciało, dba o ciebie, kiedy głęboko śpisz. Musisz coś zrobić. Musisz zacząć z Niej korzystać. Wezwij Ją, a odpowie ci. Jeżeli Jej nie wezwiesz, jeżeli Jej nie uznasz, jeżeli w Nią nie uwierzysz, to jakby Jej nie było. Albowiem Obecność Boga może działać tylko poprzez ciebie – poprzez twoje myśli, wyobrażenia, wierzenia i przekonania.

Słyszysz, że powinieneś zdobyć mądrość. „Za wszystko, co masz, mądrość nabywaj". Lekarze na przykład posiadają pewną mądrość. Barry P., młody stażysta, chciał zostać chirurgiem. Miał jednak poważny problem. Był bardzo nerwowy, przez co trzęsły mu się ręce. Postanowił z tym skończyć. Chcąc pozbyć się drżenia, codziennie przez pół godziny wnosił i znosił po schodach szklankę z wodą. Z tygodnia na tydzień rozlewał jej coraz mniej. Dopiero po sześciu miesiącach ręka przestała drżeć. Zapłacił cenę i został świetnym chirurgiem. Najpierw jednak musiał się zdobyć na poświęcenie uwagi, wytrwałość i oddanie. Musiał się pozbyć nerwowości. Przenieść szklankę po brzegi wypełnioną wodą, nie rozlewając ani kropli.

Czy ty po jakimś czasie byś się poddał? Czy znudziłbyś się i powiedział: „Och, nie mam na to ochoty"? Otóż Barry chciał być dobrym chirurgiem i musiał za to zapłacić. Nie chcesz, żeby podczas operacji lekarzowi trzęsły się ręce, prawda? Wolałbyś, żeby twój chirurg był opanowany i zrównoważony, odprężony i spokojny, a ponadto kompetentny i mądry, prawda? Barry został kompetentnym okulistą. Za pomocą lasera w minutę lub dwie naprawia odklejoną siatkówkę albo usuwa kataraktę. Jest zawodowcem. Zapłacił za to cenę uwagi. Jest zaangażowany, zafascynowany i pochłaniają go teoria i praktyka. Jest świetnym chirurgiem. Otrzymuje zlecenia z Arabii, Anglii, Irlandii i innych krajów. Możesz być pewien, że nie musi się modlić o bogactwo czy pieniądze. Płyną do niego strumieniem, ponieważ jest kompetentny, mądry i zręczny.

Kiedy sam nie jesteś w stanie usunąć jakiejś usterki samochodowej, wzywasz mechanika, który się na tym zna. Sprawdza i szybko rozpoznaje, na czym polega problem, po czym go rozwiązuje. Uczył się tego, ale może samochody to jego konik i zna ich budowę. Poświęca im uwagę, poznaje je, zajmuje się nimi, chociażby rozbierając je na części, zgłębiając kwestie techniczne i sposób ich działania. Jest więc wysoce kompetentny.

Uniwersalne Prawo Życia przemawia teraz przez ciebie pod postacią pragnienia, albowiem Bóg przemawia do człowieka poprzez pragnienie. Pragniesz być lepszy, niż jesteś. Pragniesz zdrowia, miłości, spokoju, harmonii, obfitości i bezpieczeństwa. Jeżeli nie, coś z tobą jest nie w porządku. Twoim największym pragnieniem jest poczucie jedności z Bogiem, czyli joga miłości. To Prawo Życia wyjawi ci, jak spełniać marzenia. Wie, jak sprawić, żeby się ziściły, ale musisz otworzyć umysł i serce i przyjąć dar Tego, Który Jest Wieczny.

Wyrzuć z umysłu wszelkie założenia, fałszywe przekonania i przesądy i uświadom sobie, że zanim zawołasz, Bóg ci odpowie; jeszcze mówić będziesz, a On już wysłucha. Oznacza to, że musisz nakłonić umysł do przyjęcia starej jak świat prawdy, że wszystko, czego szukasz, już istnieje w Nieskończonym Umyśle. Już tam jest. Musisz jedynie zidentyfikować się psychicznie i emocjonalnie ze swoim pragnieniem, myślą, planem czy celem, uświadamiając sobie, że jest równie rzeczywisty jak twoja ręka czy serce.

Powiedzmy, że masz w głowie pomysł na wynalazek. Jeszcze nie przelałeś go na papier; nawet nie narysowałeś schematu. Ktoś bardzo wrażliwy, o parapsychologicznych zdolnościach, medium czy jasnowidz, mógłby go opisać. Dlaczego? Dlatego że istnieje on już w twojej głowie. Taka jest rzeczywistość. Krocząc po ziemi z przekonaniem, że twoja modlitwa została wysłuchana, powinieneś mieć prawo cieszyć się z tego rzeczywistego doświadczenia.

Innowacja z punktu widzenia wynalazcy jest równie rzeczywista jak jej obiektywny odpowiednik. Dlatego też twoje pragnienie czy nowy projekt również są realne z subiektywnego punktu widzenia. Nowa książka, nowa sztuka – gdzie jest? W twojej głowie. Jest prawdziwa. Ma formę, kształt i postać materialną w innym wymiarze umysłu.

W Jasper Park Lodge widziałem tańczącą dziewczynę. Bez trudu można było dostrzec jej mądrość, inteligencję, wewnętrzny ład i rytm Ducha, który przez nią przepływał. Jak sama mówiła, tańczy dla Boga. Nagradzano ją hucznymi brawami za dobrze wykonaną pracę. To mądrość, prawda? Dostrzegasz piękno, wewnętrzny ład, symetrię, równowagę, grację, wdzięk. To wszystko jest mądrość. Zasługiwała na to uznanie. Tańczyła z wdziękiem, cudownie i rytmicznie. Powiedziała mi, że jej nauczyciel polecił jej zawsze modlić się o to, żeby tańczył w niej Bóg, a Jego piękno, wewnętrzny ład, równowaga i mądrość zawsze się przez nią przejawiały.

Walka i mozolna praca to nie jest odpowiedź. Odpowiedzią jest szacunek dla Nieskończoności, skontaktowanie się z Nieskończoną Mocą.

Henry Hanlon, redaktor brytyjskiego wydania „Science of Thought", znajdował się pod wielką presją finansową. Gdy pewnego śnieżnego dnia wracał do domu, nagle poczuł, iż bogactwo, miłość i dobroć Boga są niczym miliardy płatków śniegu spadające na Londyn. Powiedział: „Otworzyłem w tamtej chwili umysł i serce na Nieskończone boskie bogactwo, zdając sobie sprawę, że boskie bogactwo, miłość i inspiracja padają na mój umysł i serce jak płatki śniegu na cały Londyn".

Od tej pory bogactwo płynęło do niego bez przeszkód, radośnie i nieprzerwanie. Do końca życia nie brakowało mu pieniędzy. Zmienił swój umysł i zgodnie z tą zmianą zmieniła się jego rzeczywistość. Nie zmienił się Londyn, londyńska mgła, śnieg ani nic innego w jego otoczeniu. Biuro wyglądało tak samo; wszystko pozostało takie samo. To on się zmienił wewnętrznie i stał się narzędziem bogactw życia – duchowych, mentalnych i wszystkich innych.

Nie ma nic za darmo. Za wszystko trzeba zapłacić. A monetą jest oczywiście uwaga. Poświęć uwagę muzyce albo elektryczności, swojemu biznesowi, pracy czy czemukolwiek innemu i pokochaj to, a poznasz w zamian jego sekrety. Kochaj prawdę. Jeśli jesteś głodny i spragniony, poznasz wszelkie ukryte znaczenia, czy to dzięki własnemu wnętrzu, czy też dzięki nauczycielowi. Czy jest jakaś różnica? Cała prawda kryje się w tobie. Ta prawda zostanie ci przekazana, kiedy uświadomisz sobie, że jest w tobie Nieskończoność.

Zasadnicze znaczenie ma Mądrość. Mądrość jest Obecnością i Mocą Boga działającymi w tobie. „Za wszystko, co masz, mądrość nabywaj. (...) myśl o Nim na każdej drodze, a On twe ścieżki wyrówna". Zaufaj Mu, uwierz w Niego, a On wszystko sprawi.

W jednej z gazet zamieszczono ciekawy artykuł o niejakiej Maude Towle, która w wieku stu trzech lat wciąż dobrze sobie radzi. Oto, co w nim napisano: „Spogląda zza grubych szkieł, drobiąc małymi kroczkami w stronę jej dumy i radości". Dla większości ludzi w jej wieku duma i radość oznaczałyby prawnuki, a nawet praprawnuki. Ale dla tej stutrzylatki najwspanialszą rzeczą w jej życiu jest jej samochód na napęd elektryczny. Mimo iż przeszła na emeryturę trzydzieści osiem lat temu, ostatnio – jedenasty rok z rzędu – zdała test przedłużający jej kalifornijskie prawo jazdy. Maude Towle jest jednym z dziesięciu najstarszych kierowców w Kalifornii – ale to tylko część jej historii.

Równie dziarska co sześćdziesięciopięciolatki, przez siedem dni w tygodniu zajmuje się płatnościami firmy udzielającej kredytów hipotecznych. Czy to nie cudowne? „Nigdy nie odejdę na emeryturę", oznajmiła. „Gdybym to zrobiła, umarłabym z głodu. Ubezpieczenie społeczne płaci za mało, żeby w dzisiejszych czasach wyżywić nawet tak starą osobę jak ja. W ten sposób nigdy nie będę musiała nikogo o nic prosić. Mogę żyć tak, jak chcę, i robić to, co chcę, i nikt nie będzie mi bez przerwy mówił, co mam robić". Pani Towle zajmuje mieszkanie w kamienicy w Inglewood. Obok mieszka jej najlepsza przyjaciółka i stała towarzyszka Ida Gleason. Pani Gleason to „młódka". Ma zaledwie dziewięćdziesiąt trzy lata. Codziennie jeżdżą zatłoczonymi ulicami Inglewood na rynek, do banku, do miejscowego parku, gdzie uwielbiają spędzać czas, grając w karty w cieniu drzewa.

Pani Towle zaczęła prowadzić samochód w roku 1965, po śmierci męża. Od tego czasu radzą sobie we dwie, ona i Ida. Pani Towle twierdzi, że nie wyobraża sobie innej sytuacji. „Nie przyjmuję przysług od nikogo", mówi. „Na wszystko zarabiam sama. Zawsze żyłam po swojemu i tak zostanie". Przede wszystkim jednak pani Towle kocha swój samochód – dwuosobowy, błyszczący, brązowo-biały i napędzany na prąd. Osiąga maksymalną prędkość zaledwie około trzydziestu kilometrów na godzinę, ale wydaje się znacznie szybszy. Pani Towle delikatnie zdejmuje z niego pokrowiec, dzięki któremu lakier na czteroletnim pojeździe wygląda jak nowy. Zajmuje jej to mniej więcej dziesięć minut. Potem czas otworzyć drzwi. To też robi bardzo uważnie, żeby nie zarysować lakieru. Wreszcie wsiada, a miejsce dla pasażera zajmuje pani Gleason. I z cichym warkotem rozpoczynają kolejny pracowity dzień.

Ciekawe, prawda? Ona kocha życie. Zapłaciła cenę. Jest ciekawa świata. Nie interesują jej zasiłek i tym podobne kwestie. Interesuje ją działanie na rzecz ludzkości. Bardzo kocha życie. To fascynujące. Spokój, wyciszenie, poczucie humoru i śmiech sprawiają, że pozostajesz młody. Wiesz, że cierpliwość nigdy się nie starzeje, miłość nigdy się nie starzeje, radość nigdy się nie starzeje, harmonia nigdy się nie starzeje, śmiech nigdy się nie starzeje, życzliwość nigdy się nie starzeje, łagodność nigdy się nie starzeje i dobroć nigdy się nie starzeje, podobnie jak współczucie czy zrozumienie. Są wieczne, prawda? Prawo Życia też nigdy się nie starzeje. Nigdy się nie narodziło, nigdy nie umrze, nie moczy go woda, nie pali ogień i nie wywiewa wiatr.

A zatem to Prawo Życia w tobie jest wieczne. Starzejemy się, kiedy jesteśmy zgorzkniali, pełni urazy i nienawiści, gdy jesteśmy samokrytyczni. Te emocje i myśli wyniszczają nam duszę, a my starzejemy się szybciej, niż przybywa nam lat.

Oto inny człowiek, który zapłacił cenę. Tak, czuje głód i pragnienie – trawi go też ciekawość. Wizja Jamesa Watta dotyczyła idei maszyny parowej, która zmieniła świat. „Silnik wyłonił się z mojego wnętrza" – powiedział Watt. „Nie stworzyłem go. Jedynie przyjąłem". Watt urodził się w Szkocji w roku 1736 i nie odebrał gruntownego wykształcenia. Zarabiał na życie, dokonując napraw w Glasgow. „Byłem w stanie naprawić niemal każdy mechaniczny sprzęt", powiedział kiedyś Watt. „Pewnego dnia, w roku 1764, klient przyniósł do mojego warsztatu zepsuty silnik. To zdarzenie miało zupełnie odmienić moje życie". Był to newcommon, bardzo prymitywny silnik parowy. Czasem używano go w kopalniach do pompowania wody. Nigdy jednak nie był zbyt wydajny, ponieważ pochłaniał dużo energii. Kiedy Watt go naprawiał, przyszedł mu do głowy pomysł na zupełnie nowy silnik, który wyeliminowałby usterki newcommona. Nie miał jednak wystarczającej wiedzy, żeby zrealizować swój pomysł. Pewnego niedzielnego popołudnia 1766 roku, spacerując po parku w Glasgow, rozmyślając i dumając nad silnikiem, doznał olśnienia: „W tej wizji zobaczyłem silnik parowy w najdrobniejszych szczegółach. Nie uszedłem za daleko, kiedy wszystko ułożyło mi się w głowie". Następnego ranka zabrał się do pracy. W niecałe dwanaście godzin zbudował urządzenie, które skutecznie ujarzmiło parę. Swój pomysł opatentował w roku 1781, a w roku 1782 wystąpił o nowe patenty na udoskonalony produkt. Od roku 1782 wprowadzono do niego niewiele zmian.

Wynalazek Watta szybko znalazł zastosowanie w fabrykach, gdzie zastąpił zwierzęta i ludzi, zapoczątkowując rewolucję przemysłową. Dlatego mówię ci, że ty też możesz wpaść na pomysł wart fortunę. Możesz wymyślić coś, co da pracę tysiącom ludzi. James Watt zapłacił cenę. Walutą były uwaga, zainteresowanie, oddanie i uświadomienie sobie, że może opracować silnik, który będzie służył ludzkości.

Szereg zjawisk ułatwia osiągnięcie osobistego sukcesu w życiu. Niektóre z nich, jak troskliwi rodzice, stopień rozwoju kraju czy pochodzenie społeczne albo naturalne zalety fizyczne i psychiczne, zupełnie od nas nie zależą. Ale naprawdę liczą się tylko te, na które mamy wpływ. Nie ma wśród nich ważniejszego niż wytrwałość. Wybierz w bibliotece na oślep biografię mężczyzny czy kobiety, którzy trwale przysłużyli się ludzkości. Niektórzy byli genialni; inni wykazywali się wyjątkową wytrwałością. Weźmy na przykład Alberta Einsteina. W szkole podstawowej był tak przeciętnym uczniem, że gdy jego ojciec zapytał dyrektora, czym młody Albert powinien się zająć zawodowo, ten mu odpowiedział: „Nie ma to właściwie znaczenia, ponieważ i tak w żadnej dziedzinie nie osiągnie sukcesu". Einstein okazał się jednym z największych umysłów dwudziestego wieku i prawdopodobnie największym fizykiem w historii, bardziej dzięki niezwykłej wytrwałości niż samemu geniuszowi.

Można przytoczyć wiele podobnych przykładów. Winston Churchill też był bardzo słabym uczniem. Nie wróżono mu wielkiej kariery jako urzędnikowi państwowemu i do czasu drugiej wojny światowej nie udało mu się zrealizować większości marzeń i celów. Dzięki bystrości umysłu i witalności, jakie zachował na starość, mógł w wieku sześćdziesięciu sześciu lat wykorzystać wyjątkową szansę, jaką było przywództwo. W roku 1941 objął stanowisko premiera Wielkiej Brytanii i stał się źródłem nadziei nie tylko dla własnych rodaków, ale całego zachodniego świata. Ze względu na swoją nieustępliwość uważany jest za największego lidera politycznego XX wieku. Zapłacił cenę, prawda? Uwaga, oddanie, lojalność, wytrwałość, konsekwencja, nieprzyjmowanie do wiadomości odmowy, niezmienne przekonanie, że istnieje Moc, która odpowie.

Historia największego amerykańskiego męża stanu również opowiada o trudnej drodze do sukcesu, lecz także o ogromnej wytrwałości. W wieku dwudziestu jeden lat człowiek ten poniósł porażkę w interesach, w roku 1833 nie dostał stanowiska w administracji państwowej. Udało mu się to w roku 1834. Rok później umarła jego ukochana. A w kolejnym roku przeżył załamanie nerwowe. W 1838 roku nie udało mu się zostać przewodniczącym Izby Reprezentantów, a dwa lata potem – członkiem kolegium elektorów. W roku 1843 nie dostał się do Kongresu. Wreszcie w roku 1846 wybrano go na jedną kadencję, ale w roku 1848 znów poniósł klęskę. Nie udało mu się dostać do Senatu w roku 1855 i przegrał wyścig o stanowisko wiceprezydenta w roku 1856, i ponownie nie dostał się do Senatu w roku 1858. Wreszcie w roku 1860 został prezydentem Stanów Zjednoczonych. W życiu Abrahama Lincolna było kilka trudnych momentów.

Franklin D. Roosevelt piastował stanowisko prezydenta Stanów Zjednoczonych dłużej niż ktokolwiek, był niepełnosprawny z powodu polio, a w kolejnych kadencjach rządził z wózka inwalidzkiego, w czasach długiej depresji i wyniszczającej wojny. Jedną z jego silnych stron były publiczne wystąpienia, co było ważne zwłaszcza w czasach, kiedy za pośrednictwem radia można było dotrzeć do całej ludności Ameryki. Jego słynne pogawędki przy kominku brzmiały nieformalnie i spontanicznie, ale w Hyde Parku w Nowym Jorku w szklanej gablotce można oglądać dziewięć wersji jednego z jego słynnych przemówień. Pierwsza to brudnopis, druga już jest poprawiona, trzecia jeszcze lepsza. W ósmej wersji trzeba było zmienić tylko jedno słowo i dopiero wtedy można było wykorzystać dziewiątą wersję. „O doskonałości", powiedział Michał Anioł, „decydują drobnostki. Ale doskonałość sama w sobie nie jest drobnostką".

Może ci się wydaje, że podczas tych pogawędek przy kominku improwizował. To nieprawda! Zastanów się, ile godzin, a może i dni spędzali eksperci i inni współpracownicy na zgromadzeniu wszystkich potrzebnych mu informacji. Dopiero potem powstawało przemówienie. A on je wielokrotnie poprawiał. Oto przykład doskonałości, prawda? Doskonałość nie jest drobiazgiem. Jego przemówienia spotykały się, oczywiście, z olbrzymim oddźwiękiem.

Również Churchill był charyzmatycznym mówcą, który zdawał się przemawiać zupełnie bez przygotowania. Ale jak zauważył jeden z jego biografów, sir Winston Churchill większość życia spędził na dopracowywaniu swoich spontanicznych mów. Raz słyszałem jego wystąpienie. Mogło się wydawać, że improwizuje. Było jednak wręcz przeciwnie! Poprzedzały je dni, a nawet tygodnie przygotowań. Podobno godzinami doskonalił swoje teksty, chodząc w tę i z powrotem i mówiąc do siebie.

Nie ustawaj. Nigdy! Nic na świecie nie zastąpi wytrwałości. Na pewno nie talent. Nie ma nic bardziej powszechnego niż utalentowani ludzie, którzy nie odnoszą sukcesów. Sam geniusz też tu nie pomoże. Niedoceniony geniusz to niemal przysłowie. Samo wykształcenie też nie wystarczy. Świat jest pełen wykształconych bezdomnych. Cała siła tkwi w wytrwałości i determinacji.

Warto jednak przypomnieć, że owi mężowie stanu i wynalazcy zapłacili cenę. Musieli zapłacić: wytrwałością, konsekwencją, determinacją i uwagą. Uwaga jest bowiem kluczem do życia. Jest kluczem do sukcesu, nieprawdaż? To duchowa uważność. Musisz stawiać

Boga na pierwszym miejscu w życiu i uświadomić sobie, że jest Najwyższy i Wszechmocny, jest Jedyną Siłą, Przyczyną i Materią. Bądź Mu posłuszny, oddany i uświadom sobie, że jest twoim przewodnikiem, twoim doradcą, twoim drogowskazem, mediatorem, rzeczoznawcą i mocodawcą oraz źródłem wszelkich błogosławieństw. Nie ma innej siły. Pomyśl o cudach, które mogłyby się wydarzyć w twoim życiu, gdybyś przyjął tę wielką prawdę z uwagą, oddaniem i lojalnością. Zauważ, ilu masz bogów, kiedy oddajesz władzę mniej lub bardziej ważnym rzeczom, kobietom i mężczyznom, pogodzie, piaskowi i tak dalej. Jeden warunek nie stwarza innego. Jedna okoliczność nie stwarza innej. Znaczy to, że nie jesteś gotowy zapłacić ceny, a ceną jest Jedna Moc, Jedna Obecność, Jedna Przyczyna, Jedna Materia – i nie ma nic innego. Oto wielkie oświecenie. Oto ostatnie słowo. Kiedy to pojmiesz, zostaniesz prawdziwym uczniem Prawdy. Dopiero wtedy zostaniesz uczniem Prawdy.

Bądź teraz szczery ze sobą. Zadaj sobie pytanie: „Czy naprawdę w głębi serca wierzę, że istnieje tylko Jedna Obecność – Duch Żywy we mnie?", „Czy wierzę, że jest Wszechmogący, Wszechobecny, Wszechmocny – że nie ma nic poza Nim – że jest ziemią, po której stąpam?", „Czy przekazuję władzę światu zjawisk lub rzeczy stworzonych?" „Czy przekazuję władzę gwiazdom, słońcu i księżycowi, pogodzie, kobietom i mężczyznom, mniej lub bardziej ważnym sprawom, karmie, poprzednim żywotom, elementom natury, wudu, złym istotom albo diabłom?" Nic takiego nie istnieje. Nie ma miejsca na zło. Ja i tylko ja jestem we wszystkim, nad wszystkim, poprzez wszystko i wszędzie. Nie ma nikogo innego od wschodu do zachodu słońca.

Jesteś gotowy zapłacić tę cenę? Musisz ją zapłacić. Wtedy zostaniesz oświecony. Wtedy będziesz wolny. Istnieje tylko Jedna Obecność, Jedna Moc, Jedna Przyczyna i Jedna Materia. Będzie wspaniale, kiedy dojdziesz do tego wniosku. Kiedy zapytano sędziego Trowarda: „Co by pan zrobił, gdyby wszyscy czarodzieje parający się czarną magią modlili się, życząc panu śmierci (innymi słowy, rzucili klątwę) i przeklinając pana?" – ten odrzekł: „Odpowiedziałbym «kukuryku»".

Dlaczego? Dlatego że wiedział, gdzie kryje się Moc. Oni nie dysponowali żadną mocą. Sugestia ma w sobie Moc, jeżeli ją przyjmiesz, ale Nią nie jest. Prawdziwa Moc jest tylko jedna. Nie ma w Niej podziałów czy konfliktów. Jak Duch mógłby walczyć sam ze sobą? Jak jedna część Ducha mogłaby walczyć z inną częścią Ducha w jakimkolwiek regionie świata? Oto największa ze wszystkich prawd, przyjaciele.

„Ja, Pan, jestem Bogiem zazdrosnym". W tym kontekście zazdrość znaczy, że nie będziesz miał innych bogów. Nie chodzi o zazdrość w ludzkim rozumieniu. Jeśli oddasz władzę innej stworzonej rzeczy, twój umysł zostanie podzielony. Twój umysł jest rozdwojony i niestabilny. A tacy ludzie nie mogą Go o nic prosić, ponieważ przypominają wspomnianą w tym rozdziale kobietę, która o swoją dolegliwość obwiniała klimat w Denver, geny i chromosomy, dziedziczność, słońce i inne zjawiska. Przyczyna zaś cały czas tkwiła w niej. Nauczyła się, że musi zapłacić cenę, i została uzdrowiona.

Czytałem artykuł o lekarzu, który został uleczony z wyniszczającej choroby: „Doktor Phil Miles był swego czasu sceptyczny wobec uzdrowień siłami nadprzyrodzonymi, ale to się zmieniło, ponieważ gdy dopadła go przedziwna choroba, wykręcająca i paraliżująca jego członki, uleczyła go wiara, a nie współczesna medycyna. «To był cud» – stwierdził lekarz z El Paso w Teksasie. Z radością w oczach powiedział: «Dostałem nowe życie. Jestem chodzącym, żywym, roześmianym dowodem na to, że istnieje uzdrawiająca siła, o wiele mocniejsza niż ktokolwiek na ziemi». Doktor Miles przez siedem lat cierpiał na osobliwą chorobę, która powodowała spazmatyczne ruchy i sztywnienie rąk i nóg. Wcześniej pracował w prestiżowym Walter Reed Medical Center i konsultował się z najlepszymi neurologami w Ameryce, ale nie byli oni w stanie nawet zdiagnozować jego przypadłości. Wreszcie, przykuty do łóżka i marniejący z każdą godziną, przygnębiony młody lekarz w odruchu rozpaczy chwycił się ostatniej deski ratunku – wiary, wiary w Boga. Poprosił sąsiada, żeby usiadł przy jego łóżku i pomógł mu modlić się o wyzdrowienie. Nigdy nie zapomni tego niesamowitego dnia – każda chwila, każde zdarzenie są wyryte w jego pamięci. «Modląc się, nie mogłem opanować płaczu» – wspomina. «Gdy tylko wypowiedziałem ostatnie słowa, zdumiony zauważyłem, że moje dłonie, zaciśnięte od dwóch dni, nagle zaczęły się otwierać. Po chwili stężałe mięśnie moich stóp zaczęły się rozluźniać. Zdałem sobie sprawę, że jestem świadkiem działania sił nadprzyrodzonych». Powiedział, że w ciągu dwóch dni stanął na nogi i obecnie, dwa lata później, nadal jest zdrowy i pracuje jako specjalista od położnictwa i ginekologii w William Beaumont Army Medical Center w El Paso w Teksasie. Trzydziestosześcioletni doktor Miles stwierdził, że nieznana choroba zaatakowała go bez ostrzeżenia w roku

1965. «Badali mnie najlepsi neurolodzy w kraju, ale nie potrafili zdiagnozować mojej choroby. W sercu czułem, że cierpię na formę stwardnienia rozsianego»".

Oto człowiek, który zapłacił cenę. Próbował wszystkiego. Po czym oddał się w ręce Bożej Obecności, która go powołała do życia, stworzyła i która wie wszystko. Modlił się żarliwie i skutecznie. Zwrócił się o pomoc do sąsiada i modlili się razem. Nie była to tylko pokorna modlitwa, ale także całkowite oddanie się, uznanie wielkiej prawdy w jego sercu. Modląc się, płakał. Nie ma w tym nic złego. Jest to oznaka pokory. Jest to oznaka całkowitego oddania. Powiedz: „Przekazuję całą sprawę Temu, Który Jest, Który wie i widzi wszystko".

Czy twierdzisz: „To dla mnie trudne?" Czy Pan ma za krótką rękę, żeby cię ocalić? Uświadom sobie, że każdy musi za to zapłacić, a ceną są uwaga, uznanie, akceptacja i przekonanie. Ty też powinieneś. Musisz jedynie To wezwać; odpowie ci. Jest bezosobowe, nie faworyzuje nikogo.

Rozważmy te wielkie prawdy. „A Bóg mój według swego bogactwa zaspokoi wspaniale każdą waszą potrzebę. W ciszy i ufności leży wasza siła. Bóg nam wszystkiego obficie udziela do używania. (...) lecz u Boga wszystko jest możliwe".

„Zanim zawołają, Ja im odpowiem; oni jeszcze mówić będą, a Ja już wysłucham. Według wiary waszej niech wam się stanie. Wszystko jest możliwe dla tego, który wierzy. Będzie Mnie wzywał, a Ja go wysłucham i będę z nim w utrapieniu, wyzwolę go i sławą obdarzę. Pan moim światłem i zbawieniem moim: kogóż mam się lękać? Pan obroną mojego życia: przed kim mam się trwożyć? Prowadzi cię teraz Bóg, który jest w tobie".

KRÓTKO MÓWIĄC

Nie ma nic za darmo. Jeśli chcesz być bogaty, musisz za to zapłacić; jeśli pragniesz sukcesu, za to też musisz zapłacić. Musisz poświęcić uwagę, oddanie i lojalność temu, czego pragniesz. Wtedy oczywiście otrzymasz odpowiedź. Ceną jest rozpoznanie; ceną jest wiara, przekonanie. Zawsze trzeba zapłacić cenę. Nie ma nic za darmo.

Poświęć uwagę, oddanie i lojalność dowolnej sprawie – czy to będzie chemia, fizyka, matematyka, praca czy biznes – a ona powierzy ci swoje sekrety. Jeżeli tego nie zrobisz, pozostanie dla ciebie niewiadomą.

Zanim weźmiesz, najpierw musisz coś dać własnemu umysłowi. Zanim zdobędziesz bogactwo, musisz najpierw odcisnąć w podświadomości jego ideę. Wszystko, co jest odciśnięte w podświadomości, zamanifestuje się na ekranie rzeczywistości. Rzeczy posiadasz tylko dzięki świadomości. Musisz wbudować w umysł mentalny odpowiednik tego, czego pragniesz.

Wyrzuć z głowy wszystkie z góry przyjęte pojęcia, błędne przekonania i przesądy i uświadom sobie, że zanim zawołasz, Bóg ci odpowie; gdy jeszcze mówić będziesz, On już wysłucha. Oznacza to, że musisz nakłonić umysł do przyjęcia odwiecznej prawdy, iż wszystko, czego szukasz, już trwa w Nieskończonym Umyśle. Już tu jest. Musisz jedynie zidentyfikować się psychicznie i emocjonalnie ze swoim pragnieniem, pomysłem, planem lub celem, uświadamiając sobie, że są równie realne jak twoja ręka albo serce.

Mądrość to Obecność i Moc Boga działające w tobie. „Myśl o Nim na każdej drodze, a On twe ścieżki wyrówna". Zaufaj Mu, uwierz w Niego, a On wszystko sprawi.

ROZDZIAŁ 7

DLACZEGO MI SIĘ TO PRZYDARZYŁO?

Doradzanie kobietom i mężczyznom to wielki przywilej, który realizuje się w atmosferze prywatności i z zachowaniem dyskrecji. Nie wolno go wykorzystywać. Zazwyczaj jest to doświadczenie pouczające dla osoby zwracającej się po radę, a już na pewno dla tej, która jej udziela, ponieważ ujawnia ono pewien wzorzec: uniwersalne, codzienne kłopoty dotykające każdego.

Prędzej czy później podczas nieformalnej rozmowy, w której nie ma cenzury ani wzajemnych oskarżeń, pojawia się kwestia przekonań, gdyż jest to klucz do spełnionego życia.

Często weterani tak zwanego ruchu Nowa Myśl są rozczarowani, kiedy słyszą tę prostą prawdę (słyszą ją tyle razy, że są już nią zmęczeni i nie dociera ona do nich). I wtedy zawsze pojawia się ta sama odpowiedź: „Och, tak, to prawda. Wiem to od lat. To wspaniałe! Ale mój problem jest bardziej skomplikowany, nie tak łatwo rozwiązać go za pomocą tak prostej prawdy". A potem wyjaśniają jego złożoność: kłopoty ze złamanym sercem, utratą pracy, problem konsternacji, poczucia izolacji. Mimo swych najlepszych intencji, miłości do Boga i głębokiej czci nadal szukają odpowiedzi. Jeżeli ta wspaniała prawda, klucz do królestwa, fundament – „Według wiary waszej niech wam się stanie" – jest zbyt prosty, być może samo pytanie jest zbyt proste, wręcz uproszczone.

Możesz natrafić na problem, rozwiązać go i wciąż się zastanawiać: „A co z jutrem i wszystkimi kolejnymi dniami?" Nieustanne szukanie odpowiedzi, przesadny strach w odniesieniu do przeszłości i obawy przed przyszłością; teraźniejszość wypełniona skrajnymi emocjami, od uniesienia do rozpaczy. Ciągły brak zrozumienia, dlaczego problemy stale się pojawiają.

Kiedy więc ktoś zapyta: „Dlaczego mi się to przydarzyło?" – należy traktować to pytanie jako bardziej złożone: „Dlaczego moje życie komplikują nieszczęścia i niekończący się pech?" „Dlaczego?" to najstarsze, najbardziej powszechne wołanie, prośba o rozstrzygającą odpowiedź i trwały spokój umysłu i duszy. Kiedy bowiem nasz umysł i serce są spokojne, dobrze nam się wiedzie w życiu osobistym.

„Dlaczego?" to bardzo głęboko zakorzenione pragnienie zdobycia uzdrawiającego balsamu prawdy. Ostatecznie to nasza pogoń i pragnienie pokuty – pewności, bezpieczeństwa i urzeczywistnienia podstawowego pojednania z Bogiem. Pragnienie zrealizowania, urealnienia i doświadczenia życia we wrodzonej, prawdziwej świadomości jako synów i córek miłującego, żywego Boga, Ojca wszystkiego. Może się wydawać, że doświadczamy wielu trudności i cierpień (bynajmniej ich nie umniejszam) – ale to podstawowy błąd, który polega na poczuciu oddzielenia od uniwersalnego, pierwotnego źródła wszystkiego, od Prekursora, Ojca, którego nazwaliśmy Bogiem. Kiedy zrozumiemy sens, koncepcję oddzielenia od oryginału, źródła, zaczniemy panować nad wszystkimi innymi obszarami i strach zacznie znikać jak ciemność przed świtem.

Mieszkańcy pewnego azjatyckiego kraju opowiadają sobie legendę o ojcu, który udał się do mędrca żyjącego w jego wiosce i opowiedział mu o swoim ciężkim życiu. Nie wiedział, jak sobie poradzić z kłopotami, i zamierzał się poddać. Był już zmęczony walką. Kiedy udało mu się rozwiązać jeden problem, pojawiał się następny. Mędrzec polecił mu udać się nad jezioro i przynieść wiadro wody. Następnie wlał wodę do trzech garnków i powiesił je nad paleniskiem. Niebawem woda zaczęła wrzeć. Do pierwszego wrzucił kilka marchewek, do drugiego kilka jajek, a do trzeciego garść liści herbaty. Po półgodzinie zdjął garnki z ognia. Marchewki wyłożył do jednej miseczki, jajka do drugiej, a herbatę wlał do trzeciej. „Powiedz mi, co widzisz?" – zapytał rolnika. „Marchewki, jajka i herbatę", odparł mężczyzna. Mędrzec odpowiedział mu: „Weź do ręki marchewki i powiedz mi, co czujesz". Rolnik spełnił polecenie: „Marchewki są miękkie". Następnie miał obrać jajka. Kiedy zdjął skorupkę, stwierdził, że jajka stały się twarde. Na koniec mędrzec poprosił rolnika, żeby napił się herbaty. Rolnik uśmiechął się, czując jej intensywny aromat, i spytał: „Co to wszystko znaczy?" Mędrzec wyjaśnił, że każda z tych rzeczy została wystawiona na działanie wrzątku i każda zareagowała inaczej. Marchew najpierw była krzepka i twarda. Pod wpływem gotowania zmiękła i stała się wiotka. Jajko było delikatne. Jego cienka skorupka chroniła miękkie wnętrze, które w końcu stwardniało. Natomiast liście herbaty były wyjątkowe. W wyniku gotowania zmieniły wodę. „Którą z tych rzeczy jesteś ty?" – zapytał rolnika. „Jak reagujesz na przeciwności pukające do twoich drzwi? Jesteś marchewką, jajkiem czy liściem herbaty?"

Zastanawiając się nad problemami, jakie napotykasz w życiu, zadaj sobie pytanie: „Którą z tych rzeczy jestem?" Marchewką, która wydawała się twarda, ale zmiękła i straciła siłę pod wpływem bólu i przeciwności losu, czy jajkiem, które najpierw ma delikatne, podatne na wpływy serce i ducha, ale utrata pracy, rozstanie, problemy finansowe lub inne sprawiają, że staje się twarde i nieugięte? A może jestem jak liść herbaty, który zmienia gorącą wodę – samą przyczynę cierpienia? Kiedy woda staje się gorąca, uwalnia zapach i smak. Jeśli jesteś niczym liść herbaty, stajesz się lepszy i wpływasz na swoją sytuację, kiedy sprawy przybierają zły obrót. Czy w najczarniejszej godzinie i najgorszych nieszczęściach przechodzisz na wyższy poziom? Jak radzisz sobie z przeciwnościami losu? Jesteś marchewką, jajkiem czy liściem herbaty?

Bóg daje nam tyle pogody, żebyśmy byli dobrzy, tyle smutku, żebyśmy byli ludzcy, i tyle nadziei, żebyśmy byli szczęśliwi. Najszczęśliwsi ludzie nie zawsze mają to, co najlepsze; po prostu optymalnie wykorzystują wszystko, co się im przydarza. Najświetniejsza przyszłość zawsze będzie się opierać na zapomnianej przeszłości; nie można iść do przodu, dopóki nie zostawi się za sobą porażek i cierpienia.

Kiedy się rodziłeś, płakałeś, a wszyscy dookoła się uśmiechali. Żyj pełnią życia, żebyś na końcu to ty się uśmiechał, gdy wszyscy wokół będą płakać. Może zechcesz przekazać tę wiadomość ludziom, którzy coś dla ciebie znaczą, którzy w ten czy inny sposób wpłynęli na twoje życie; tym, którzy sprawiają, że uśmiechasz się, kiedy najbardziej tego potrzebujesz; tym, którzy sprawiają, że dostrzegasz jasną stronę, gdy jesteś naprawdę przybity; tym, których przyjaźń sobie cenisz; tym, którzy tak wiele dla ciebie znaczą.

Poprzez swoje przekonania kształtujesz i tworzysz swoją przyszłość, przeznaczenie. Te stwierdzenia, dotyczące prawdy i faktów leżących u podstaw naszej istoty, odkrywają przekształcającą, najważniejszą energię i siły umysłu. To jest twoja osobista przemiana. Jeżeli ktoś twierdzi, że ten proces jest zbyt prosty, być może myli słowo „prosty" z „łatwy".

Teoretycznie jest to proste, jak – w teorii – każda dziedzina czy dyscyplina. Zastosowanie idei wymaga jednak uwagi, praktyki i determinacji czy też cierpliwości i poczucia odpowiedzialności, zdecydowania. Tempo transformacji zależy również od zaangażowania danej osoby. Odrodzenie umysłu może być ciężką pracą albo najbardziej ekscytującym i najlepszym okresem w życiu, we wszystkich jego wymiarach.

Często po pierwszym wybuchu entuzjazmu zainteresowanie i cierpliwość szybko się kończą – co jest całkowicie zrozumiałe i do czego każdy ma prawo. Niektórzy nie chcą słuchać o odpowiedzialności. Wolą, żeby im nie przypominać tej prostej prawdy, która jest jednak pierwszym kluczem otwierającym bramę do królestwa będącego w tobie.

Starożytni i czcigodni mędrcy – przekazujący nam życiowe, odwieczne prawdy – mówią: „Aniołowie w niebie się radują, kiedy jakaś dusza zawoła z głębi serca, duszy i umysłu". Dlaczego? Każdy myślący, inteligentny mężczyzna, kobieta lub dziecko prędzej czy później musi zapytać, czy kiedyś zrozumiemy ten skomplikowany, burzliwy świat. Uważam, że to pytanie jest jak najbardziej uzasadnione.

Wiele osób zaczyna rozmyślać już we wczesnym dzieciństwie. Inni później, zwykle kiedy doznają rozczarowania, zmęczenia porażką albo gdy wszystkie szlachetne ideały i ambicje związane z naprawianiem świata zaczynają blednąć. Nie jest istotne, kiedy zadamy sobie to pytanie, ważne, że to zrobimy i że stanie się ono naszym najgłębszym pragnieniem i tęsknotą. Oczywiście, że anioły się radują, ponieważ wiedzą, że kolejna osoba rozpoczyna najbardziej fascynującą podróż swojego życia. Jest to powrót, przebudzenie świadomości własnej boskości, zrozumienie, że nasze życie jest i zawsze było częścią potężnego i miłującego serca Boga i że wszystkie siły i moce ziemi z radością przybędą nam na pomoc.

Kim są te „anioły, radujące się w niebie"? Słowo „anioł" wywodzi się od greckiego słowa *ángelos*. Są to posłańcy boskiej prawdy i dobroci. Po hebrajsku „anioł" to *malach*, co również tłumaczy się jako „posłaniec". Biblia mówi: „Oto Ja wyślę anioła Mego, aby przygotował drogę przede Mną, a potem nagle przybędzie do swej świątyni Pan, którego wy oczekujecie... którego pragniecie... wzejdzie słońce sprawiedliwości i uzdrowienie w Jego skrzydłach".

Kiedy jednostka jest zaawansowana w poszukiwaniach – jej umysł jest gotowy, a serce otwarte na stare, znajome prawdy przedstawiane w nowy nieznany jej sposób – anioł zawsze się raduje: posłaniec pojawia się i przemawia do serca. Jak mówi stare porzekadło: „Kiedy uczeń jest gotowy, pojawia się nauczyciel". Posłaniec przyjmuje wiele postaci: nauczyciela, książki, kazania, lekarza (uzdrowiciela), a nawet pozornie luźnej uwagi. Ale niezależnie od jego formy, przywitaj go i wysłuchaj tego, co ma ci do przekazania. Pragnąłeś usłyszeć prawdę, szukałeś jej i wyglądałeś przez wiele lat – nie odrzucaj posłańca ani jego wiadomości. A sama wiadomość z zasady musi radykalnie różnić się od wszystkiego, co słyszałeś i w co wierzyłeś do tej pory.

Anioł jest zbawicielem, duchem prawdy: „I poznacie prawdę, a prawda was wyzwoli!" Oczywiście, że anioły radują się w niebie, ponieważ wiedzą, iż kolejna osoba jest gotowa na przyjęcie ducha wyzwolenia!

Bóg nigdy się nie zmienia, jest wieczną, nieskończoną prawdą. Możesz bowiem przeczytać: „Bóg jest miłością. Jesteście z Boga, dziatki. Kochamy Boga, albowiem On pierwszy nas ukochał". Bóg – nieskończoność, absolut – może tylko kochać. Jaka jest natura miłości Boga? „Miłość wyzwala; obdarza; jest duchem Boga!" Co daje? Bóg wie wszystko, niezależnie od twoich przekonań religijnych lub filozoficznych Bóg jest w tobie. „Bóg nigdy się nie zmienia. Nie zawodzi".

Biblia na samym początku mówi, że Bóg zakończył dzieło stworzenia i ogłosił, że było dobre. Jesteś ważną częścią tego dzieła. Bóg nie faworyzuje nikogo, nie ma preferencji. Bóg kocha na wieki każdego tak samo. Bóg jest w nas, gotowy dawać nam to, co dobre.

Pełnia boskości polega na obdarowywaniu, uzdrawianiu, pomaganiu w każdy możliwy sposób. Nic we wszechświecie nie może się temu oprzeć ani tego ograniczyć czy osłabić. To świat Boga. Dobro zamanifestowane. Nic nie może Mu przeszkodzić, nic nie może stanąć na Jego drodze ani się Mu oprzeć. Istnieje tylko Jedna Obecność, Jedna Moc, Jedna Istota, Jedno Życie: „Bo w Nim żyjemy, poruszamy się i jesteśmy".

Istnieje tylko jedno Prawo Życia, tylko jedno, które mówi, że Bóg jest Jeden. „Jedyny". Jeśli poddasz próbie ideę i nie okaże się prawdą, wracaj do Jedynego. Czasem pojawiają się dwie sprzeczne myśli: mogę–nie mogę albo poniosę klęskę–odniosę sukces. Jako że Bóg jest jeden, istnieje tylko jedna odpowiedź. „Mogę zrobić wszystko". Jeżeli się obawiasz, uwierz, że teraz władzę sprawuje boska prawda. „Bóg prowadzi, wiedzie i pokazuje drogę".

W kazaniu na górze Jezus wyraża uniwersalną prawdę: „Proście, a będzie wam dane; szukajcie, a znajdziecie; kołaczcie, a otworzą wam". Prawda będzie wam dana; zobaczycie ją wokół – anioły przyniosą wam dobre nowiny.

Anioł to nowe podejście do życia: „Ponownie się narodzić, stać się nowym mężczyzną i kobietą w Bogu". Istnieje stara jak świat legenda, stanowiąca esencję wielu religii i występująca w różnych wersjach. Mędrzec, rozkochany w tajemnicach życia mistyk, polecił wszystkim ludziom na ziemi, żeby utworzyli ogromne koło. W jego środku mieli złożyć wszelkiego rodzaju problemy, smutki, nieporozumienia, bolesne przeżycia, dolegliwości, niedostatki i ograniczenia. Następnie otrzymali pozwolenie, a właściwie polecenie, żeby przejrzeć cały ten przykry zbiór (zlepek trudności) i wybrać z niego to, co chcą. Tłum się uciszył i znieruchomiał. Po długich namysłach wszyscy weszli do środka koła i wybrali swoje problemy, a potem wrócili z nimi do domów.

Nikt nie zdecydował się „wziąć na swoje barki" ciężaru, cierpienia i zgryzot kogoś innego.

Sygnałem duchowej dojrzałości jest uznanie i zaakceptowanie tego, iż towarzyszące nam okoliczności są tylko i wyłącznie naszym dziełem. Emerson powiedział, że są szyte na miarę – pasują nam jak własna skóra! Twoje problemy spotykają ciebie, lecz niekoniecznie mnie, podobnie moje trudności nie przytrafią się tobie – i tak właśnie powinno być.

Kusi nas, aby rozwiązywać cudze problemy. Jest to błędne rozumowanie i czyste marnotrawienie energii. Przy całej życzliwości i dobrych chęciach nie jesteśmy właściwymi osobami do tego. Możemy się za siebie modlić i pełnić rolę (być może) posłańca. Lecz tylko my jesteśmy idealnie przygotowani do radzenia sobie z własnym życiem – gdyż jest naszym dziełem. Możemy je przekształcać i udoskonalać, zmieniając nasze przekonania, pamiętając, kim naprawdę jesteśmy. Musimy wciąż przypominać sobie, żeby akceptować nasze dziedzictwo, nasz spadek, wszystko, co dobre, prawdziwe i piękne. A wtedy osiągniemy doskonały spokój, ponieważ zjednoczymy się z Bogiem.

KRÓTKO MÓWIĄC

Nasze przekonania są kluczem do spełnionego życia. Poprzez swoje przekonania kształtujesz i tworzysz własną przyszłość, własny los.

Może się wydawać, że doświadczamy wielu trudności i cierpień. Ten sposób myślenia kryje jednak podstawowy błąd, który polega na poczuciu oddzielenia od uniwersalnego Źródła wszystkiego, Prekursora, Ojca, którego nazwaliśmy Bogiem. Kiedy zrozumiemy sens, koncepcję oddzielenia od oryginału, pierwotnego Źródła, zaczniemy panować nad wszystkimi innymi obszarami i strach zacznie znikać jak ciemność przed świtem.

Kiedy jednostka jest zaawansowana w poszukiwaniach – jej umysł jest gotowy, a serce otwarte na stare, znajome prawdy przedstawiane w nowy nieznany jej sposób – anioł zawsze się raduje: posłaniec pojawia się i przemawia do serca. Jak mówi stare porzekadło: „Kiedy uczeń jest gotowy, pojawia się nauczyciel". Posłaniec przyjmuje wiele postaci: nauczyciela, książki, kazania, lekarza (uzdrowiciela), a nawet pozornie luźnej uwagi.

Jesteś ważną częścią boskiego dzieła. Bóg nie faworyzuje nikogo, nie ma preferencji. Bóg kocha na wieki każdego tak samo. Bóg jest w nas, gotowy nieść nam dobro.

Oto sedno wielu religii: „Proście, a będzie wam dane; szukajcie, a znajdziecie; kołaczcie, a otworzą wam. Prawda będzie wam dana; zrozumiecie ją".

ROZDZIAŁ 8

WYSŁAWIANIE – DROGA DO DOBROBYTU

Wysławianie jako droga do dobrobytu to uznanie przez nas uzdrawiającej obecności i mocy Boga w każdym z nas. Jedynego źródła i podwalin dóbr, których pragniemy.

Wysławianie to glorifikowanie Boga: Prawa Życia. Słowo „wysławianie" (ang. *praise*) pochodzi od hebrajskiego słowa oznaczającego „wynosić", „wysławiać nasze życie w jego najwyższej formie i we wszystkim, co robimy". Wysławianie zawsze kojarzy się z blaskiem, światłem. Wysławianie jest celem chwały: cudownymi promieniami olśniewającej iluminacji. „Niech w twoim wnętrzu zawsze świeci światło prawdy".

Prorok Izajasz ogłosił, iż ta Prawda zapowiada „wyzwolenie jeńcom i więźniom swobodę". Jezus powiedział: „I poznacie prawdę, a prawda was wyzwoli". W metaforycznym języku, jakim posługiwali się autorzy Biblii, „jeńcy" oznaczają ludzi skutych łańcuchami fałszywych przekonań, błędnych pojęć, przesądów, niewłaściwej indoktrynacji religijnej, wierzeń, dogmatów lub tradycji.

Kiedy zapragniemy całym umysłem, sercem i duszą zrozumieć i pojąć samych siebie, poznać metodę zaprowadzenia porządku i harmonii w naszym życiu, wtedy pojawi się prorok prawdy (myśl, książka, zdarzenie) i dostrzeżemy ją. Uświadomimy sobie, że jesteśmy tym, nad czym rozmyślamy: nasz los w dużym stopniu kontrolują nasze myśli i uczucia. I wtedy będziemy uwolnieni, oswobodzeni, już nie będziemy uwięzieni w przeszłości. Zacznie się okres dobrobytu.

Ale zanim ten wspaniały, doniosły dzień nastąpi, doświadczamy gwałtownych odmian losu, sytości i głodu, uniesienia i rozpaczy, obfitości i ubóstwa czy niedostatku. W końcu nadchodzi moment, w którym się budzimy do tego, kim naprawdę jesteśmy, i zdajemy sobie sprawę z niezwykle potężnych, twórczych możliwości naszych przemyśleń, wyobrażeń: pełni naszej świadomości.

Wcześniej mamy skłonność do przypisywania naszych nieszczęść warunkom zewnętrznym, zdarzeniom, ludziom, światu, życiu – jesteśmy zamknięci we własnym duchowym i psychicznym więzieniu. Skoro zbudowaliśmy tę celę, możemy też zerwać krępujące nas łańcuchy, otworzyć na oścież drzwi i żyć jako ludzie wolni.

Ale wzniesienie się na nowy psychiczny i duchowy poziom uważności możliwe jest jedynie dzięki zmianie świadomości i postawy oraz zrozumieniu wewnętrznej boskiej mocy rządzącej naszymi myślami i emocjami – niezależnie od ludzi, warunków i okoliczności. Naturalną tego konsekwencją będzie zmiana zewnętrzna, która odzwierciedli właściwy, boski porządek. Osiągniemy w ten sposób realny, psychiczny, duchowy i emocjonalny stan wolności.

Biblia i inne święte teksty koncentrują się na zbawieniu. Poprzez zbawienie rozumiemy rozwiązanie naszego podstawowego problemu: poczucia oddzielenia od Źródła, od Boga. Zbawienie oznacza ocalenie. Mężczyźni i kobiety rozpoznają, kim naprawdę są: synami i córkami żywej, miłującej obecności Boga. Spadkobiercami cech i atrybutów naszego rodzica.

Żyjemy na tej ziemi, żeby o tym pamiętać, na nowo poznać naszą wrodzoną, boską naturę, która jest cudownie i potężnie twórcza. Jesteśmy tu, żeby zrozumieć, że jesteśmy tacy, tak postępujemy, to osiągamy, realizujemy, posiadamy, co zgodnie z naszymi subiektywnymi emocjami i przekonaniami nam się wydaje (jak rozumujemy) w naszych sercach czy też – mówiąc językiem współczesnym – w naszej podświadomości.

Mamy wolną rękę, żeby zaprogramować siebie na klęskę. Kodujemy umysły tak, że myślimy, iż Bóg nie ustrzeże nas przed klęską, nie rozwiąże naszych problemów. Sposób, w jaki żyjemy, wynika z naszych nastrojów i postawy. Możemy zdecydować się je zmienić – z takim spokojem i rozmysłem, z jakim wybieramy codziennie naszą garderobę z szafy. Mamy zdolność, prawo dane od Boga, moc, żeby oczekiwać, że będziemy „nosić strój" pewności siebie i przekonania o spełnieniu się naszego pragnienia.

Musimy uznać naszą wrodzoną zdolność do wprowadzania zmian. Musimy dogłębnie zrozumieć, że nie ma powodu czuć się ani postrzegać siebie jako ofiary okoliczności – czy bezradnego stworzenia osaczonego przez zadania, problemy, nierozsądnych ludzi, wygórowane wymagania. Możemy postanowić, że będziemy ofiarami albo zwycięzcami.

Nasza siła tkwi w tym, iż wiemy, że zawsze mamy dostęp do wyższych, bardziej konstruktywnych, duchowych i psychicznych poziomów zrozumienia i świadomości. Kiedy zaakceptujemy zasadę Twórczej Siły – siły naszej świadomości – obudzimy się do naszych wrodzonych duchowych mocy, włożymy nasze piękne stroje.

W Biblii piękno oznacza zrównoważony stan umysłu, duchową dojrzałość do tego, by przestać zrzucać winę na życie, Boga, dziedziczność, okoliczności, dawne nieszczęścia czy „rany psychiczne". Piękno to przyjęcie na siebie odpowiedzialności: milcząca zgoda na to, że w pewnym stopniu zbieramy teraz to, co w przeszłości zasialiśmy w żyznym ogrodzie lub na polu naszych umysłów i serc.

Zdarza się, że nie dostrzegamy żadnego związku pomiędzy rozumowaniem z przeszłości a obecnymi zdarzeniami. Kahlil Gibran, autor książki *Prorok*, pisze: „Jeżeli to czas moich żniw, na jakich polach zasiałem ziarno i w jak odległej przeszłości?" Piękno wymaga odwagi. Piękno domaga się od nas jedynie całkowitej szczerości wobec samych siebie – tego, żebyśmy przyjrzeli się naszym najgłębszym myślom i uczuciom, stawili im czoło i jeżeli to konieczne, uzdrowili je. Odkryjemy wtedy powtarzające się wzorce – większość z nich jest konstruktywna, ale mogą się też pojawić problemy. Chociaż wzorce te odnoszą się do różnych osób, w zasadzie dotyczą nieudanych relacji z rodziną, partnerami w biznesie, przyjaciółmi. Po okresie powodzenia następuje klęska. To swego rodzaju cykl, również powtarzający się wzorzec.

Jesteśmy coraz bardziej zdziwieni, a nawet zniechęceni. Ale złamane serce może być szczęściem w nieszczęściu, ponieważ wtedy zaczynamy naprawdę zadawać pytania i szukać odpowiedzi. Prorok prawdy pojawia się, żeby „opatrzyć złamane serca" w tym sensie, w jakim lekarz oczyszcza i opatruje ranę. „Złamane serce" to wewnętrznie podzielony umysł.

Nasze wrodzone pragnienia pozostają w konflikcie z tym, czego doświadczamy. My sami i wszyscy inni pragną doskonałego zdrowia, bogactwa, miłości we wszelkich jej aspektach, doświadczeniach i przejawach, realizowania naszego potencjału i talentów zapewniających nam rozwój.

Wszyscy mają jakiś cel, plan czy zamiary. Jeżeli pragnienie nie znajduje odbicia w tym, czego doświadczamy, zwłaszcza z powodu zamierzchłej przeszłości, można temu zaradzić, można to rozwiązać. Piękno prosi – wymaga – od nas wybaczenia.

Wybaczyć komuś to zacząć postrzegać życie inaczej, zastąpić starą wizję nową, wybrać i włożyć „nowy strój". Prawie każdego dnia doradca – niezależnie od tego, na jakim polu działa i w jakim zakresie – słyszy: „Ale pan nie wie, jak źle byłem traktowany, jak zostałem skrzywdzony, jaki jestem rozgoryczony. Jak może pan mówić, że mam wybaczyć?" W mojej książce *Secrets of I Ching* umieściłem następujący komentarz: „Uraza i pragnienie, by ktoś poniósł karę, wyniszczają duszę i sprawiają, że kłopoty przylegają do nas niczym przybite nitami". Oczywiście jesteśmy pełni smutku. Piękno wymaga, żebyśmy ukoili go, posmarowali balsamem radości. Piękno to mądrość, która pozwala zrozumieć, że inni postępują i reagują zgodnie z własnym punktem widzenia, a ich gwałtowne działania często są odbiciem ich krzywd i ran.

Czy czujemy do nich urazę? Czy świadomie decydujemy się im odpuścić, ogłaszamy dzień zemsty, dzień wolności, Pana? Możemy nie zgadzać się z postępowaniem innych, ale musimy w nich uznać obecność Boga. Ten sam Pan czy prawo umysłu odnoszą się do każdego mężczyzny, kobiety, chłopca i dziewczyny, stąpających po tej ziemi.

Nie powinniśmy postrzegać wybaczania jako aktu wielkiej wspaniałomyślności i szczodrości, ponieważ nam samym przynosi to najwięcej korzyści i satysfakcji. A zatem wybaczanie jest egoistyczne. Piękno wymaga od nas jeszcze więcej: żebyśmy wybaczyli sobie pielęgnowanie wszelkich negatywnych, niszczących uczuć i postanowili już się nimi nie zajmować. W przeciwnym razie znów skażemy się na więzienie. Dosłownie blokujemy – tłumimy – nasze ideały, dążenia, sukcesy. Trudno osiągnąć człowiekowi większą wolność niż ta, jaką dają wybaczający umysł i serce.

Wybaczenie sprawia, że umysł, serce i dusza stają się lżejsze i sprawniejsze. Pozwala uwolnić się od jednego z największych ciężarów, jakie kiedykolwiek bierzemy na swoje barki. Piękno w Piśmie Świętym nie odnosi się do wyglądu zewnętrznego – najnowszej mody – ale do zgodnych ze sobą umysłu i serca – „zaślubionych", „złączonych" pewnie i harmonijnie. Kahlil Gibran wyraża to następująco: „Gdzie będziesz szukał piękna i jak je znajdziesz, jeżeli nie będzie twoją drogą i twoim przewodnikiem?", „Jak będziesz o nim mówił, jeżeli to nie ono będzie wkładało słowa w twoje usta?" Na zakończenie pisze: „Przyjaciele, piękno to życie, kiedy odsłania swoje święte oblicze, ale to wy jesteście życiem i zasłoną. Piękno to wieczność spoglądająca na siebie w lustrze, ale to wy jesteście wiecznością i lustrem". Piękno umysłu i serca jest mądrością Boga w tobie, wspaniałą szatą utkaną ze zrozumienia i cierpliwości.

Prawdziwym sanktuarium zawsze był duch czy też świadomość. Być jednym z Bogiem to znać pełny wymiar spokoju, mądrości, siły i miłości. Sanktuarium jest naszym zrozumieniem „uniwersalnych praw umysłu i nieskończonego Ducha w nas". To świadomość, że odpowiedź zawsze jest w nas i że nieskończona inteligencja i twórcza siła Boga płyną teraz przez nas jako strumień uważności.

Słowo „dobrobyt" zmieniło znaczenie i obecnie kojarzone jest głównie z bogactwem materialnym. Chociaż jest ono ważne, to jedynie część oryginalnego zamierzenia, którym było „rozwijać się i kwitnąć" jako silne i zdrowe drzewo – drzewo prawości, drzewo życia.

„Wysławiać" znaczy „uznać obecność Boga w życiu", wychwalać dobra, jakich pragniemy, niezależnie od tego, w jakiej formie chcemy je otrzymać: jaki mamy cel, plan czy zamiar. Prorokować znaczy przepowiadać – zapowiadać z wyprzedzeniem; umieścić w naszej świadomości mentalny odpowiednik tego, co się stanie naszym doświadczeniem. Wysławianie jest równoznaczne z oddaniem całą duszą i skupianiem się na celu, a nie na przeszłości czy dowodach zmysłowych. Wysławianie Boga jest równoznaczne z wysławianiem tego, co dobre. Wysławianie Boga oznacza wiarę w działanie. To nastawienie psychiczne, które pozwala na to, żeby zbawienie – rozwiązania – zostało przed nami „odkryte".

Celem religii jest pomoc każdemu z nas w uświadomieniu sobie naszego prawdziwego ja, byciu jednym z istotą życia. Dobrobyt jest spełnieniem, faktycznym, realnym i doświadczalnym, kiedy praktykujemy i żyjemy w najwyższym wymiarze prawdy, którą teraz znamy. I znów, jak mówi Biblia: „Bądź mężny i mocny. Nie bój się i nie lękaj, ponieważ z tobą jest Pan, Bóg twój, wszędzie, gdziekolwiek pójdziesz (...) bo tylko wtedy powiedzie ci się".

KRÓTKO MÓWIĄC

Wysławianie, droga do dobrobytu, to rozpoznanie uzdrawiającej obecności i mocy Boga w każdym z nas. Jedynego źródła i fundamentu rzeczy dobrych, których pragniemy.

Kiedy całym umysłem, sercem i duszą zapragniemy zrozumieć i pojąć samych siebie, uświadomimy sobie, iż istnieje metoda na zaprowadzenie porządku i harmonii w naszym życiu – pojawi się prorok prawdy (myśl, książka, zdarzenie) i dostrzeżemy ją. Uświadomimy sobie, że jesteśmy tym, nad czym rozmyślamy: nasz los w dużym stopniu kontrolują nasze myśli i uczucia. I wtedy będziemy wolni, oswobodzeni z naszej przeszłości. Zacznie się okres dobrobytu.

Jedynie zmiana postawy oraz urzeczywistnienie wrodzonej boskiej siły rządzącej naszymi myślami i emocjami – niezależnie od warunków i okoliczności – sprawią, że osiągniemy nowy poziom psychicznej i duchowej świadomości.

Sposób, w jaki żyjemy, podyktowany jest przez nasze nastroje i postawę. Możemy postanowić je zmienić z takim spokojem i rozmysłem, z jakim wybieramy codziennie naszą garderobę z szafy. Mamy prawo spodziewać się spełnienia naszych pragnień, innymi słowy, „nosić" strój pewności, spokoju, oczekiwania na realizację.

Musimy zrozumieć, że nie ma potrzeby, żebyśmy czuli się jak ofiary okoliczności czy bezradne stworzenia osaczone przez zadania, problemy, nierozsądnych ludzi, wygórowane wymagania. To my decydujemy, czy będziemy ofiarą czy zwycięzcą.

Słowo „dobrobyt" zmieniło znaczenie i obecnie kojarzone jest głównie z bogactwem materialnym. Chociaż jest ono ważne, to jedynie część oryginalnego sensu, jakim było „rozwijanie się i kwitnięcie" jako silnego i zdrowego drzewa – drzewa prawości, drzewa życia.

„Wysławiać" znaczy „uznać obecność Boga w życiu", wychwalać dobra, jakich pragniemy, niezależnie od tego, w jakiej formie chcemy je otrzymać: jaki mamy cel, plan czy zamiar. Wysławianie jest równoznaczne z oddaniem całą duszą i skupianiem się na celu, a nie na przeszłości czy dowodach zmysłowych. Wysławianie Boga jest równoznaczne z wysławianiem tego, co dobre. Wysławianie Boga oznacza wiarę w działanie.

ROZDZIAŁ 9

DLACZEGO PRZEKONANIA CZYNIĄ NAS BOGATYMI LUB BIEDNYMI

„Kto ma, temu będzie dane: a kto nie ma, temu zabiorą i to, co mu się wydaje, że ma". Czy te słowa z Biblii są surowe w wymowie? Czy niektórzy ludzie są predestynowani do tego, żeby cieszyć się bogactwami świata, a innym przeznaczone są cierpienie i niedostatek? W żadnym razie: Twórcza Moc i Obecność w nas zdecydowanie temu przeczą. W każdej chwili odpowiadają nam, stwarzając warunki naszego życia codziennego – reagując, tworząc je zgodnie z tym, co myślimy i nad czym podświadomie medytujemy.

W zasadzie słowa te dają nam wolność od wielkich wahnięć fortuny. Uczta albo głód. Pisana jest nam zarówno obfitość, jak i niedostatek czy ograniczenie (ubóstwo) – w zależności od tego, jak rozumiemy pojęcie Jednego Źródła wszystkiego: Boga. Mistycy nazwali je Boskim Umysłem. Wewnętrzną Obecnością. Jedynym Prawem, Panem naszego życia: tyranem lub dobrotliwym, inteligentnym opiekunem.

Ci, którzy cieszą się prawdziwą obfitością (niewyczerpanym zapasem) i dobrobytem, zdają sobie sprawę z twórczych sił Umysłu i myśli. Prawdziwa obfitość to uczciwy zysk. A oni znają jego wartość i następstwa. Jako że nieustannie odciskają w świadomości ideę duchowej, psychicznej i materialnej obfitości – dobrobytu i bogactwa – ich głębszy umysł automatycznie sprawia, że obfitość staje się ich doświadczeniem. To wielkie i Uniwersalne Prawo Życia. To zawsze była i będzie prawda. Nasze głęboko zakorzenione, płynące prosto z serca przekonania, opinie, nasza świadomość i zrozumienie są realizowane jako doświadczenia, zdarzenia i warunki; przybierają formę odpowiadającą tokowi naszego myślenia.

Jeżeli jesteśmy świadomi i przekonani, że żyjemy w szczodrym, inteligentnym, nieskończenie urodzajnym wszechświecie – ofiarowanym nam i rządzonym przez szczodrego, miłującego Boga – nasza wiara wpłynie na naszą sytuację i postępowanie. Jeśli zaś moje podstawowe przekonanie brzmi: „Nie jestem wart Nieskończonego Uniwersalnego Bogactwa", „Jestem skazany na niedostatek" – to właśnie stanie się moim udziałem; taka będzie moja sytuacja, to się urzeczywistni. Takie przekonanie zacznie dominować. Te dwie przeciwstawne koncepcje są głównymi czynnikami decydującymi o tym, czy będziemy bogaci czy biedni. Parafrazując tekst z Biblii: dlatego właśnie „bogaci się bogacą, a biedni biednieją".

Umysł wszystko powiększa; myśli produkują to, co jest ich przedmiotem. I zasada ta obowiązuje w obie strony – bogactwa i biedy. Gdy to zaakceptujemy, przejmiemy kontrolę nad naszym życiem, działaniami i okolicznościami.

Kiedy zaakceptujemy Prawdę, iż nasz Umysł jest czynnikiem sprawczym, jego moc przejawi się w tym, na czym będzie się koncentrował. Jesteśmy na dobrej drodze do bogactwa, dobrobytu i zdrowia i znajdziemy nasze prawdziwe (idealne) miejsce oraz sposób wyrażenia siebie w tym życiu.

Wiem, że myślenie o obfitości i bogactwie, kiedy żyje się w niedostatku, wymaga pewnego wysiłku. Wiem też, że można to robić, zachowując uczciwość i prawość. Oto sposoby, na jakie przejawia się obfitość. W mojej książce *Moc przyciągania pieniądza** zauważyłem, iż wymaga to konsekwentnego i intensywnego wysiłku. Jest to warte zachodu, ponieważ ci, którzy praktykują zdyscyplinowane myślenie, prędzej czy później stają się bogaci i mogą mieć wszystko, czego zapragną... Ludzie, którzy skupiają uwagę na nieskończonych bogactwach umysłu – źródle wszelkich doświadczeń – otrzymają więcej tego, co dobre na tym świecie.

Zgodnie z tym wielkim prawem: „Niedaleko pada jabłko od jabłoni". Zdyscyplinowane myślenie jest kluczem do tej bardzo ważnej prawdy. U wielu osób słowo „dyscyplina" budzi lęk, bo kojarzy im się z surową karą, bólem. Jest to błędne rozumienie jego rzeczywistego znaczenia.

Moim zdaniem, dyscyplina zaczyna się od zrozumienia. Musimy zrozumieć to, w co wierzymy i dlaczego w to wierzymy. Kiedy słucham innych, rozmawiam z nimi, widzę wyraźnie, że wiele osób cierpi niedostatek z powodu błędnego rozumowania. Główną przyczyną jest tu indoktrynacja, znajomość tylko połowicznych wyjaśnień Pisma Świętego: zwłaszcza podkreślających

---

* Tłumaczenie polskie ukazało się w roku 2002 nakładem wydawnictwa Diogenes, przekład Elżbiety Kowalewskiej.

skutki niewłaściwego myślenia, nieprawości i grzechu. Możemy zdyscyplinować nasz umysł: uczynić z niego naszego ucznia. Słowa „dyscyplina" i „uczeń" mają ten sam rdzeń* – po łacinie *discipulus* znaczy „uczeń". Rozumienie ma zasadnicze znaczenie: nasze myśli są naszymi uczniami. Umysł jest naszym najważniejszym sługą, ministrantem ducha – naszą świadomością w całej pełni, naszym czynnikiem twórczym czy też zdolnością.

Zmiana w umyśle – transformacja – odmienia życie! Miej do tego zdrowy, właściwy, „święty" szacunek. Taka transformacja może zmienić twój niedostatek w obfitość. Bóg pragnie tego, co dobre. Wolą Boga jest, by nasze życie rozwijało się i stawało coraz bogatsze. Ile osób, które znasz, wierzy i głosi, że Bóg pragnie tego, co dobre? Ile osób, które znasz, rezerwuje wolę boską tylko dla nieszczęśliwych zdarzeń?

Dyscyplina umysłu zaczyna się, kiedy pragniemy Prawdy, jesteśmy na nią gotowi, tęsknimy za nią. Wymaga od nas ni mniej, ni więcej tylko tego, żebyśmy przyjrzeli się naszym głębokim przekonaniom i opiniom i zrozumieli je: nasze ideały oraz dążenia. Jesteśmy w stanie odrodzić swój umysł, zacząć myśleć w nowy sposób. Tam, gdzie nie ma miłości, nie ma dyscypliny.

Może się to wydawać zaskakujące, iż tak wiele niejasności związanych z obfitym życiem ma swoje źródło w Piśmie Świętym – przynajmniej w świecie zachodnim. Od dziecka słyszymy przecież: „Pan kocha ubogich". Jeden z psalmów mówi: „Szczęśliwy ten, kto

---

* W ang. *discipline* i *disciple*.

myśli o biednym, w dniu nieszczęścia Pan go ocali..." A w Nowym Testamencie można przeczytać: „Błogosławieni ubodzy w duchu, albowiem do nich należy Królestwo Niebieskie".

Miliony razy słowa te padały z ambon jako cała prawda – dosłownie, bez analizy ich znaczenia i wyrażeń liczących sobie dwa tysiące lat (w wypadku psalmów nawet więcej). Język się zmienia i rozwija. A zaakceptowanie tych stwierdzeń – i wielu im podobnych – w tej formie przyczyniło się do zrodzenia (często nieświadomego) przekonania, że w posiadaniu wystarczającego – a nawet większego – majątku jest coś złego czy bezbożnego, iż bogactwo wiąże się z zarozumialstwem.

Gdy Biblia mówi, że Bóg chce, abyśmy mieli wszystkiego pod dostatkiem, ma na myśli każdego bez wyjątku. Obfitość – w tym bogactwo materialne – często zostaje urzeczywistniona, kiedy nasze pozorne czy oczywiste błędy w rozumowaniu z czasów wczesnej indoktrynacji zostają wyjaśnione.

Biblia, którą czyta większość z nas, została przetłumaczona z języka hebrajskiego i aramejskiego i jest napisana w naszym języku ojczystym. Pełno więc w niej bardzo starych, idiomatycznych wyrażeń, a wiele słów zmieniło już swoje znaczenie. Nie wszystkie fragmenty można więc czytać dosłownie. Pismo Święte wydaje się pełne sprzeczności, przypowieści i posługuje się przenośniami, które trudno odnieść do dzisiejszego świata.

Spójrz jednak na Biblię jako podręcznik metafizyki, a wejdziesz na właściwą ścieżkę. Jej język jest bogaty – pełen praktycznych prawd i wskazówek, wzbogacających nasze doświadczenie, gdy są zrozumiałe.

Biblia nie jest książką opartą na faktach – kiedy tak się ją interpretuje, jej prawdziwy cel zostaje przesłonięty lub ukryty. Jest to doświadczenie subiektywne – dialog pomiędzy nią a czytelnikiem. „Co oznacza to dla mnie teraz, w tej chwili? Kim są ubodzy z biblijnych wersetów?" – ubodzy to ci, których trzeba natchnąć.

Jako podręcznik metafizyki Biblia pokazuje drogę do uzdrowienia stanu umysłu, co z kolei leczy z ubóstwa i innych ciężkich warunków, których czasem doświadczamy. Wznieś się ponad swoją świadomość i pojmowanie; uwznioślij swój sposób rozumowania, punkt widzenia. Sięgnij wyżej w swojej wizji i sposobie postrzegania.

W Księdze Przysłów czytamy: „Gdy nie ma widzenia, naród się psuje". Wszystkie te słowa, wyrażenia i wersety odkrywają zasadniczą Prawdę: zmieniliśmy się poprzez odrodzenie naszego umysłu, percepcję na wyższym poziomie.

W rozumieniu biblijnym bycie ubogim to bycie ubogim duchem. Zbyt wiele osób słyszało w swoim życiu, że ci, którzy teraz cierpią, zostaną w przyszłości nagrodzeni albo że Mesjasz przybędzie i zbawi ich od cierpienia, ulży im. Słowo „Mesjasz" oryginalnie znaczyło „nauczyciel".

Przeczytajmy więc ponownie najczęściej przytaczane słowa Chrystusa: „Oto teraz czas upragniony", „Oto ten czas", „Dziś ze Mną będziesz w raju". Zauważ, iż jest to napisane w czasie teraźniejszym, który na szczęście został zachowany nawet w tłumaczeniu. Jak często słyszeliśmy te zdania we wczesnych latach nauki? Częściej słyszeliśmy: „Pan miłuje ubogich".

Być ubogim duchem nie oznacza depresji, odrzucenia, desperacji oraz smutku. Wręcz przeciwnie, oznacza otwarcie umysłu i chłonięcie przez niego Prawd Bożych; głód i pragnienie, aby wiedzieć więcej i przyjąć więcej Bożej Obecności. Bogactwo to umysłowa duma i wiara w dowody pięciu zmysłów – z góry przyjęte idee, opinie, dogmatyczne przekonania i tradycyjne poglądy na Boga i Życie.

Ubóstwo odnosi się do umysłu. Rządy i inne instytucje nigdy go nie wykorzenią, jeżeli nie wyrugują go z ludzkiego umysłu. Możemy i powinniśmy pomagać potrzebującym – bo można to przecież robić mądrze i sprawiedliwie: wspierać materialnie tych, którzy tego pragną, nie uwłaczając ich godności, ale i pomóc im zrozumieć, że Biblia zawiera prawa umysłu pozwalające im poznać ich wrodzone zdolności i z ich pomocą pozbyć się poczucia bycia ubogim. Możemy im pomóc poznać Nieskończoną Inteligencję i Jedno Źródło wszystkiego, które kryje się w ich umysłach i sercach. Ubóstwo utrzymuje się w ubogich umysłach. Uzdrów umysł, a wszelkie ubóstwo zacznie zanikać.

Nie ma nic cnotliwego w ubóstwie; bogactwo nie jest przestępstwem, jeżeli zdobyło się je uczciwie. Defraudując, sprzeniewierzając czy oszukując, okradamy samych siebie – prędzej czy później wróci to do nas w jakiejś formie. Człowiek, który zna prawa umysłu – głębszą interpretację Biblii – wie, że Źródłem obfitości jest Królestwo Boże. Całe dobro jest w tobie. Nie zawsze udaje się nam zdobyć bogactwo i dobrobyt. Czasem zamiast sukcesu doświadczamy klęski; zamiast obfitości dotyka nas ubóstwo; zamiast harmonii ogarnia nas chaos. Tak bywa w życiu i musimy być gotowi się z tym zmierzyć.

Kiedy uświadomimy sobie istnienie tych sprzeczności, zdobędziemy klucz do zrozumienia, w jaki sposób nasze przekonania decydują o naszych działaniach. Musimy pojąć, że żyjemy we wszechświecie, świecie pełnym dualności. Największym darem i wyzwaniem, jakie otrzymaliśmy od Boga, jest wolność wyboru – pomiędzy dobrem i złem, zdrowiem i chorobą, ubóstwem i obfitością. Decyzja należy do nas i musimy podjąć właściwą.

Kobiety i mężczyźni od wieków z gorszym czy lepszym skutkiem wybierają między sprzecznościami. Większość dochodzi do wniosku, że wszystkie sprzeczności, jak chociażby dobro i zło, są niezależnymi siłami. Zgodnie z tym to, czy doświadczymy jednego czy drugiego, jest kwestią przypadku, szczęścia lub złośliwości losu.

Z pozoru wydaje się to prawdą, ale czy możliwe jest istnienie dwóch liczb nieskończonych? Nie może być to prawdą z matematycznego punktu widzenia, gdyż jedno wykluczałoby drugie. Pojawiłaby się całkowita pustka albo chaos, a nie precyzyjny Wszechświat. Umysł ludzki nie byłby w stanie tego pojąć.

Sprzeczności przypominają dwa końce kija. Są maksymalnie odsunięte od siebie, ale wciąż należą do jednego kija.

Prawda znana od zawsze brzmi: Nie osądzaj, podejmuj przemyślane decyzje; nie wyciągaj wniosków na podstawie tego, co widzisz. Nie podejmuj decyzji na podstawie tego, co widzisz. Nie decyduj na podstawie chwili obecnej. Albowiem ponad wszystkimi rzeczami (a pięć zmysłów nie dostrzega niczego więcej), poza nimi i wewnątrz nich jest Bóg, żywa, dynamiczna, niezwykle inteligentna Obecność, którą starożytni nazywali boskim umysłem.

Wszyscy funkcjonują pomiędzy sprzecznościami. Przeżywamy to, co zwykliśmy nazywać wzlotami i upadkami. Nasz nastrój może się zmieniać od euforii do rozpaczy, od przyjemności do bólu, od radości do smutku – i nie możemy doświadczyć jednego bez drugiego. Kiedy jednak zrozumiemy, że skrajności te są przejawem jednej zasady – ciągłego procesu tworzenia – nie będziemy się już obawiać przeciwieństw, które widzimy wokół nas i których każdy z nas doświadcza w mniejszym lub większym stopniu. Wielkie wahania staną się mniejsze.

Są to przejawy – dwojakie przejawy – tej samej zasady. Jesteśmy tu po to, żeby pogodzić sprzeczności i zdobyć harmonię, zdrowie i spokój w naszym świecie.

W książce *Secrets of I Ching* napisałem, iż prawdopodobnie żaden system nauczania, praktycznej mądrości, nie przedstawia jaśniej i bardziej bezpośrednio zasady przeciwieństw niż chiński, liczący sobie pięć tysięcy lat! Chińczycy rozpoznali, zrozumieli i zaakceptowali zasadę przeciwieństw, nazywając ją „zmianami" albo „przemijaniem". Wszystko wywodzi się od Niewidzialnego, istnieje przez pewien czas i wraca do Niego, którego nazwali Dao (Bóg).

Mędrcy Wschodu stwierdzili, że kosmos – świat, społeczeństwo, jednostki – podlega ciągłym zmianom, płynnym przejściom z jednego stanu do jego przeciwieństwa. Lato przechodzi w zimę, dzień zmienia się w noc, księżyca przybywa, a potem ubywa, są przypływy i odpływy, stare światy i rasy giną, żeby mogły się narodzić nowe. Filozofowie ci mówili: „Jeżeli nie podoba ci się nasza pogoda, zostań na trochę, a zmieni się". Przyznawali, iż istnieją siły, nad którymi nie panują: ruchy planet, zmiany pór roku i żywiołów. Przychodzi powódź, trwa jakiś czas i mija. Pojawia się susza, trwa jakiś czas i mija. Dobra pogoda niedługo wróci. To naturalny sposób odradzania się i regeneracji na ogromną, kosmiczną skalę.

Księga przemian mówi, iż wszelka forma, kształt, funkcja i działanie pochodzą od Niewidzialnego Dao. Tę samą prawdę odkrywamy w świętych księgach judeochrześcijańskich. „I to przeminie". Istnieje około tysiąca przykładów rozpoczęcia ustępu biblijnego od słów: „I stało się"*. *I Ching* i księgi judeochrześcijańskie zawierają identyczne prawdy: Natura z wszystkimi jej mocami pochodzi z jednego źródła – Dao (Boga). Trzy tysiące lat później św. Paweł napisał: „Nie ma bowiem władzy, która by nie pochodziła od Boga, a te, które są, zostały ustanowione przez Boga".

I Ching i Biblia zgadzają się, że Dao-Bóg działa w wymiarze uniwersalnym w sposób bezosobowy, zgodnie z naturalnymi prawami. Zgadzają się, iż zasada dualności ma takie samo zastosowanie w skali kosmicznej, jak i w odniesieniu do rodzaju ludzkiego. Nieustannie przechodzimy z jednego stanu do jego przeciwieństwa. Jak już wspomniałem, wszyscy doświadczamy emocjonalnych wzlotów i upadków, oscylujemy pomiędzy smutkiem i radością, przyjemnością i bólem, pokojem i niezgodą, pewnością i strachem.

Także myśli chodzą parami: bogactwo i bieda, słod-

---

* W wersji ang. *And it came to pass*, co często pomijane jest w polskim tłumaczeniu.

kie i kwaśne, dobre i złe, gorące i zimne. Nie jesteśmy w stanie silniej kontrolować żywiołów, ale mamy zdolność panowania nad naszą świadomością. Otrzymaliśmy to błogosławieństwo lub dar wraz z wrodzoną inteligencją oraz możliwością wyboru i decydowania w kwestii myśli, idei, koncepcji oraz nastrojów i postaw – tego, czym pragniemy być, co pragniemy robić, mieć i czym się dzielić.

Te pragnienia są aniołami bożymi, posłańcami Boga, mówiącymi każdemu z nas: „Wznieś się wyżej". Niech twoje pragnienie przyciągnie i zatrzyma twoją uwagę. Udaj się w kierunku dominującej w twoim umyśle idei.

Im większa oczekiwana korzyść z urzeczywistnienia pragnienia, tym silniejsze pragnienie. Co dominuje w naszych umysłach, w naszym życiu? Naprawdę otrzymaliśmy władzę – potężne siły panujące nad naszym życiem – istnieje jednak jeszcze wyższa władza, do której możemy się zwracać: Bóg, Autor wszelkiego dobra.

Przyznaj, że sami nie jesteśmy w stanie zrobić nic, ale przenikające wszystko Inteligencja i Energia Życia (Dao-Bóg w nas) są chętne i gotowe wszystko nam zapewnić, ochronić nas, oświecić i przywrócić nam harmonię, która pogodzi przeciwności i przyniesie spokój umysłu. Kiedy dysponujemy największym ze wszystkich darów, w naszym świecie panuje porządek i odkrywamy niebo – tu i teraz, na ziemi.

W Biblii Jezus mówił o dwoistości życia poprzez przypowieść: Kiedy siejemy pszenicę, pojawia się też wyka (chwast). Ludzie uprawiający pola zapytali: „Chcesz więc, żebyśmy poszli i zebrali go?" Właściciel ziemi powiedział: „Nie, pozwólcie obu róść aż do żniwa... Zbierzcie najpierw chwast i powiążcie go w snopki na spalenie; pszenicę zaś zwieźcie do mojego spichlerza".

Chwasty są negatywnym i niszczącym ekstremum i nie przyniosą nam żadnych korzyści. Przedstawiają strach, wątpliwości, urazy, niechęć i gniew – pragnienie odwetu lub zdobycia kontroli nad innymi. Pszenica zaś jest zawsze symbolem odżywiającej i życiodajnej substancji: tego, co rozwija i wzmacnia nasze pragnienia, nasz proces zdrowienia. Nie bój się słowa „chwasty". Pochodzi ono ze zbiorowego umysłu, zbiorowej świadomości, która zawsze jest z nami. Uświadom sobie jednak to i zniszcz je, spal w ogniu boskiej miłości. Zostaw tylko pszenicę – tylko Wieczne Prawdy, takie jak boska miłość, życie, zdrowie, bogactwo (duchowe, intelektualne, społeczne oraz materialne), a przede wszystkim droga do prawdziwego spokoju.

I Ching radzi: Nie wybieraj nieszczęścia – wybierz powodzenie. Niech to będzie władza rządząca twoim życiem, twój pan, twój przewodnik. Niech zostanie twoim najlepszym przyjacielem, oferującym ci miłość i towarzystwo we wszystkich wymiarach niosących radość. Niech będzie twoim boskim towarzyszem, który pragnie dla ciebie tylko szczęścia. Na poziomie osobistym i indywidualnym Dao-Bóg staje się bardzo intymny, bliski, niemal ludzki – staje się twoim Najlepszym Przyjacielem.

Czy ostatnio ktoś cię zapytał: „Dlaczego Bóg pozwala na ubóstwo? Chorobę? Wojny? Śmierć?" Właściwie nie ma dnia, żeby te pytania nie pojawiły się w tej czy innej formie. Jeżeli jesteś istotą myślącą, na pewno też zadawałeś je sobie na jakimś etapie życia. Bóg dał nam wolną wolę – moc wyboru – i dopóki korzystamy z niej niewłaściwie (lub na czyjąś szkodę), dopóty takie okoliczności będą występować. Jeśli nie poznamy zasady życia, nie przyjmiemy i nie zaakceptujemy odpowiedzialności za nasze decyzje – indywidualnie i zbiorowo – to zło i wojny będą się pojawiać dopóty, dopóki będą wśród nas tyrani.

Osobiście uważam, że to przestępstwo, iż rodzaj ludzki wciąż szuka zdobyczy przy użyciu siły i niesłychanych okropieństw wojny. Ziemia oferuje takie bogactwo, że starczyłoby dla każdego, gdyby wszyscy wiedzieli, jak poprosić Wielkiego Żywiciela o to, by mądrze i sprawiedliwie przyznał i rozdzielił te dobra. „W domu Ojca mego jest mieszkań wiele". Chodzi tu o wymiary życia wiecznego. Powinniśmy postrzegać je jako równie realne jak my sami – ciesząc się bardziej pełnym życiem.

Zrozum, że kryją się w tobie ogromne siły intelektualne i uczuciowe, skarbnica, królestwo – twój świat konceptualny, nad którym przejąłeś absolutną władzę i kontrolę. Zrozum dwoistą naturę świata, w jakim żyjesz, nie wyłączając jego największego przeciwieństwa: życia i pozornej śmierci. Jak powiedział Emerson: „Spotykamy się z rozbieżnościami w każdym aspekcie natury".

Przez całe życie spotykamy się z przejawami dwoistości, które wprawiają nas w konsternację i zdumienie. To wyzwanie, któremu musimy stawić czoło. Jesteś zdolny wykorzystywać swoją mądrość, wiarę, oddanie temu, co dobre, dokonywać właściwych wyborów. Jeżeli będziesz tak postępował, w nagrodę otrzymasz życie pełne błogosławieństw, harmonii i obfitości.

Ożywiamy ten dar poprzez zrozumienie, iż jest niejako ukryty – dopóki nie przyznamy, że Bóg jest miłością, a naturą miłości jest dawanie. Bóg nigdy nie odmawia nam naszych dóbr – nie zmusza też do ich przyjęcia – ani też nie przyznaje ich tylko garstce wybrańców. To my dokonujemy wyboru. Wybierz dzisiaj. Zdecyduj, że będziesz coraz bardziej otwarty, że zrozumiesz wszystko na nowo, że pozbędziesz się poczucia oddzielenia od Miłości, Życia, Boga – całym twoim umysłem, sercem i duszą.

KRÓTKO MÓWIĄC

W zależności od naszego zrozumienia – od tego, jak pojmujemy pojęcie Jedynego Źródła wszystkiego: Boga – pisana jest nam zarówno obfitość, jak i niedostatek czy ograniczenie (ubóstwo).

Ci, którzy cieszą się prawdziwym bogactwem (niewyczerpanym zapasem), zdają sobie sprawę z twórczych sił Umysłu. Prawdziwa obfitość to „uczciwy zysk". Ludzie ci znają jego wartość i następstwa. Jako że nieustannie myślą o duchowej, psychicznej i materialnej obfitości – dobrobycie i bogactwie – ich głębszy umysł automatycznie sprawia, że stają się one ich udziałem.

Kiedy zaakceptujemy prawdę, iż Umysł jest naszym czynnikiem sprawczym, jego moc przejawi się w tym, na czym się będzie koncentrował. Jesteśmy na dobrej drodze do obfitości, dobrobytu, zdrowia i znajdziemy nasze prawdziwe (idealne) miejsce oraz sposób wyrażenia siebie w tym życiu.

Gdy Biblia mówi, że Bóg pragnie, żebyśmy cieszyli się bogactwem, chodzi o wszystkich bez wyjątku.

Obfitość – w tym bogactwo materialne – często zostaje urzeczywistniona, kiedy wyjaśniamy nasze pozorne czy oczywiste sprzeczne poglądy z czasów wczesnej indoktrynacji.

Ubóstwo powstaje w ubogim umyśle. Uzdrów go, a bieda wszelkiego rodzaju zacznie zanikać.

Żyjemy we wszechświecie pełnym kontrastów. Największym darem i wyzwaniem, jakie otrzymaliśmy od Boga, jest wolność wyboru – między dobrem i złem, zdrowiem i chorobą, ubóstwem i obfitością. Decyzja należy do nas i musimy podjąć właściwą.

Nasz nastrój może oscylować między euforią i rozpaczą, przyjemnością i bólem, radością i smutkiem – i nie doświadczymy jednego bez drugiego. Kiedy jednak zrozumiemy, że te skrajności są przejawem jednej zasady – ciągłego procesu tworzenia – nie będziemy się już ich obawiać.

Bóg dał nam wolną wolę – moc wyboru – i jeśli korzystamy z niej niewłaściwie (lub na czyjąś szkodę), takie okoliczności będą wciąż występować. Dopóki nie poznamy zasady życia, nie przyjmiemy i nie zaakceptujemy odpowiedzialności za nasze wybory – indywidualnie i zbiorowo – dopóty zło będzie się pojawiać.

ROZDZIAŁ 10

ZŁOTA ZASADA

„Nie rób drugiemu, co tobie niemiłe". We wszystkich wielkich religiach świata pojawia się taka złota zasada, często nazywana istotą religii. Hillel, wielki żydowski uczony, żyjący wiek przed Jezusem, został poproszony o wybranie najważniejszej nauki z Pisma Świętego. Odpowiedział: „Najważniejszą ideą jest ta, żebyś nie robił drugiemu człowiekowi, co tobie niemiłe". Współcześni psychologowie stale odnoszą się do tej zasady jako podstawy w rozwijaniu dobrych relacji interpersonalnych.

Jaki jest związek między przestrzeganiem złotej zasady a zdobyciem dobrobytu? Hillel odpowiada również na to pytanie: „Jeśli nie jestem dla siebie, kto będzie dla mnie? Jeżeli jestem jednak tylko dla siebie, to kim jestem?" Tak, Bóg dał nam moc zdobycia bogactwa i obfitości. Naszym obowiązkiem jest optymalne wykorzystanie naszych uzdolnień i szans, ale wiąże się to z koniecznością dbania nie tylko o siebie, ale też o innych.

Przekonasz się, że złota zasada wpleciona jest niczym złota nić we wszystkie systemy filozoficzne i kulty. Może być wyrażona innymi słowami, ale jej cel jest identyczny: powinniśmy pragnąć dla innych tych samych swobód, osiągnięć i korzyści, jakich pragniemy dla siebie.

Kiedy uznamy tę zasadę za swój kodeks etyczny – czy ideę przewodnią – będzie wpływać na nasze codzienne życie i zapewniać nam energię. Jest to klejnot mądrości w głębi naszej istoty – przewodnik, wewnętrzna wskazówka z serca i duszy każdego mężczyzny i kobiety. Gdy myślimy mądrze, wiemy, jak postępować mądrze i z korzyścią dla wszystkich zainteresowanych we wszystkich sferach życia – w naszych relacjach z innymi, inwestycjach, pracy czy biznesie.

Zasada zwana złotą jest kluczem, który otwiera drzwi do najważniejszego błogosławieństwa i urzeczywistnia je w naszym życiu. Kiedy uwzględnimy fakt, iż złota zasada jest uniwersalna i nie ogranicza się do jednej religii czy kultury, bardziej docenimy jej wartość i poznamy źródło wielu szeroko rozpowszechnionych przekonań.

Przekonania są bardzo ważne. Pierwsze prawo życia dotyczy przekonań. Otrzymaliśmy moc i narzędzia do tego, żeby je wybierać. To największa siła, jaką posiadamy. Nasze przekonania, założenia, idee, opinie i postawy nadają kształt naszym doświadczeniom i tworzą warunki naszego życia. Zmień te, które powinieneś, a przekształcisz swoje życie.

Dlaczego ta zasada nazywana jest złotą? Określenie „złota zasada" nie występuje w żadnej świętej księdze. Według *Interpreter's Bible Dictionary* termin ten po raz pierwszy pojawił się około V wieku p.n.e. w pismach Herodotosa, Greka nazywanego ojcem historii. Złoto to metal szlachetny, będący uniwersalnym, biblijnym symbolem mądrości, wiedzy na temat tego, kim i czym jesteśmy. Oto istota tego, co oferuje Biblia: pomoc w zaakceptowaniu zamętu i niepokojów ogarniających ten świat – w wysiłkach nad zaprowadzeniem porządku w chaosie – w pozbyciu się poczucia oddzielenia od Jedynego Źródła, które nazywamy Bogiem.

Rozważając podstawowe założenia złotej zasady, wyjaśniane przez kilka religii, nie mamy na celu ich krytykowania, oceniania czy potępiania, ale staramy się lepiej zrozumieć uniwersalność tego przekonania. Całym sercem zgadzamy się z cudownie uwalniającą myślą Mahatmy Gandhiego, człowieka o wielkiej duszy, na temat religii: „Nawet jeżeli drzewo ma jeden pień, to wyrasta z niego wiele gałęzi i liści, więc jest tylko jedna prawdziwa i doskonała religia wykraczająca poza wszelkie słowa". Rozdziela się jednak na wiele innych, przechodząc przez medium języka, wielokrotnie interpretowana przez niedoskonałych ludzi.

Odrobina wiedzy na temat religii pozwala odkryć, iż istnieje między nimi niezwykłe podobieństwo – podstawowa jedność myśli, uczucia i metody. Kiedy spytano Gandhiego, jaką wyznaje religię, odpowiedział: „Jestem chrześcijaninem, jestem żydem, jestem hinduistą, jestem muzułmaninem: jestem tym wszystkim, gdyż wszystkie religie to jedno". Tylko Jedna Obecność, Jedna Moc, znana pod wieloma nazwami, Jedno Źródło, Umysł, który mistycy nazywają Bogiem.

Dostrzeżenie tej prawdy, przedstawianej przez niektórych oświeconych mędrców i filozofów, nie szkodzi ani nie umniejsza w żaden sposób znaczenia pojęć prezentowanych w Biblii judeochrześcijańskiej. Wręcz przeciwnie, jeszcze je wzmacnia.

Pomocne jest zgłębianie wielkich systemów nauczania – niezależnie od tego, czy są to religie, koncepcje filozoficzne, idee artystyczne czy dziedziny wiedzy – i przejmowanie z nich tego, co wydaje się mądre i racjonalne. Bogactwo prawdy można znaleźć wszędzie. Utrzymując, iż prawda – ten wspaniały klejnot mądrości – zawarta jest tylko w tej czy innej książce lub dyscyplinie, zamykamy się w wąskich ramach jakiegoś poglądu, dogmatu albo doktryny narzuconej bądź ustanowionej przez rodzaj ludzki.

Przydatne jest poznanie złotej zasady w formie, w jakiej pojawia się w naukach Wschodu oraz w judaizmie i chrześcijaństwie. Obecnie istnieje przekonanie, że oparta jest ona na myśli sformułowanej około sześciuset lat przed nauczaniem Chrystusa przez chińskiego filozofa Kung Ch'iu, co tłumaczy się jako „wielki mistrz".

W XVII wieku grupa jezuickich księży udała się do Chin, gdzie zgłębiała jego dzieła. Zgodnie z ówczesnym zwyczajem przetłumaczyli jego imię na język łaciński. W świecie zachodnim jest on więc lepiej znany jako Konfucjusz. Jego nauki nie są traktowane w Chinach jak religia, lecz znane jako filozofia Ju albo filozofia Uczonego.

Podobno Konfucjusz rzadko nazywał Istotę Boską imieniem. Wolał raczej słowo „Natura" albo „Duch". Czasem wspominał o Najwyższym Bogu, przeznaczonym nam „niebie", Ojcu Stwórcy, który wykreował cały wszechświat: słońce, księżyc, planety, siły czy ducha natury.

Według niego wszystko zostało stworzone przez Niebo i wszystko z Niego pochodzi. Natomiast głównym zadaniem człowieka na ziemi jest poznawanie natury i życie w harmonii z Niebem, samym sobą i innymi. Swoje nauki oparł na przemyśleniach i koncepcjach mędrców-królów, żyjących tysiąc pięćset lat przed nim.

Pod koniec życia Konfucjusz zaczął spisywać całe to bogactwo informacji i zdobytej wiedzy na bambusowych tabliczkach albo liściach, a następnie związywał je rzemieniami. Uważa się je za pierwsze chińskie książki. Nazwał je naukami starożytnych.

Konfucjusz posiadał niezwykłą zdolność logicznego i jasnego rozumowania, która uważana jest za jedno z największych osiągnięć ludzkości. Przygnębiony otaczającym go cierpieniem i nędzą oraz nieuczciwością i marnotrawstwem władzy doszedł do wniosku, że wszystkie te problemy może rozwiązać dzięki wyższej moralności. Uważał, że jego kodeks etyczny to umożliwiał, pod warunkiem że został zastosowany przez jednostkę. Dowodził, iż poprawa obejmie nie tylko jednostki, rodziny, społeczności i rządy, ale również naród stanie się lepszy, czysty moralnie i silny.

Jego zasady etyczne przedstawiane są w formie listy głównie zakazów: „Nie kłam, nie oszukuj, nie kradnij, nie dogadzaj sobie nadmiernie, nie bądź nieskromny"... Jego podsumowanie złotej zasady również ma formę przeczenia: „Nie rób drugiemu, co tobie niemiłe". Zwróć uwagę, że kilkaset lat później Hillel wyraził to samo prawie takimi samymi słowami. Za pomocą negatywnych stwierdzeń można opisać tylko to, co nazywamy grzechami czy błędami popełnionymi, a nie grzechy czy błędy przeoczenia, a więc nasze zaniedbania.

Nadając zasadzie Konfucjusza i Hillela bardziej konstruktywną formę: „Traktuj innych tak, jak chciałbyś być przez nich traktowany", automatycznie rozszerzamy ją na współczucie, uprzejmość, pochwały i docenianie innych. Gdy napominamy, żeby nie kraść, nie kłamać, nie zabijać, zaniedbujemy całą drugą stronę. Salomon mówi w Księdze Przysłów: „Nie zwlekaj z pochwałą, kiedy się należy". Zawiera się w tym uznanie, uprzejmość i grzeczność. Codziennie widzimy przykłady braku dobrego wychowania. Konfucjusz miał rację, mówiąc: „Praktyka moralności zaczyna się od jednostki w jej domu". Nierzadko słyszy się: „Niezależnie od tego, co zrobię, to nigdy nie wystarcza. On (lub ona) nigdy tego nie docenia i nawet mi nie podziękuje".

Pojawia się oczywiste pytanie: „Jak często powinniśmy mówić: «Dziękuję, doceniam to. Uważam, że jesteś najwspanialszą osobą na świecie»?" Jeżeli chcesz słyszeć te mobilizujące słowa, postąpisz mądrze, mówiąc je innym. Wypowiadaj je codziennie, aż poczujesz się z nimi komfortowo i będziesz w tym szczery. W praktyce złota zasada to miłość w działaniu.

Czy to jest uproszczenie? Spróbuj sam. Możesz się miło zdziwić. Dobre związki czy małżeństwa nie zdarzają się tak po prostu. Należy pielęgnować te relacje, plewić z nich chwasty, doglądać, a wtedy rozkwitną cudownymi kolorami, zapachami i czystym pięknem. Oto sedno złotej zasady. Kiedy dajesz, wtedy dostaniesz z powrotem – nie tylko w dobrych, ale i trudnych czasach.

Powinniśmy często zadawać sobie pytanie: „Czy chcę żyć, myśląc w ten sposób o drugiej osobie?" Jeżeli odpowiedź brzmi „tak", to wspaniale. Jeżeli „nie", to co stwarzasz? Jeżeli w interesach wykorzystujesz drugą osobę, przygotuj się na to, że kiedyś spotka to także ciebie. To proste, ale nie bądźmy tacy naiwni ani łatwowierni, żeby zakładać, iż wszyscy ludzie zawsze stosują ten kodeks etyczny. Tak nie jest. Żyjemy na tym, a nie innym świecie, więc powinniśmy podchodzić rozsądnie do obowiązujących w nim zasad.

Mówi się, że ludzie, którzy to rozumieją, rzadko, jeżeli w ogóle, dają się czymś zaskoczyć. Ktoś ich ostrzega, prowadzi i chroni. Dba o nich Najwyższa Górująca Obecność – ta wszechwiedząca Inteligencja, którą Konfucjusz nazywał Niebem albo Duchem, a którą my nazywamy Bogiem.

Warto z grubsza uporządkować chronologicznie pojawianie się kolejnych wersji złotej zasady. Kiedy zrozumiemy, jakie znaczenie przypisywali jej oświeceni myśliciele, mędrcy i mistycy, uświadomimy sobie ich niezwykłą mądrość. Mowa tu o mądrości odnoszącej się do Jedynej Obecności – chociaż występującej pod wieloma nazwami. Byli oni świadomi zasad rządzących tym światem i skupieni na nich.

W VI wieku p.n.e. przez wschodnią część świata przetoczyła się wielka fala duchowych przebudzeń. Laozi, którego dzieła stały się później podstawą taoizmu, oraz Konfucjusz rozpowszechniali swoje filozofie w Chinach. Zoroaster zaś (znany też jako Zaratustra) dał podstawy perskiemu zoroastrianizmowi. Oświeceni jasnowidze czy też prorocy, tacy jak Jeremiasz, Ezechiel i Izajasz, nawoływali Hebrajczyków do realizacji ich celów jako narodu. W Indiach powstawały *Upaniszady*, a bramińscy kapłani przedstawiali nowe interpretacje *Wed*. W tych interesujących czasach pojawił się Mahawira, Dżin („zwycięzca"), który wykazał się ogromnym współczuciem i zrozumieniem, nauczając, że „w szczęściu i cierpieniu, w radości i smutku powinniśmy traktować innych tak, jak traktujemy siebie".

Z uwagi na radykalny ascetyzm dżinizm ma obecnie mniej wyznawców niż inne indyjskie religie (około 2,3 miliona), ale Mahawira, jego założyciel, był człowiekiem niezwykle świadomym. Nauczał, że nie możemy polegać na duchowieństwie, innych ludziach czy znanych nam bóstwach. Musimy się oprzeć na Jedynym, który odpowiada na nasze medytacje, a poza tym to sami jesteśmy swoimi wybawcami, możemy rozwiązywać własne problemy. W tym celu powinniśmy skierować wszystkie nasze wysiłki na zdobycie trzech klejnotów: wiedzy, gdyż prowadzi do wiary. Wiary, gdyż prowadzi do właściwego postępowania. Właściwego postępowania, gdyż jest ono mądrością. Najważniejszym z tych trzech klejnotów jest właściwe postępowanie, gdyż jest działaniem. Nie czyń drugiemu...

Mahawira ze smutkiem patrzył, jak ludzie wyświadczali sobie uprzejmości i spędzali czas w towarzystwie przyjaciół i wspólników, kiedy wszystko toczyło się dobrze i panował dobrobyt, ale gdy fortuna odwróciła się od wspólnika albo przydarzyło mu się jakieś nieszczęście, a on najbardziej potrzebował pociechy, wsparcia i zachęty, ci fałszywi przyjaciele znikali. „Nie opuszczajcie drugiej osoby", mówił. „To nie jest właściwe postępowanie, to nie jest mądre. Albowiem i wy zostaniecie opuszczeni. Powinniście traktować innych jak siebie samych – w szczęściu i cierpieniu, w radości i smutku, w dobrych i złych czasach".

Wiele osób czuje niepokój, a nawet dyskomfort w obliczu cudzych trudności i smutku. Lecz czy nie powinniśmy przynajmniej spróbować pomóc, nie oczekując nagrody, po prostu dlatego, że tak nakazują przyzwoitość i moralność? Takie podejście do złotej zasady ludzi żyjących sześć wieków przed Chrystusem jest przykładem niezwykłego współczucia i miłości.

Do podobnego postępowania zachęca taoizm, stworzony przez łagodnego Laozi: „Zysk bliźniego traktuj jak swój; stratę bliźniego traktuj jak swoją". Analogiczne zalecenie znajduje się w Biblii: „Kochaj bliźniego jak siebie samego". Przestrzeganie tej zasady budzi w nas doznanie czy też siłę, jaką jest współczucie – empatia wobec innych, umiejętność traktowania ich z większą szczodrością ducha, słuchania z większą tolerancją ich opinii i poglądów.

Zaczynamy zadawać sobie pytania: „Jakiego zachowania moich bliźnich (chodzi o wszystkich, z którymi się stykamy) oczekiwałbym wobec mnie, gdyby sytuacja się odwróciła?", „Jak chciałbym, żeby postrzegali mój zysk: z zazdrością, pożądliwością, zawiścią?", „Jak chciałbym, żeby postrzegali moją stratę? Bez żadnego zainteresowania? A wręcz z ukrytą złośliwością?", „Nawet jeżeli nie zgadzalibyśmy się w danej kwestii, czy nie chciałbym, żeby moi bliźni dali mi prawo do wyrażenia opinii?" Czujemy, iż rodzi się w nas swego rodzaju spokój i łagodność. Zauważamy też, że wiele osób zwraca się do nas z większym rozsądkiem i opanowaniem. To jest jasny sygnał, że współczująca postawa, łagodność i cierpliwość stają się naszymi wytycznymi, wskazówkami płynącymi z duszy.

Wielu ludzi, których znam, od lat modli się o spokój umysłu i cierpliwość – nie zdając sobie sprawy, że sposobem ich osiągnięcia jest między innymi praktykowanie współczucia. Jest to jeden z wymiarów miłości. Prawo proroków: „Kochaj bliźniego jak siebie samego" odmienia życie.

Laozi namawiał nas, żebyśmy prowadzili ze sobą cichą rozmowę. Pragnął, żebyśmy kontemplowali związek własny i bliźniego z Dao (Bogiem): On was usłyszy i obdarzy spokojem. Ale wiele osób uznaje miłość, współczucie, spokój i łagodność za słabości. Nigdy nie należy mylić łagodności ze słabością. Osoba łagodna jest bardzo silna i zdecydowana. Wypracowanie w sobie tej cechy wymaga ogromnej determinacji i wytrwałości. Wiąże się z niezwykłą siłą charakteru.

„Wycisz się i poznaj Boga". Wszyscy awatarzy i założyciele religii byli znani ze swojej łagodności w odpowiednich sytuacjach. Byli na tyle silni, żeby zmienić umysły miliardów ludzi, wynosząc ich moralność na wyższy poziom. „Dobry charakter oznacza, że czynimy drugiemu tylko to, co jest dobre dla nas". Niektóre odłamy wschodnich religii uwikłane są obecnie w konflikty, wojny, podłe akty terroryzmu, ale ich wyznawcy od zarania mają świadomość korzyści płynących ze współczucia, tolerancji i osobistej odpowiedzialności za czyny wobec drugiej osoby.

To samo w swoich najbardziej współczesnych przejawach wyraża złota zasada sikhizmu: „Postrzegaj innych, jak postrzegasz siebie, a wtedy będziesz partnerem w Niebie". Słowa te przypisywane są założycielowi sikhizmu Guru Nanekowi, który wcześniej był hinduistą. Jego największym pragnieniem było harmonijne połączenie najbardziej inspirujących i konstruktywnych elementów religijnej myśli hinduistycznej i muzułmańskiej, co udało mu się doskonale.

Muzułmanie oddawali cześć jednemu Bogu, a hinduiści – przy ich tolerancji – przyjęli ten punkt widzenia. Fakt, iż muzułmanie nazywali Boga Allahem, nie miał znaczenia. W zamian muzułmanie docenili i obdarzyli szacunkiem głębokie oddanie hinduistów. Guru Nanek doprowadził do wspaniałego mariażu najlepszych elementów obu wyznań. Najważniejszy z nich mówi o tym, iż istnieje Jedna Obecność, Jedna Moc, Jedna Inteligencja, z której wszystko pochodzi i do której wszystko wraca, a która znana jest pod wieloma nazwami – niezależnie od tego jednak zawsze jest jedna i ta sama.

Sikhowie propagują tolerancję i odpowiedzialność jednostki. „Postrzegaj innych, jak postrzegasz siebie, a wtedy będziesz partnerem w Niebie". Ta złota zasada oznacza, że powinniśmy mieć dobrą opinię nie tylko o sobie, ale też o innych, darząc ich szacunkiem i życzliwością, stając się bardziej wyrozumiałymi dla ich opinii i przekonań, niezależnie od tego, czy się z nimi zgadzamy czy nie. Musimy zrozumieć, że najwspanialsza wolność myśli i wyborów intelektualnych, jakiej pragniemy dla siebie, jest też cenna dla innych. Jeżeli chcemy zostać partnerami w niebie, mamy wobec nich zobowiązania.

Partner nie tylko korzysta z zalet unii czy związku – małżeńskiego, politycznego lub finansowego – ale też przyjmuje i akceptuje odpowiedzialność za jego sukces i gotowy jest zapewnić uczciwy wkład, dołożyć starań i przybrać właściwą postawę, zapewniającą jego osiągnięcie.

Kiedy dajemy innym prawo do pełnej wolności myśli, mowy, kultu i wyboru – całym naszym umysłem i sercem – traktujemy ich jak siebie. To partnerstwo, w którym dajemy co najmniej tyle, ile oczekujemy w zamian. Gdy umysł przyjmie takie podejście do wolności, zauważysz, że coraz rzadziej będziesz się angażował w sprzeczki, które często dotyczą drobiazgów.

Dwa największe dary sikhizmu to tolerancja i odpowiedzialność. To kolejny dowód na to, że różne religie powstałe w różnych czasach i w różnych częściach świata zgadzają się z tą podstawową zasadą, nazywaną złotą w różnych językach i kulturach. Jest ona tak potężna, że gdyby była powszechnie praktykowana i stosowana przy podejmowaniu decyzji i formułowaniu ocen, żylibyśmy w innym świecie. Stworzylibyśmy niebo na ziemi. Gdyby przestrzegał jej cały rodzaj ludzki, zbiorowo i indywidualnie, nastąpiłby kres wojen, przestępczości i okrucieństwa, a także bestialstwa, ubóstwa i cierpienia. Doświadczylibyśmy „pokoju na ziemi i życzliwości dla całego rodzaju ludzkiego". Utopii.

Czy to postawa wizjonerska? Niepraktyczna? Może razem mamy szansę. A do czasu, kiedy wszyscy będziemy mieli świadomość istnienia Jednoczącego Boga, powinniśmy być silni i gotowi – jako rodziny, społeczności, narody.

Stosując złotą zasadę indywidualnie, każdy z nas może wzbogacić swoje życie. Możemy stworzyć nowe niebo i ziemię, których wcześniej, być może, nie znaliśmy – dalekie od wizjonerstwa i niepraktyczności. Ta zasada stanie się fundamentem naszego życia.

Mędrcy z zamierzchłych czasów darzyli szacunkiem i czcili Jedyną Obecność, znaną pod nieskończoną liczbą imion, wielbioną na wiele sposobów. Znajduje się Ona w sercach i duszach wszystkich mężczyzn i kobiet. Myśląc o Niej, darzmy Ją szacunkiem. Innych traktujmy szczodrze, z miłością i życzliwością, a otrzymamy bogactwa i będziemy żyli w pokoju, harmonii i obfitości w niebie naszych umysłów i serc, chronieni przez Górującą Obecność: jednego Boga, najwyższego Rodzica, miłującego wszystkich.

KRÓTKO MÓWIĄC

Przekonasz się, że złota zasada wpleciona jest niczym złota nić we wszystkie systemy filozoficzne i rodzaje kultu. Może być wyrażona różnymi słowami, ale jej cel jest zawsze identyczny: powinniśmy pragnąć dla innych tych samych swobód przekonań, kultu, osiągnięć i korzyści, jakich pragniemy dla siebie.

Kiedy uznamy tę postawę za nasz kodeks etyczny – czy zasadę przewodnią – będzie wpływać na nasze codzienne życie i zapewniać nam energię. Jest to klejnot mądrości w głębi naszej istoty – przewodnik, wewnętrzna wskazówka z serca i duszy każdego mężczyzny i kobiety.

Odrobina wiedzy na temat religii pozwala odkryć, iż istnieje między nimi niezwykłe podobieństwo – podstawowa jedność myśli, uczucia i metody.

W praktyce złota zasada to miłość w działaniu. Czy to uproszczenie? Dobre związki czy małżeństwa nie zdarzają się tak po prostu. Należy je pielęgnować, plewić z chwastów, doglądać, a wtedy rozkwitną cudownymi kolorami, zapachami i czystym pięknem. Oto sedno złotej zasady.

Podobną postawę propaguje taoizm. „Zysk bliźniego traktuj jak własny; stratę bliźniego traktuj jak własną". Analogiczne zalecenie znajduje się w Biblii: „Kochaj bliźniego jak siebie samego". Przestrzeganie tej zasady budzi w nas doznanie czy też siłę, jaką jest współczucie – empatia wobec innych, umiejętność traktowania ich z większą szczodrością ducha, słuchania z większą tolerancją ich opinii i poglądów.

Także sikhizm zachęcał do tolerancji i odpowiedzialności jednostki. „Postrzegaj innych, jak postrzegasz siebie, a wtedy będziesz partnerem w Niebie". Oznacza to, że powinniśmy mieć dobrą opinię nie tylko o sobie, ale też o innych, darząc ich szacunkiem i życzliwością, stając się bardziej wyrozumiałymi dla ich opinii i przekonań, niezależnie od tego, czy się z nimi zgadzamy czy nie.

Stosując złotą zasadę indywidualnie, każdy z nas może wzbogacić swoje życie. Możemy stworzyć nowe niebo i ziemię, których wcześniej, być może, nie znaliśmy – dalekie od wizjonerstwa i niepraktyczności. Zasada ta stanie się fundamentem naszego życia.

ROZDZIAŁ 11

CO CIĘ CZEKA – SZTUKA PATRZENIA W PRZYSZŁOŚĆ

Patrzenie w przyszłość to sztuka, która polega na realizowaniu i przedstawianiu naszych planów i celów poprzez naszą wrodzoną, nieskończoną mądrość: twórczą i uzdrawiającą obecność w naszym wnętrzu.

Patrzenie w przyszłość to sztuka współpracy i życia w harmonii ze wspaniałymi Zasadami Życia, które mówią, że wszystko wywodzi się z Uniwersalnego, Nieskończonego Umysłu, nazywanego przez starożytnych Bogiem: żywą obecnością miłującego Boga.

Patrzenie w przyszłość jest formą sztuki, którą Webster definiuje jako „wskazującą na osobistą, niepoddającą się analizie siłę twórczą – świadome wykorzystanie umiejętności i twórczej wyobraźni".

Wyobraźnia jest kreatywna dzięki najwspanialszej Mocy, jaka kiedykowiek istniała, istnieje i będzie istniała: Nieskończoności, twórczej obecności, którą nazywamy Bogiem, a która zawsze odpowiada nam zgodnie z naszymi wyobrażeniami i sposobem rozumowania.

Zadajmy sobie znaczące pytania: „Jak wyobrażam sobie moją przyszłość?", „Jakie mam wobec niej przeczucia?", „Jak ją widzę?" Myślę, że zgodzisz się, iż są to pytania stare jak świat, odwieczne. Wszyscy czasem się zastanawiamy: „Co czeka mnie, moich bliskich, mój biznes, moją karierę? Co się ze mną stanie?" A te wątpliwości automatycznie rodzą nowe: „Czy istnieje coś takiego jak los, przeznaczenie, którego nie można zmienić?", „Czy Bóg jest odpowiedzialny za naszą przyszłość? A może my również mamy wpływ na to, co się z nami stanie jutro? Czy jesteśmy za to odpowiedzialni?"

Pytania te zadaje każda myśląca i zaangażowana istota, a odpowiedzi na nie kryją się w prawdzie. Wzywają nas: z głębi naszych umysłów i serc – a my potrafimy je usłyszeć i konstruktywnie na nie zareagować.

W Biblii czytamy opowieść o Mojżeszu, który po latach spędzonych na wygnaniu w Egipcie wypasał owce. Pewnego dnia zobaczył płonący krzak i podszedł, żeby mu się przyjrzeć, a stanąwszy przed nim, usłyszał wołanie. To wołanie w sposób metaforyczny sygnalizuje lub też ilustruje pierwsze kroki na ścieżce, budzącą się świadomość w procesie uzdrawiania z lęku przed przyszłością.

Krzew płonie w każdym z nas. W twoim wnętrzu płonie boski ogień: palące pragnienie, by wznieść się wyżej, być czymś więcej, niż jesteś, być, dokonywać, dawać, posiadać i wyrażać więcej niż w przeszłości. To jest światło padające na każdego, kto przychodzi na ten świat.

W kazaniu na górze Jezus powiedział: „Wy jesteście światłem świata. Tak niech świeci wasze światło przed ludźmi, aby widzieli wasze dobre uczynki". To boski ogień życia – płonąca w nas energia. Nie pochłonie nas i nie zniszczy.

Kiedy czytamy o nieprawdopodobnym czy niemożliwym doświadczeniu albo wydarzeniu, powinniśmy pamiętać, że należy się przyjrzeć temu bliżej, uświadomić sobie, iż czytamy bajkę: wspaniałą historię albo mit – prawdę przedstawioną językiem biblijnym jako przypowieść, alegorię, mit czy symbol. Legenda obecna we wszystkich świętych księgach tego świata mówi, że każdy mężczyzna, kobieta, chłopiec i dziewczyna są płomieniem boskiego ognia – żarzącym się i jaśniejącym od możliwości – oraz że jesteśmy tu po to, żeby dostrzec Boga, wewnętrzną boskość i urodzić się w niej na nowo, gdyż jest wszechwiedząca, nieskończenie inteligentna, mądra, zaangażowana i troszczy się o nasze dobro.

To odkrycie i ta świadomość są naszym głównym celem w tym życiu i kiedy je osiągniemy, wszystko inne znajdzie swoje miejsce i zapanuje harmonia. Możemy pewnie i spokojnie stawić czoło przyszłości. Prawda jest inspirująca, praktyczna i pragmatyczna. Przynosi efekty, „dobre uczynki" z Biblii, Koranu, religii Wschodu i nurtów filozoficznych ze wszystkich okresów w historii. Chodzi tu o dobro jako konstruktywne i pozytywne rezultaty lub przejawy.

W zasadzie istnieją tylko dwa sposoby, na jakie możemy rozważać jutro i swoją przyszłość: ze strachem albo z wiarą i pewnością w nieskończone i uniwersalne zasady. Nasze osobiste opinie i wyobrażenia o przyszłości decydują o różnicy pomiędzy strachem (i przekonaniem, że jesteśmy niegodni i grzeszni) a pewnością o wspaniałych możliwościach, nieodkrytych, wspaniałych talentach i szlachetnych ideałach istniejących w każdym z nas.

Księga Wyjścia najpierw opisuje Mojżesza, który prowadzi swoje stado do góry Bożej Horeb. „Wtedy ukazał mu się Anioł Pański (posłaniec) w płomieniu ognia, ze środka krzewu. [Mojżesz] widział, jak krzew płonął ogniem, a nie spłonął od niego. Wtedy Mojżesz powiedział do siebie: «Podejdę, żeby się przyjrzeć temu niezwykłemu zjawisku. Dlaczego krzew się nie spala?» Gdy zaś Pan ujrzał, że [Mojżesz] podchodził, żeby się przyjrzeć, zawołał [Bóg] do niego ze środka krzewu: «Mojżeszu, Mojżeszu!» On zaś odpowiedział: «Oto jestem»". (Otwarty i gotowy, by słuchać ponownie.) „Rzekł mu [Bóg]: «(...) Zdejm sandały z nóg, gdyż miejsce, na którym stoisz, jest ziemią świętą»".

Nasz obecny stan umysłu to ziemia święta, punkt wyjścia i początek. Tak wiele osób zachęcano, żeby więcej się uczyły, czytały więcej książek, uczestniczyły w kolejnych zajęciach i jeszcze droższych seminariach. Może to być korzystne i przydatne, ale ostatecznie musimy odsunąć się od tego, co mówią inni, od ich wyobrażeń, i sformułować własne pojęcia i opinie. Jesteśmy „wołani", żeby przyjrzeć się wyraźnie i uczciwie pustyni zwanej Horeb, która jest opisywana jako „sucha, wymarła, opuszczona". Przedstawia ona nas samych w momencie, kiedy zrobiliśmy już wszystko, co potrafimy – kiedy wykorzystaliśmy wszystkie własne środki – kiedy czujemy się jałowi i pozbawieni wszelkiej nadziei, wszelkich odpowiedzi, prawd, które z takim wysiłkiem przyswajaliśmy, by je ostatecznie odrzucić.

Pustynia jest metaforą stanu umysłu, w którym nie czujemy bliskości z samym źródłem życia, nie potrafimy poczuć ani wyobrazić sobie wód duchowej inspiracji, intuicji, wyobraźni, rozkołysanych falami entuzjazmu i nadziei. Jest to stan powtarzający się, okresowy – i nie powinniśmy się go obawiać; nie powinniśmy jedynie oczekiwać nadziei i prawdy. Dowodem jest wołanie do Mojżesza: „Miejsce, na którym stoisz, jest ziemią świętą".

Zacznij tu, gdzie jesteś. Zobacz, czym naprawdę jest biblijna pustynia: miejscem samotnego odpoczynku, gdzie odsuwasz się od hałasu i zawiłości tego często przygnębiającego świata. Tu możesz się przyjrzeć strumieniowi własnych myśli i ze zdumieniem odkryć, ile z nich dotyczy żalów z przeszłości i niepewności co do przyszłości.

Filozofowie, psycholodzy i duchowni od lat radzą nam żyć chwilą obecną, ale niewielu z nas tak postępuje. Rozmyślamy o porażkach z przeszłości i obawiamy się przyszłości. W rzeczywistości jednak zawsze żyjemy w chwili obecnej – nie ma innej możliwości. Oto wielka prawda: kiedy martwimy się o przyszłość albo patrzymy z żalem wstecz, robimy to w chwili obecnej. Przeszłość to jedynie stare scenki i zdarzenia przywołane w danej chwili do naszej świadomości. Przyszłość jest naszym zmartwieniem, ponieważ nie możemy jej jeszcze zobaczyć jako rzeczywistości – ale myślimy o niej teraz, w chwili obecnej. To teraźniejszość decyduje o tym, czy jesteśmy szczęśliwi czy nie. Zajmij się dniem dzisiejszym.

Niezależnie od naszej sytuacji i tego, co postrzegamy pięcioma zmysłami i co odbieramy mentalnie, emocjonalnie oraz za pośrednictwem wyobraźni, czyli twórczej świadomości, to umysłem, sercem i duszą czujemy, iż nie jesteśmy ofiarami opinii, obaw i uprzedzeń odziedziczonych po innych ludziach na tym świecie, czyli indoktrynacji hamującej naszą niezwykle twórczą siłę wewnętrzną.

Kiedy Mojżesz przystanął, żeby rozważyć cud płonącego krzewu, którego ogień nie palił, uświadomił sobie, iż świat materialny, wydarzenia najpierw dzieją się w głowie. Jest to świadomość kierująca się ku światłu i energii, pragnąca wyrazić przez nas nowe życie. Świadomość ta rozwijała się podczas długiej historii rodzaju ludzkiego, a teraz żyje w nas i wyraża się w naszych codziennych działaniach i sprawach.

Musimy jedynie „zdjąć buty", innymi słowy, pozbyć się tego, co przesłania nasze zrozumienie, a więc opinii i z góry przyjętych punktów widzenia oraz uprzedzeń, które stają między nami a podstawą czystego, jasnego zrozumienia. Powtarzam, że Biblia jest księgą przedstawiającą za pomocą metafor, alegorii i symboli wielkie zasady życia oraz czyste prawdy. Zrozumienie metod i sposobów ich prezentowania natychmiast likwiduje dziewięćdziesiąt procent nieporozumień i zamieszania wynikającego z dosłownej interpretacji mistycznego języka.

Stopy, na których stoimy w sensie dosłownym, ale też, rzecz jasna, metaforycznie, są naszym oparciem. Jako że biblijne teksty mają głębsze znaczenie, stopy stają się symbolem lub też reprezentacją wewnętrznych podpór w naszym życiu: naszego zrozumienia, wglądu i postaw.

„Przyglądając się", dajemy sobie czas – znajdujemy czas – na zadanie pytania: „Gdzie teraz stoję?", „Na czym stoję?", „Jakie przekonania na temat własny i innych, Boga i świata uczyniłem moją ziemią i fundamentem?", „Co może stać pomiędzy pragnieniem i jego zaspokojeniem?"

Mojżesz wyraził swoją gotowość i chęć, mówiąc: „Tu jestem. W mojej obudzonej świadomości tej chwili jestem gotów przyjąć odpowiedzialność, by mój los mógł się wypełnić”. Tak jak Mojżesz, który poznał swój los (doprowadzić lud Izraela do ziemi obiecanej) – kiedy zrozumiemy i pogodzimy się z tym, iż potrafimy nad nim panować, nad własną przyszłością, wtedy znajdziemy spełnienie, uzdrowienie, sens i żywą obecność miłującego Boga. To oferuje nam przyszłość: życie wspanialsze, niż sobie wyobrażamy.

Słowo „los” stało się jednoznaczne ze złymi zdarzeniami. Słowa, które wypowiadamy, ujawniają nasze myśli. Nie istnieje gniewne bóstwo, które skazuje nas na ciężki los. Czyni to nasz własny umysł. Czy zatem odpowiedzialny jest za to Bóg? Czy nie dał nam wszystkiego, co dobre i niezbędne, czyli słońca, księżyca, gwiazd? Mamy obowiązek każdego dnia być dobrymi odbiorcami (aby otrzymać), eliminując z naszej świadomości na tyle, na ile to możliwe, wszystko, co pozostaje w sprzeczności z naszymi pragnieniami, celami i „ziemią obiecaną”.

Modlitwa i medytacja nie pozwolą, żeby opadły nas, osaczyły niechęć, wściekłość, gniew i pragnienie zemsty. Kiedy tak się poczujesz, uspokój się, usuń, spocznij w cichej pewności, że istnieje lepsza droga. Wybacz sobie: odrzuć gorszą myśl, gorszy nastrój i wybierz lepsze. Odpuść sobie! Niech Zasada Umysłu zadziała tak doskonale, jak potrafi, albo znów pozwolisz się zatruć. Usłysz głos z płonącego krzewu: „Znam smutki moich dzieci i widziałem ich nieszczęścia... przychodzę, by zaprowadzić ich do dobrej ziemi, mlekiem i miodem płynącej” (pożywienie).

Jak wiesz, Mojżesz otrzymał polecenie, żeby doprowadzić tam innych. Poprosił Głos, by ten zdradził, kim jest, żeby mógł powiedzieć ludziom, z czyjego upoważnienia ma to wykonać. „Odpowiedział Bóg Mojżeszowi: «JESTEM, KTÓRY JESTEM. (...) Tak powiesz synom Izraela: JESTEM posłał mnie do was... Zatrzymajcie się i WE MNIE uznajcie Boga»". Ten ustęp doskonale uwypukla niezwykle ważny fakt, iż Biblia zajmuje się raczej prawami niż osobami. „JESTEM" to deklaracja świadomej istoty, wypowiadana przez wszystkich mężczyzn i kobiety. „JA JESTEM drogą, prawdą i życiem".

Kiedy mówisz: „JA JESTEM", obcujesz z Bogiem żywym w tobie. Oświadczasz, że jesteś. JESTEM, KTÓRY JESTEM. Słowo „KTÓRY" wskazuje na to, czego pragniesz, pożądasz i kim chciałbyś być. Drugie „JESTEM" oznacza wysłuchane modlitwy, spełnienie twojego pragnienia i dążenia.

„JESTEM" to po hindusku *arum*, czyli życie zgodnie z przekonaniem: „JESTEM tym, czym pragnę być". Gdy uświadomimy sobie, że jeżeli Bóg, którego czcimy, określany jest jako „JESTEM", stanie się jasne, że jedynie poprzez to, kim jesteśmy, możemy naprawdę oddawać Mu cześć (uznać siebie godnymi).

Co właściwie znaczy to „JESTEM"? Co następuje po tym słowie? Czy mówisz: „Jestem bojaźliwy, strachliwy, biedny i nieszczęśliwy?" Czy wyciszasz się i mówisz: „JESTEM – jestem dzieckiem żywej, miłującej obecności. Moim przeznaczeniem jest bycie wspanialszym niż kiedykolwiek przedtem. Boski przewodnik prowadzi mnie do mojego doskonałego miejsca, gdzie w pełni zrealizuję swój potencjał i stanę się błogosławieństwem – przyniosę korzyść całemu rodzajowi ludzkiemu. JESTEM wierzchołkiem świata”? JESTEM jest z nami i w nas. Czego się obawiamy? Kogo się boimy?

Podejmij decyzję, że pozbędziesz się ze swojego słownika stwierdzeń w rodzaju „boję się” czy „jestem biedny”. Odmawiamy sobie ideału, który pragniemy zrealizować. Nawet jeśli nasze poczucie i uznanie dla JESTEM to tylko mała iskierka, podmuchajcie na nią świeżym tchnieniem pewności siebie. Rozmyślajcie o JESTEM, a iskierka zamieni się w płomień – płonący w nas ogień, który oświetli wszystkie nasze działania i sprawy, zawsze pokazując nam drogę. Bóg jest wieczny – niezmienny i ponadczasowy. Wieczność w tobie jest świadoma wieczności życia. Wie, iż dzień wczorajszy dzisiaj jest tylko wspomnieniem, a jutrzejszy dzisiaj jest tylko marzeniem. Niech dzień dzisiejszy obejmie przeszłość cichym wspomnieniem, a przyszłość – miłością i oczekiwaniem.

Przypominaj sobie tysiąc razy dziennie: „Zawsze JESTEM z tobą”, „TY jesteś moim ukochanym dzieckiem, wszystko, co mam, jest twoje”. Dzięki temu pokonasz ubóstwo i uwierzysz, że odniesiesz sukces. Oczyścisz umysł z wszelkich myśli o biedzie i zaprogramujesz swoją podświadomość na przyszłość pełną dobrobytu, bogactwa i obfitości.

KRÓTKO MÓWIĄC

Legenda obecna we wszystkich świętych księgach tego świata mówi, że każdy mężczyzna, kobieta, chłopiec i dziewczyna są płomieniem boskiego ognia – żarzącym się i jaśniejącym od możliwości – oraz że jesteśmy tu po to, żeby dostrzec Boga, wewnętrzną boskość i urodzić się w niej na nowo, gdyż jest wszechwiedząca, nieskończenie inteligentna, mądra, zaangażowana i troszczy się o nasze dobro.

Istnieją tylko dwa sposoby, na jakie możemy rozważać jutro i swoją przyszłość: ze strachem albo z wiarą i pewnością w nieskończone i uniwersalne zasady. Nasze osobiste opinie i wyobrażenia o przyszłości decydują o różnicy pomiędzy strachem (i przekonaniem, że jesteśmy niegodni i grzeszni) a pewnością o wspaniałych możliwościach, nieodkrytych, wspaniałych talentach i szlachetnych ideałach istniejących w każdym z nas.

Kiedy zrozumiemy i pogodzimy się z tym, iż potrafimy nad nim panować, nad własną przyszłością, wtedy znajdziemy spełnienie, uzdrowienie, sens i żywą obecność miłującego Boga. To oferuje nam przyszłość: życie wspanialsze, niż sobie wyobrażamy.

Podejmij decyzję, że pozbędziesz się ze swojego słownika stwierdzeń w rodzaju „boję się" czy „jestem biedny". Odmawiamy sobie ideału, który pragniemy zrealizować. Nawet jeśli nasze poczucie i uznanie dla JESTEM to tylko mała iskierka, podmuchajcie na nią świeżym tchnieniem pewności siebie. Rozmyślajcie o JESTEM, a iskierka zamieni się w płomień – płonący w nas ogień, który oświetli wszystkie nasze działania i sprawy, zawsze pokazując nam drogę. Dzień wczorajszy dzisiaj jest tylko wspomnieniem, a jutrzejszy dzisiaj jest tylko marzeniem. Niech dzień dzisiejszy obejmie przeszłość cichym wspomnieniem, a przyszłość – miłością i oczekiwaniem.

SPIS TREŚCI